Yann Meridex & Solveig Mineo

Manifeste de l'Occidentalisme

Introduction

Toute l'histoire de l'Occident est celle du progrès et toute l'histoire du progrès est celle de l'Occident.

L'Occident n'a jamais été si puissant et aussi massivement humaniste, et pourtant, les élites politiques des pays occidentaux ne parlent que des moyens de tuer cette puissance, d'entraver ses progrès, d'étouffer son rayonnement. Apocalypse écologique, alarmisme économique, dangers technologiques imaginaires, fantasme de décadence morale : les plus grossiers scénarios sont agités pour freiner l'Occident.

Pire, la gauche présente le progrès comme un ensemble de réformes visant à dissoudre ce qui rend justement ce progrès possible, à savoir le peuple blanc, et à démanteler sa civilisation pour partager ses restes entre tous les peuples dépassés, tout en nous abreuvant de discours relativistes interdisant de stigmatiser l'arriération.

Le camp conservateur rebondit sur cette vision funèbre du progrès et prétend de son côté que pour sauver notre peuple et notre civilisation, il nous faudrait détruire tout ce qui a fait et continue de faire sa grandeur : sa quête de progrès et son perpétuel mouvement vers l'avant.

Ces deux camps monopolisent l'attention sur la scène de la fausse politique, mais ils sont les deux visages d'une même pulsion de mort. La civilisation occidentale est la seule culture à avoir institutionnalisé sa propre remise en cause permanente. C'est une force qui nous pousse à nous améliorer perpétuellement, mais c'est aussi une faiblesse exploitée par tous nos ennemis, qu'ils soient de l'intérieur ou de l'extérieur. Cette capacité d'autocritique nous a maintes fois régénérés. Elle nous a maintes fois fait tendre vers la vie. Mais elle est aujourd'hui parasitée par des coteries malveillantes qui veulent forcer le monde blanc à s'atrophier jusqu'au suicide. La gauche veut nous faire croire que le meilleur moyen de rendre service à l'humanité et à la planète serait de nous suicider. Les conservateurs réactionnaires veulent nous persuader que pour survivre, nous devrions rejeter « le progressisme » et revenir à de prétendues « racines chrétiennes », c'est-à-dire tuer en nous toute aspiration au progrès matériel et social. L'auto-trépanation comme seule planche de salut.

Les gauchistes veulent nous effacer de l'histoire. Les conservateurs veulent arrêter notre histoire. La fausse politique nous somme de choisir entre les deux tranchants de la même lame de l'exécuteur. Les premiers nous assurent que l'Occident peut vivre sans son corps, coupé du sang de nos ancêtres. Les seconds nous promettent que notre civilisation peut vivre sans sa tête, coupée de nos ambitions et de nos rêves de futur. Tous fournissent des arguments différents afin de nous convaincre de poser la tête sur le billot pour nous purifier du pire crime de tous les temps : le crime d'une race qui a brisé l'idéal d'indifférenciation chrétienne en se rendant coupable du péché de suprématie dans tous les domaines.

1- Les valeurs cardinales de l'Occident

1.1 Liberté

La Liberté a été le guide et l'idéal absolu de toutes les révolutions et des réformes qui ont façonné l'Occident tel qu'on le connaît. Aussi vitale que fragile, la liberté en Occident est tout sauf un acquis irrévocable. Toute politique qui ne place pas la liberté en tête de son agenda est une politique anti-occidentale. Toute révolution, toute réforme qui ne porte pas clairement la liberté en priorité absolue est une faute contre notre civilisation.

En décalage total avec les aspirations profondes de nos peuples, les organisations politiques institutionnelles mènent en Occident une guerre contre les libertés. Les libertés des occidentaux sont attaquées à la fois par la gauche et par les conservateurs.

La gauche déploie toute son énergie militante à enfermer la politique dans l'obsession des inégalités et des oppressions sous toutes leurs formes, évinçant du débat public le souci des libertés. La gauche hait tout particulièrement la liberté d'expression et la liberté d'entreprendre, ne ratant pas une occasion de bafouer le droit sacré à la propriété privée. La gauche actuelle martèle le nom de la République, les valeurs démocratiques ou l'idée de justice sociale, pour ne jamais parler clairement de la liberté.

Le camp conservateur, de son côté, a pour principale activité d'agiter les « dérives » potentielles que pourraient entraîner l'octroi de telle ou telle liberté. S'adressant à un public soucieux d'assurer l'ordre et la grandeur civilisationnelle, les conservateurs prétendent sournoisement que trop de liberté engendrera l'anarchie et la chienlit, présentant leur lutte contre la liberté comme un moindre mal face à l'effondrement.

Les conservateurs haïssent tout particulièrement la liberté sexuelle, les divertissements populaires et les droits des femmes. Ils ne défendent la liberté d'expression que par dépit de ne plus être aux commandes de la censure. Bien qu'ils se prétendent parfois libéraux, toutes leurs préoccupations tournent autour de la conservation et de la restauration d'interdictions passées, quand ils ne fantasment pas carrément sur des systèmes autoritaires et des monarchies de droit divin.

La Liberté est l'essence même de l'Occident. Pourtant, aucun des grands mouvements visibles sur la scène politique ne veut s'en revendiquer.

Sans liberté, il n'y a pas de progrès, parce que l'asservi ne voit aucun intérêt à repousser les frontières d'un empire où il n'est qu'un dominé. L'esclave n'a que faire de la conquête des étoiles, tout comme il n'a que faire de la robotisation, si on ne lui fait pas entrevoir la possibilité d'arrêter de travailler lui-même comme un robot. Le progrès n'a d'intérêt qu'en ce qu'il repousse le champ des possibles et qu'il émancipe l'homme des contraintes qui l'entravent.

La liberté doit être le référentiel de tous les débats politiques. Toute nouvelle loi, tout nouveau dispositif doit être soumis à l'examen libéral, c'est-à-dire déterminer s'il accroît ou non nos libertés.

Le combat pour la liberté a pour seul paradoxe que la sécurité, c'est-à-dire la liberté de conserver son intégrité physique en évitant d'être blessé ou tué, nécessite souvent le sacrifice d'un peu de liberté. La citation exacte de Benjamin Franklin, avant d'être déformée, était la suivante : « *Ceux qui sont prêts à renoncer à la liberté essentielle pour obtenir un peu de sécurité temporaire, ne méritent ni la liberté ni la sécurité.* »

Il en résulte que la liberté ne peut être limitée que dans la mesure où elle permet une liberté plus importante et plus durable. On ne peut restreindre de libertés que pour permettre une liberté plus grande encore. Toute liberté sacrifiée doit être inférieure à la liberté acquise.

Les constitutions libérales des pays d'Occident garantissent nos droits face aux pouvoirs publics, mais un péril nouveau pèse sur nos libertés : la sous-traitance liberticide. Quand les politiciens liberticides ne parviennent pas à limiter nos libertés par les voies légales traditionnelles, ils utilisent des organes privés. Ainsi, la liberté d'expression est complètement bafouée par les réseaux sociaux, qui se sont imposés en quelques années comme le principal moyen d'expression. Ces organes privés se substituent à la justice des États pour mettre en œuvre l'interdiction des pensées non-orthodoxes, avec la collaboration discrète des politiciens liberticides et des associations subventionnées par le pouvoir.

Aucun média n'a de puissance comparable aux géants privés des réseaux sociaux, qui contrôlent la liberté d'expression comme les cartels des années 30 contrô-laient l'économie.

Les réseaux sociaux sont aujourd'hui incontournables, et leur impact sur l'opinion publique et le résultat des élections a largement dépassé celui de la télévision et des journaux.

Les réseaux sociaux ont créé une gigantesque agora numérique mondiale qui offre à la parole publique une portée sans précédent. Puis, une fois ces plateformes devenues incontournables, ils ont pris en otage la liberté d'expression en décidant qui avait le droit à la parole, et qui ne l'avait pas. Cet arbitraire n'a aucune base légale, aucun fondement juridique, et condamne au silence des centaines de milliers de personnes dans le monde qui pourtant n'enfreignent aucune des lois des pays d'où ils s'expriment.

Cet autodafé numérique relève d'une procédure extra-judiciaire de sous-traitance de la guerre contre la liberté d'expression. Les politiciens liberticides vont jusqu'à réclamer officiellement aux réseaux sociaux la mise en œuvre d'une censure plus stricte pour des pro-pos qui n'ont rien d'illégal, jusqu'à la censure de groupes politiques officiels. Pour montrer qu'ils sont au dessus des lois des États, les géants des réseaux sociaux ont même menacé de suspendre les comptes du pré-sident des États-Unis d'Amérique. Ils ont commencé par les gens les plus indéfendables et s'attaquent mainte-nant à qui bon leur semble, y compris des personnes élues démocratiquement. Ce monopole supra-étatique doit nous faire comprendre que la liberté n'est jamais un acquis définitif.

Les menaces qui pèsent sur la liberté se renouvellent sans cesse, prenant à chaque fois un nouveau visage, une nouvelle méthode, de nouveaux terrains. C'est pourquoi la défense de la liberté requiert un travail de veille sans relâche, et une perpétuelle mise à jour. Il ne suffit pas de scander son nom : toutes nos forces politiques doivent être mobilisées pour la défendre et la garantir.

La liberté est notre valeur suprême.

1.2 Égalité

L'égalité est le principe qui accompagne toute conquête de la liberté. Si la liberté exige de ses gardiens une vigilance de tous les instants face à ses discrets assassins, l'égalité est quant à elle menacée par les mêmes personnes qui en prononcent le nom à chaque revendication.

L'égalité, c'est l'isonomie, la règle d'égalité civique et politique entre les citoyens athéniens. Ce principe fondateur des démocraties libérales d'Occident est malmené par l'égalitarisme, c'est-à-dire par le bafouement de la liberté par ceux qui prétendent défendre l'égalité.

L'égalitarisme repose sur l'obsession de l'invariabilité des résultats, indépendamment des qualités personnelles et des efforts de chacun. Là où l'égalité est une émancipation des privilèges et de l'arbitraire, l'égalitarisme est un asservissement au devoir de corriger chacune des différences entre les hommes, en les supposant anormales et inacceptables.

L'égalitarisme n'est pas tant le souci de fournir à chacun des chances égales et un traitement égal qu'une obsession d'interdire aux meilleurs d'avoir de meilleurs résultats. C'est le nivellement forcé par le bas. Toute qualité que d'autres ne possèdent pas devient un privilège odieux à combattre, toute médiocrité devient un handicap injuste ou la conséquence d'un préjudice à corriger. La consécration de l'égalitarisme comme impératif politique prioritaire dans les sociétés occidentales a entraîné un recul considérable des libertés.

S'intéresser aux problématiques d'égalité permet de révéler des limitations de nos libertés jusqu'alors insoupçonnées. L'étude des inégalités sociales, culturelles et économiques par les sociologues a permis de mettre au jour des déterminismes liberticides que l'on niait jusque là. Ces travaux sont par ailleurs souvent détournés pour justifier des politiques égalitaristes et liberticides, mais les dérives de certaines instrumentalisations politiques de la sociologie (y compris par les sociologues eux-mêmes) ne doivent pas faire oublier le caractère incontournable des sciences humaines dans la compréhension des mécanismes sociaux, culturels et économiques d'entrave aux libertés individuelles. L'apport intellectuel des sciences humaines nous permet de comprendre à quel point le laisser-faire et la liberté sont deux choses différentes et même souvent opposées. Par exemple, l'absence d'instruction publique de qualité limite considérablement les libertés des populations exclues de l'accès au savoir. On n'est pas libre quand on est assigné de force à l'ignorance. Le laisser-faire total consiste à laisser le secteur privé se charger intégralement de l'instruction, et aboutit à interdire l'accès au savoir à la population la plus pauvre de la société. Garantir les libertés consiste au contraire à fournir à l'ensemble des citoyens une éducation intellectuelle solide, publique et gratuite.

Sans verser dans un égalitarisme destructeur, on ne peut donc se contenter de la seule égalité devant la loi pour garantir un maximum de liberté à tous.

1.3 Fraternité

L'égalité est le moyen par lequel on garantit la liberté d'un peuple uni par des liens fraternels. Cette fraternité est le principe qui définit l'égalité civique attendue : le contrat social n'est accepté que s'il unit des gens qui se reconnaissent comme appartenant à un seul et même peuple. Par conséquent, toute tentative de mélanger des peuples hostiles et incompatibles, comme celle de mélanger l'huile et l'eau, n'a pour conséquence qu'une division communautaire de la société.

Le communautarisme est un système de conquête ou une réaction de défense : il est la conséquence, et non la cause d'un problème. Ce problème, c'est la cohabitation forcée de peuples qui ne veulent pas vivre ensemble.

Il est aussi absurde de criminaliser ce communautarisme que d'interdire le mécontentement de personnes qu'on entasse. L'histoire n'a pas cessé de démontrer que la fraternité forcée n'est possible que temporairement, au prix de l'établissement d'un système totalitaire, c'est-à-dire en écrasant la liberté. L'échec des innombrables campagnes de vivre-ensemble dans les pays occidentaux soumis à l'immigration extra-européenne ne renvoie qu'à cette évidence : on ne peut pas forcer les gens à la fraternité, pas plus qu'on ne peut forcer les gens à s'aimer. Et lorsqu'on les y force, on obtient des morts, des guerres de gangs, des émeutes raciales et des attentats.

La fraternité ne peut exister que dans un cadre de liberté, car la fraternité se doit d'être pleinement consentie. À partir du moment où il faut reprogrammer les populations par une propagande intensive pour les faire cohabiter sans conflits intercommunautaires, c'est que cette fraternité n'existe pas et n'existera jamais.

Ce n'est pas un hasard si le mot de *fraternité* a totalement disparu du lexique politique, que ce soit en France ou partout ailleurs en Occident. La gauche lui a substitué le mot abstrait de *solidarité*, pour rompre les liens charnels qu'évoquait le mot de fraternité. Les centristes ont de leur côté imposé le mot *vivre-ensemble* pour remplacer la fraternité. Dans les deux cas, il s'agit de refouler dans le champ de l'impensable l'idée que les blancs en général, et les Français en particulier, puissent se sentir comme un peuple lié par le sang. Toute référence aux liens du sang entre européens est apparentée à une menace. Le dogme antiraciste, c'est la criminalisation de la fraternité européenne.

La chasse aux racistes, c'est la criminalisation de la fraternité. La fraternité n'est admise qu'à condition d'être parfaitement désincarnée et vidée de sa substance charnelle : la solidarité abstraite et obligatoire se substitue à la fraternité concrète et consentie.

2- Genèse de l'homme blanc

2.1 L'inquisition antiraciste contre le peuple hérétique

Raciste. Aucun mot n'est plus infamant que ce jugement sans appel. Il est utilisé par tous les groupes politiques sans exception pour persécuter et disqualifier un nombre prodigieux de personnes, de revendications et de mobilisations. Aucune initiative, aucune association, aucun regroupement ne peut être formé sans que ne plane la menace d'être jeté dans le ravin de l'infamie sociale, selon des règles qui ne sont jamais claires et qui ne cessent de changer, les antiracistes d'aujourd'hui étant les racistes de demain. La loi, d'ordinaire très claire, se montre inhabituellement vague et pleine de notions confuses et improbables telles que l'incitation à la haine et le concept de diffamation raciale, qui peuvent s'appliquer à absolument tout et n'importe quoi. Mais le gros de l'inquisition se déploie très largement hors du cadre légal. Les auteurs de persécutions ne se soucient guère de la loi, ni même de la morale, mais utilisent les deux pour humilier et réduire leurs cibles au silence.

Même la rédaction de Charlie Hebdo, bastion historique de l'antiracisme militant, fut traînée devant les tribunaux pour s'être moqué de l'islam, peu de temps avant d'être massacrée par ce même islam. Et même après le carnage, le journal fut sommé de prouver que ses critiques de l'islam n'étaient pas racistes. Ni les litres de sang versés, ni leurs innombrables déclarations antiracistes n'apaisèrent évidemment jamais l'inquisition.

Le racisme est le crime le plus grave dont un individu puisse être accusé. La réputation de raciste est la seule dont on ne puisse se laver. Les racistes ont toujours tort. Aucune autocritique, aucun sacrifice n'est jamais suffisant. *Probatio diabolica* : tout européen est soupçonné d'être raciste jusqu'à preuve impossible du contraire.

Quiconque ne se justifie pas est un raciste, mais quiconque veut prouver qu'il n'est pas raciste est aussi un raciste. Comme il est impossible de prouver qu'on ne l'est pas, on ne peut se mettre à l'abri qu'en accusant les autres, les persécutés devenant alors les persécuteurs, avant d'être eux-mêmes accusés par une nouvelle vague d'antiracisme.

La chasse aux racistes a été érigée par les pouvoirs publics en priorité civilisationnelle. Des budgets colossaux, des ministères entiers sont alloués à l'extirpation de l'hérésie, à la traque des blasphémateurs, déployant la totalité de l'appareil judiciaire et des systèmes extra-judiciaires. Pourtant, nul ne parle autant de races que ceux qui prétendent combattre le racisme.

Plus la diversité est célébrée, plus le fait de souligner les différences entre les peuples est assimilé à un crime. Seule la question raciale est régie par ce négationnisme obligatoire. Personne ne met autant d'énergie à traiter de sexistes ceux qui affirment qu'il existe des différences biologiques entre hommes et femmes. Même les propos les plus bêtement misogynes ne font l'objet d'aucune poursuite judiciaire, tandis qu'on peut être condamné par un tribunal et voir sa vie basculer pour avoir simplement déclaré qu'une minorité ethnique est majoritaire dans les prisons.

Cependant, la montée en puissance de la psychose antiraciste est une diversion servant à camoufler un danger bien plus grave.

L'Europe fait face à un phénomène nouveau : des armées sans armes, contre lesquelles aucune action directe n'est possible. Cette immigration de masse a été ouvertement organisée par les élites pour consolider leur pouvoir mis à mal par les acquis sociaux du XXe siècle. Personne ne s'en cache, ce projet est revendiqué par toutes les élites qui affichent à son égard un enthousiasme spectaculaire, connu de tous et incritiquable. Autrefois, les nobles détrônés s'alliaient sans hésiter à des puissances étrangères pour combattre leur propre peuple, dans le but de récupérer leurs privilèges. Cette fois, les mêmes ont entrepris de directement changer le peuple sans livrer une seule bataille.

La bourgeoisie décrépie a fait preuve d'un culot exceptionnel en transformant les quartiers populaires blancs en zones de conflit interracial, tout en criminalisant le racisme défensif des prolétaires harcelés. Bourgeoisie de gauche et bourgeoisie conservatrice ont uni leurs forces dans une alliance tacite exceptionnelle pour organiser une invasion impossible à refuser, une occupation sans combat, sans arme et sans effort.

L'antiracisme est une arme contre les pauvres. Ce sont toujours les pauvres qui sont stigmatisés comme racistes, et associés à l'ignorance, la stupidité, la consanguinité, les préjugés et l'échec social. Quiconque veut s'élever socialement doit publiquement marquer son appartenance à la caste des inquisiteurs par la profession de foi antiraciste.

Cette immigration de masse tire les salaires prolétaires à la baisse, alimente le chômage par un flot continu de nouveaux demandeurs d'emplois, et détériore gravement la qualité de vie des prolétaires. Elle est insupportable, tant pour sa haine raciale décomplexée à l'égard des prolétaires autochtones que pour la violence de son intégrisme religieux aux yeux d'un peuple massivement antireligieux. Les vagues d'immigration en provenance du tiers-monde sont une source inépuisable d'agressivité raciale, de délinquance, de dégradations, de criminalité et de conflits ethniques allant jusqu'au terrorisme.

Les impressionnants moyens déployés pour chasser le fait racial n'ont abouti qu'à couvrir l'installation massive de racistes étrangers en Occident et à interdire toute mention de leur effarante criminalité. Toute l'énergie et l'argent dépensés à cacher le choc ethnique n'a servi qu'à protéger des criminels et faire taire leurs victimes.

C'est précisément l'obsession antiraciste qui a propagé partout en Occident l'obsession raciale. Surexposés à une propagande qui les tient pour uniques responsables de l'échec du vivre-ensemble, constamment renvoyés à leurs prétendus privilèges, abreuvés d'injonctions raciales et sommés de pratiquer leur autodiscrimination systématique, les prolétaires européens n'ont jamais autant pensé à leur race, et n'ont jamais eu autant conscience d'être des blancs.

Sous le nom de diversité et de vivre-ensemble, on cherche à nous faire accepter des régressions et des dégradations dans tous les domaines. En important le tiers-monde on devient le tiers-monde. Les zones sinistrées se multiplient et s'étalent partout en Occident. Les discussions scientifiques, les considérations philosophiques, les divagations littéraires, les transgressions poétiques, les moments d'extase artistique ont cédé la place à des débats d'arriérés du désert. Mutilations génitales, burqa, mariages forcés, port du voile à l'école, abattage rituel, djihad armé ou pacifique, islam républicain, châtiment des blasphémateurs... Petit à petit, notre univers mental est grignoté par des considérations et des débats d'un autre monde.

Comme tous les obscurantismes qui tentèrent de noircir l'horizon européen, l'inquisition antiraciste finira par tomber.

2.2 Qu'est-ce qu'une race ?

La liberté est notre principe fondamental. La race est la notion centrale du présent manifeste, et c'est aussi le mot le plus malmené de la langue française.

Le sens authentique du mot *race* en français est à la fois souple, intuitif et précis : la race, c'est le sang, c'est la famille, c'est un groupe de personnes unies par des liens charnels depuis des générations. C'est dans ce sens originel que nous employons le mot *race*, non seulement pour désigner les vastes races continentales, mais aussi pour désigner divers sous-groupes raciaux aux contours plus flous, comme les races sociales que sont la race bourgeoise et la race prolétarienne. Car la bourgeoisie n'est nullement une notion abstraite et désincarnée. La bourgeoisie, c'est avant tout des familles riches plus ou moins cosmopolites, s'unissant les unes aux autres et s'efforçant de se préserver du mélange avec les races prolétariennes. Ses choix politiques sont guidés par des stratégies familiales, ses croyances sont déterminées par l'idée qu'elle se fait de son sang.

On ne comprend rien au pouvoir de la bourgeoisie si on oublie que cette classe sociale s'est constituée en race. La bourgeoisie, ce n'est pas seulement une catégorie abstraite définie par sa richesse, ni même seulement une culture ou des privilèges socio-économiques. La bourgeoisie, c'est avant tout des familles, des dynasties, des liens de sang, des alliances bien précises et des stratégies de reproduction. Sa conscience de race affecte lourdement la destinée de l'Occident. Le fait que la bourgeoisie blanche se pense comme une race à part la pousse à ne pas se sentir solidaire du sort de la race prolétaire blanche. Pire, son sentiment grandissant d'avoir été détrônée de sa suprématie raciale par la conquête prolétaire de droits et de biens qui relevaient auparavant de ses privilèges réservés, et le sentiment de n'être carrément plus qu'une « fin de race », poussent la bourgeoisie à vouloir que le peuple blanc meure avec elle.

On ne comprend rien à la domination bourgeoise si l'on croit que le seul appât du gain la motive, et si l'on nie qu'elle défend ses intérêts de race. On ne comprend rien non plus aux mécanismes de perpétuation de la domination bourgeoise, génération après génération, si on ne voit pas qu'en plus d'agir comme une race, elle est réellement une race. Si tant de personnes emploient le mot de *caste* pour désigner la bourgeoisie, c'est parce qu'elles sentent bien que ce groupe fonctionne comme une race, et que les liens de sang qui unissent ses membres sont une donnée clé pour comprendre la domination bourgeoise. Tout groupe humain qui se conçoit comme une race à part ou qui assigne un statut racial différent au peuple qui l'entoure finit fatalement par devenir une race, au fil des unions endogames et de l'exclusion raciale des autres groupes. Un bourgeois s'unira toujours bien plus volontiers à un bourgeois d'une autre race continentale, plutôt qu'à un prolétaire de même race continentale que lui.

Quant au prolétariat, on commet une grave erreur si on réserve le nom de prolétaire à ceux qui vivent comme des personnages des romans de Zola et Dickens. Le prolétariat blanc, c'est-à-dire la population qui descend de ceux qui, en Europe, vivaient sous la coupe de la bourgeoisie, noblesse incluse, représente la quasi-totalité de la population blanche. L'élévation du niveau de vie n'a pas fait disparaître la race prolétaire. Ceux qu'on appelait « prolétaires » il y a cent ans ont eu des enfants, qui ont eux-mêmes eu des enfants et petits-enfants, et ces gens composent toujours la quasi-totalité de la population d'Europe. Ils sont toujours discriminés par la race bourgeoise et demeurent encore sous domination bourgeoise, même si celle-ci est devenue bien plus vivable du fait des progrès économiques et sociaux. Prétendre que la race prolétaire a cessé d'exister quand elle a enfin mangé à sa faim revient à nier la guerre que livre la race bourgeoise blanche au peuple blanc.

La race, surtout quand elle est sociale, n'est pas une notion parfaitement figée, puisque la race est toujours le produit de dynamiques matrimoniales. La race peut être mouvante et avoir des contours flous : elle n'en est pas moins réelle. Le mot *famille* comporte une importante part de flou, et pourtant nul ne songerait à dire que les familles n'existent pas. Les anthropologues ont étudié en détail l'extrême diversité et relativité des systèmes de parenté à travers le monde et l'histoire. On pourra discuter indéfiniment des limites de la famille, se demander si les cousins au dix-huitième degré sont encore de la famille, dans quelle mesure les oncles et tantes par alliance font partie de telle famille, il n'en reste pas moins que la famille existe. L'existence de débats sur le tracé historique des frontières de tel pays n'invalide ni l'existence de ce pays ni la pertinence du mot *frontière*. Constater l'existence de conflits, voire de meurtres à l'intérieur d'une famille n'invalide pas la notion même de famille. De même, constater qu'il existe une infinités de nuances de bleu, remarquer que certains bleus tirent plutôt sur le vert et d'autres sur le violet, n'interdit nullement d'employer le mot *bleu* ni la notion de couleur pour décrire un certain nombre de réalités observables. L'existence de personnes intersexes et transgenres ne détruit pas la notion de sexe. Parler de sexe féminin et masculin n'implique ni le mépris envers tel ou tel des deux sexes, ni la négation des personnes intersexes.

La notion de race se trouve toujours à l'intersection du naturel et du culturel, puisque le processus de séparation provient toujours d'une décision humaine qui a ensuite des conséquences génétiques, donc naturelles.

Les races continentales sont les races qui ont le plus haut degré de solidité génétique, mais même ces races continentales ont une origine en partie culturelle : migrations, choix de se fixer dans telle zone géographique, guerres avec d'autres groupes humains, endogamie et exogamie sont autant de décisions humaines qui ont façonné les races humaines telles que nous les connaissons. Les races sociales (castes, minorités religieuses, classes) sont d'abord issues d'un processus culturel de racialisation (on se pense comme race séparée ou on assigne à tel groupe un statut racial séparé) qui entraîne ensuite de lourdes conséquences sur les unions et qui va, au fil des générations, consolider les liens génétiques au sein d'un groupe et creuser son écart génétique avec d'autres groupes.

Tout individu est animé par un sentiment racial, c'est-à-dire le sentiment d'être lié par le sang à des ancêtres. Le sentiment racial peut se rattacher à un groupe restreint (famille) ou plus large (tribu, région, nation, peuple). Même les personnes qui ne se rattachent pas à un groupe précis sont dotées de sentiment racial : quand on se sent profondément métis, ou qu'on estime n'appartenir qu'à « la race humaine », on exprime aussi une identité de race. Ce sentiment racial existe, que l'individu le structure idéologiquement ou non. Le racisme n'est que la forme idéologisée du sentiment racial. La haine raciale et le mépris racial sont totalement indépendants du racisme : il n'y a pas besoin d'une doctrine structurée pour être animé de haine raciale et commettre des violences raciales. À l'inverse, une pensée raciale structurée met des mots sur les impressions et mène une introspection rationnelle qui permet de prendre du recul sur ses propres émotions. Le fait de criminaliser toute pensée raciale crée un terreau favorable à la haine raciale inconsciente qui fermente à force d'être refoulée, et aboutit à des violences raciales. On ne peut apaiser que les émotions dont on est conscient.

L'histoire fut riche de guerres sanglantes entre familles ennemies, sans pour autant qu'on se mît en tête d'interdire le mot *famille* pour mettre un terme à tous les conflits interfamiliaux et à toutes les dynamiques de domination d'une famille sur d'autres. La plupart des génocides ont été commis en l'absence de théorie raciale, et même d'usage du mot *race*. Entre la fin de la Seconde Guerre mondiale et les années 70, nul ne songea à interdire l'usage du mot race, pas même les rescapés du génocide des juifs par les nazis. L'idée selon laquelle parler de races mènerait automatiquement à la haine raciale et aux génocides a surgi dans les années 70 dans les milieux militants de la gauche bourgeoise pro-immigration. L'interdiction progressive du mot *race* en France n'a jamais eu la moindre utilité en matière de lutte contre les violences raciales et n'a eu qu'une seule fonction : amputer la langue et donc les esprits des peuples autochtones d'Europe pour les empêcher de mettre des mots sur le remplacement racial organisé sur leurs terres par une bourgeoisie haineuse. La lobotomisation lexicale forcée que constitue l'interdiction du mot *race* est un instrument de domination de la race bourgeoise sur la race prolétaire européenne.

La criminalisation de la parole raciale n'a jamais produit le moindre effet démontré en termes de réduction des violences raciales. Ce n'est pas *Mein Kampf* qui a rendu le génocide possible, mais la lâcheté des politiques bourgeois des grandes puissances européennes face aux violences illégitimes commises par le régime ultra-conservateur nazi. Au lieu d'écraser militairement l'Allemagne d'Hitler quand elle commençait à envahir des pays de l'Est, on préféra faire le dos rond et on lui laissa gagner une puissance telle que ce fut elle qui nous écrasa ensuite, avec les conséquences épouvantables que l'on sait. Les premières traductions françaises de *Mein Kampf* étaient d'ailleurs délibérément expurgées de leurs passages les plus terrifiants de violence raciale, parce qu'il ne fallait pas effaroucher les Français. La production de traductions expurgées faisait partie d'une stratégie consciente de propagande nazie pour adapter la communication à chaque pays-cible, comme l'ont prouvé des documents de travail dans lesquels Adolf Hitler donnait ses instructions à ceux qu'il chargeait d'organiser la propagande. Hitler fut pris d'une grande colère quand il apprit que des Français antinazis faisaient circuler une traduction fidèle au texte original allemand, sans coupures, parce qu'il craignait qu'on ne devinât trop tôt ses intentions meurtrières. Cette édition fidèle n'eut qu'un écho limité, tandis que les traduction édulcorées et caviardées validées par Adolf Hitler obtinrent une plus large diffusion, endormant ainsi la méfiance de nombreux Français. Adolf Hitler alla même jusqu'à intenter un procès en 1934 contre un éditeur français qui proposait une traduction intégrale de *Mein Kampf*. Bref, la censure antiraciste n'empêche aucune violence raciale ; elle est au contraire un moyen sûr de commettre des violences raciales en toute impunité. L'antiracisme peut même être une stratégie de conquête raciale.

Dans le présent manifeste, nous entendons par *race* tout groupe humain lié par des liens de sang sur plusieurs générations et qui a développé au fil de l'histoire une forme de conscience raciale, soit de son propre chef, soit parce qu'une autre race lui a assigné un statut racial. Les races continentales sont des races qui se sont formées sur plusieurs dizaines de millénaires en constituant une population à part sur une zone géographique de grande superficie, soit un continent tout entier, soit une large portion de continent. Les races continentales sont aisément détectables par les tests génétiques et plus la science avance, plus on découvre combien le patrimoine génétique des races continentales contient des traces d'ADN d'hominidés autres que *Sapiens*. Quant aux races sociales, elles sont moins nettes et plus fluctuantes que les races continentales, mais n'en constituent pas moins une réalité tangible. Toute classe sociale ou groupe social n'est pas forcément une race sociale. Pour qu'un groupe ou une classe sociale puisse être considéré comme une race sociale, il faut une endogamie prolongée dans le temps, ainsi qu'une forme de conscience raciale. La conscience raciale ne se manifeste pas toujours par l'emploi du mot de race lui-même. Les considérations de sang, la perception de personnes « bien nées », la hantise des « mésalliances », de « l'abâtardissement », de la « dégénérescence », ou simplement le mépris racial pour les membres extérieurs au groupe sont des exemples de conscience raciale. La conscience raciale peut également émerger en réaction à un statut racial assigné par une race sociale dominante.

Un cas célèbre de race sociale créée par assignation est celui des cagots de France : il s'agissait de personnes marginalisées pour diverses raisons, qu'on ostracisait à titre de lépreux moraux, qui vivaient à part, qui n'avaient pas le droit de porter un nom de famille, étaient exclus de la plupart des métiers et ne pouvaient pas épouser des membres du reste de la population. Cette race, purement imaginaire au début, est devenue réelle à force d'exclusion sociale concrète puisque, de fait, les cagots n'ont pu se reproduire qu'entre eux du XIIIe siècle aux temps modernes. Lorsque la société française a cessé de les raciser, la race cagote s'est diluée dans le reste du peuple, mais bon nombre de descendants de la race cagote sont toujours identifiables aujourd'hui par leur nom. L'exemple des cagots montre bien combien la race est une notion à l'intersection du culturel et du naturel.

Les deux principales races sociales d'Occident sont la bourgeoisie et le prolétariat. Dans la bourgeoisie nous incluons la « noblesse », et par *prolétariat* nous entendons la totalité du reste de la population blanche, exclue de la bourgeoisie. Des races sociales existent partout dans le monde : les castes en Inde, ou encore le statut dominant de certains groupe ethniques dans certains pays d'Afrique, sont des exemples de races sociales extra-européennes contemporaines. Qu'il existe des phénomènes de métissage entre races géographiques ou entre races sociales ne change rien à l'existence de ces races. Même si les sociétés occidentales se sont en partie fluidifiées sur le plan social, notamment grâce à l'instruction gratuite, aux médias de masse et à l'élévation générale du niveau de vie, les classes sociales perdurent avec une étonnante stabilité, pour la simple raison que ce ne sont pas seulement des classes, mais aussi des races. Un des plus grands mensonges contemporains consiste à prétendre que le prolétariat se limiterait à sa définition marxiste, et qu'on cesserait donc d'appartenir au prolétariat dès lors qu'on ne serait plus ouvrier comme ses parents ou grands-parents. Quand on quitte la classe ouvrière pour rejoindre la classe moyenne, on continue d'appartenir à la race prolétaire. On ne cesse pas d'être prolétaire quand on arrive à s'acheter une maison et à envoyer ses enfants à l'université. La notion de race sociale permet de comprendre pourquoi, même quand une famille parvient à acquérir un niveau économique et culturel plus élevé que bon nombre de bourgeois, elle demeure exclue de la bourgeoisie. Quand on parle de « l'importance du réseau » pour les carrières et la réussite sociale, ce n'est qu'une manière pudique de désigner l'exclusion raciale du prolétariat. Où qu'il aille, même quand il ne dispose d'aucun carnet d'adresse dans le lieu où il se rend, un membre de la race bourgeoise obtiendra toujours plus de réseau et d'opportunités professionnelles qu'un prolétaire plus intelligent, plus travailleur et plus cultivé que lui, du fait de sa seule appartenance à la race bourgeoise, que les autres bourgeois identifient en un coup d'œil.

La domination de la bourgeoisie et l'exclusion raciale du prolétariat sont si profondément ancrées dans les sociétés occidentales, elles constituent à un tel point la base des relations sociales, qu'elles n'ont même pas besoin d'être verbalisées pour agir dans la société. Le militantisme antiraciste ne fait que renforcer les privilèges raciaux de la bourgeoisie et l'exclusion raciale du prolétariat blanc, car en niant l'existence mêmc des races, l'antiracisme nie l'existence de la race bourgeoise, et nie que la bourgeoisie est soudée par des intérêts raciaux communs, ce qui empêche toute compréhension complète des mécanismes d'exclusion sociale en Occident. En niant le fait racial et en prétendant que tout est une construction culturelle, en se concentrant sur l'intégration mélangiste calamiteuse des races géographiques, la gauche antiraciste est complètement passée à côté des privilèges de race des bourgeois.

2.3 Le nazisme, pire idéologie génocidaire antiblanche de l'histoire

La signification authentique du mot *race* en français a été tordue jusqu'à la défiguration totale. Depuis les années 70, c'est la vision nazie de la race qui s'est imposée, tant dans la bouche de ses ennemis les plus acharnés que de ceux qui prétendent la défendre. Le spectre des nazis est brandi pour culpabiliser toute fierté ou sentiment de fraternité européen alors même que le nazisme a toujours été un projet de destruction de la plupart des peuples europécns et n'a jamais revendiqué défendre autre chose que l'idée d'une race imaginaire : la race aryenne indo-germanique, élucubration intellectuelle née de la rencontre entre des fascinations orientalistes et un sentiment d'humiliation historique monté en épingle par instinct de vengeance contre l'Occident.

Le nazisme fut la militarisation criminelle d'un pan-germanisme de circonstance qui considérait les Européens non-allemands comme inférieurs, ainsi qu'en témoigne le tristement peu célèbre génocide slave dont la violence et les massacres de villes entières renforcèrent le régime de Staline, jetant le peuple russe dans ses bras. La croisade raciale anti-slave des nazis, l'opération Barbarossa, fut même nommée en référence au Saint-Empire Romain Germanique, responsable des croisades teutoniques anti-païennes contre l'Europe de l'Est qui avaient déjà été l'occasion d'épurations ethniques et de réductions en esclavage, les croisés germaniques se sentant supérieurs aux païens slaves sur qui tout sévice était permis. Le nom *slave* vient d'ailleurs des Esclavons païens de Slavonie, une région d'Europe fournissant une grande partie des esclaves aux chrétiens germaniques et byzantins, au point qu'*esclave* en français et *slave* en anglais ont fini par désigner tout homme réduit en esclavage. À l'instar de la noblesse chrétienne germanique de l'époque teutonique dont elle fut l'héritière, l'élite nazie voulait agrandir l'Allemagne par l'est en écrasant les peuples blancs slaves considérés comme inférieurs. Les nazis avaient le projet peu dissimulé de génocider des dizaines de millions de slaves et d'expulser le reste vers la Sibérie dans le but d'acquérir un espace vital pour le peuple allemand.

C'est précisément parce que le nazisme a voulu exterminer les blancs de l'Est qu'il fut détruit : la même armée rouge qui avait échoué avant cette guerre à envahir la Finlande face à un pays 66 fois plus petit que le sien trouvera la force du désespoir pour briser l'armée allemande à Stalingrad.

Le nazisme considérait la majeure partie des blancs comme des dégénérés qu'il fallait plus ou moins prioritairement exterminer. En premier figuraient les slaves et les juifs ashkénazes. Hitler lui-même reconnaissait que les juifs d'Europe étaient des européens, puisqu'il en parlait comme suit : « *Nous parlons de race juive par commodité de langage, car il n'y a pas, à proprement parler, et du point de vue de la génétique, de race juive (...) La race juive est avant tout une race mentale.* » Des millions de slaves et de juifs seront tués parce que blancs « non-aryens ».

Aujourd'hui pourtant, le plus souvent du fait d'une ignorance et d'une inculture invraisemblables, des personnes commettent l'abjection de prétendre que c'est la conscience raciale européenne qui serait à l'origine du nazisme. Cette accusation est d'autant plus ignoble que les héros de la Libération et les dizaines de millions de martyrs du nazisme furent précisément des blancs qui défendaient leur race de l'extermination par étapes. Le principe même fondant l'existence de l'Union Européenne fut de rendre impossible une tragédie comme celle du nazisme grâce au développement de la fraternité raciale blanche entre tous les pays d'Europe. La construction européenne consiste à resserrer les liens raciaux préexistant entre Européens en cultivant les liens économiques, culturels, politiques et militaires. L'Union Européenne est un premier pas vers la construction d'une nation européenne, donc la reconnaissance *de facto* d'un peuple européen.

Ceux qui prétendent que les races n'existent pas partagent en tout point la vision nazie de la race. Le sens nazi du mot *race* est étroit et contre-intuitif : il y avait pour eux d'un côté la race pure des Aryens venus d'un pays mystérieux, dont les Allemands étaient la race héritière la moins dégénérée qu'il fallait « régénérer » pour en restaurer la « pureté » originelle, et de l'autre côté, diverses races plus ou moins inférieures. Il est également sans objet, puisque les théories sur lesquelles reposait la rhétorique de la « race aryenne » ont été invalidées en long, en large et en travers par les scientifiques. Elles étaient d'ailleurs déjà bancales en leur temps. Il est facile de dire que les races n'existent pas quand on se réfère exclusivement à l'acception la plus délirante de ce mot. On retrouve là le bon vieux sophisme de l'homme de paille : « *La race aryenne, notion élaborée par des cerveaux farfelus et dangereux, n'existe pas, donc les races n'existent pas.* »

Le développement de la génétique ces dernières années a achevé d'enterrer la définition nazie des races tout en renforçant la connaissance concrète des races. La génétique permet ainsi de retracer de vastes réseaux de parenté et de déterminer avec certitude si telle personne est le descendant de tel groupe d'Européens présents dans telle zone d'Europe il y a 10 000 ans. Les scientifiques ont simplement choisi d'employer le mot le plus neutre possible, celui de *population*, pour éviter tout amalgame avec le mot *race* souillé par la folie anti-blanche des nazis et son écho chez ceux qui se prétendent humanistes. Le mot de *population* présente également l'avantage d'être utilisable pour l'étude génétique de groupes humains multiraciaux dans diverses zones géographiques où le métissage fut massif.

Petit à petit s'éloigne l'horreur nazie et le souvenir des millions de slaves et de juifs massacrés en tant que blancs considérés comme inférieurs. Malgré tous les efforts déployés par les bourgeoisies pour bannir le mot *race,* écraser le prolétaire blanc et le déposséder de son œuvre civilisationnelle, la race devient de moins en moins tabou.

2.4 Le peuple prométhéen

Avec l'aide d'Athéna, Prométhée enfreignit la loi des dieux en dérobant le feu de l'Olympe. Il en fit don aux hommes et leur enseigna les arts appris de la déesse. De stupides qu'ils étaient, Prométhée les rendit inventifs et industrieux, leur livrant les secrets de l'architecture, la notion du temps, les mathématiques, l'écriture, la mémoire, l'agriculture, le dressage des chevaux, la navigation maritime, la médecine, l'art divinatoire et l'art métallurgique.

L'Européen alla dérober la magie du monde des rêves pour en faire don aux humains. Il affûta son esprit et ses connaissances pour sculpter de son génie le monde tel qu'on le connaît. Il élabora et enseigna au monde les mathématiques, la philosophie, la physique, la chimie, la médecine moderne, la botanique, la zoologie et l'archéologie.

C'est même grâce à l'Occident que le monde connaît ses propres contours et reliefs. Ce n'est que très récemment, au terme d'une véritable épopée cartographique de trois siècles, que l'Occident a achevé le tracé de la totalité du monde, du plus petit étang jusqu'au plus haut sommet. Il en aura fallu, des cartographes, des marins, des explorateurs, des géomètres, pour arpenter les côtes les plus lointaines, longer les récifs les plus déchiquetés, tirer un fil d'Ariane dans les dédales aqueux des fleuves et des rivières, découvrir les pôles, prendre la mesure des montagnes et des vallées, des collines et des plateaux, et surtout, pour mettre au point des méthodes de relevé, des techniques de transposition graphique et de projection visuelle.

Affligé par le fardeau de l'Église, parasite venu d'Orient, il transgressa l'interdiction chrétienne de pratiquer la dissection et développa l'anatomie.

Il rusa pour contourner l'interdit du nu et régénéra l'art européen détruit par les iconoclastes, lui donnant une nouvelle vie à travers la peinture et la sculpture. Il s'affranchit de l'obligatoire mépris monothéiste du corps et réhabilita son expression sportive en rétablissant les jeux olympiques après 1500 ans d'interdiction chrétienne.

Il brisa la chape de plomb du géocentrisme pour réinventer l'astronomie sous le nez de l'Inquisition. Il refusa de s'en remettre à la Providence pour soulager les maux des hommes et inventa la médecine moderne.

Le feu prométhéen est caractéristique de l'Occident. Nous finissons par dompter tout ce qui semble dangereux. Le feu n'est surnaturel et effrayant que lorsqu'il n'est pas compris ni dompté. Ce qui nous semble impossible ou surnaturel devient aussi ordinaire que le foyer d'une cheminée. L'Européen apprivoise et banalise tout ce qui était autrefois surnaturel : se voir et se parler à distance, voler dans les airs, plonger au fond des mers, se déplacer à toute vitesse, frapper un ennemi à plusieurs kilomètres, fabriquer des golems de guerre robotiques, ressusciter autrui par les premiers soins, ou à l'hôpital après un coma artificiel... La magie se retrouve tellement partout qu'on ne la voit plus nulle part.

Le feu est un élément ambigu, symbole de destruction comme de création, de mort comme de vie. Il n'y a pas de puissance créatrice sans puissance destructrice. Le peuple qui a créé le monde tel qu'on le connaît est aussi le seul peuple qui a la force atomique d'annihiler toute forme de vie évoluée à la surface de la planète. Pour acquérir le pouvoir de pacifier le monde, l'Occident a d'abord dû conquérir celui de le détruire.

Nous, Européens, voulons apporter l'immortalité à l'humanité. Nous sommes le seul peuple capable et soucieux de développer les technologies nécessaires à l'éternité de l'espèce, et de faire en sorte que l'humanité survive à la prochaine chute de météore géant.

Nous sommes le peuple conquérant des six continents et des sept océans, celui qui a marché sur la Lune et qui projette de conquérir les autres planètes. Nous sommes le peuple responsable de 97 % des découvertes scientifiques de l'humanité, proclamant la liberté et les droits de chaque individu, enfermant l'arriérisme et l'obscurantisme dans des livres d'histoire. Nous sommes la race prométhéenne.

2.5 Le peuple de l'acier

Vae victis. L'Europe s'est dessinée à travers d'incroyables guerres fratricides qui ont forgé son âme d'acier dans un creuset de violence. Des guerres tribales barbares à la guerre du Péloponnèse en passant par les gigantesques guerres civiles romaines, la renaissance la plus fantastique se faisant dans le pays des vendettas et des *condottieri* tandis que la première conquête continentale moderne par guerre éclair vint d'une France déchirée par la Révolution. Aucun peuple n'a autant maîtrisé l'art de la guerre que le peuple européen.

Les guerres fratricides ont formé en nous un sang d'acier, de pionnier, de conquérant, de colon. La colonisation a aboli l'esclavage partout dans le monde et a mis fin à la piraterie barbaresque, permettant le commerce et la prospérité. Les Européens ont eu le monde à leurs pieds mais ils ont choisi de le civiliser et d'assurer des droits aux autres groupes humains.

Toutes les guerres décoloniales ont été des défaites militaires pour les insurgés. C'est la volonté politique décoloniale et l'opinion publique civile des blancs qui ont poussé à se retirer. L'Européen a décolonisé parce qu'il était moralement supérieur : il a accepté de donner l'indépendance à tous les peuples dominés, tout en essayant de garantir la paix dans le monde, d'éradiquer la faim et de vaincre les épidémies.

Ne sont reprochées aux Européens que des choses qu'ils ont été les seuls en mesure de faire, ce qui équivaut à reprocher aux Européens d'avoir été les plus forts. Chaque reproche fait aux peuples blancs est une reconnaissance de leur suprématie.

Une des apologies involontaires des Européens les plus amusantes est celle qui présente comme une évidence l'idée que les Chinois seraient pacifiques et supérieurs moralement parce qu'ils utilisaient depuis des siècles la recette de la poudre noire pour faire des feux d'artifice, quand les impitoyables Européens ont enrichi la formule en salpêtre pour créer l'artillerie et les armes à feu individuelles.

Les Européens ont développé un savoir unique dans la guerre. Les grands bouleversements de l'histoire militaire, la plupart des techniques de combat et des arts martiaux anciens ayant une utilité pratique viennent des Européens. Malgré des siècles passés à tenter de déformer la culture européenne, l'Église catholique n'a jamais réussi à remplacer l'Iliade par sa bible dans nos cœurs. Notre âme est indifférente aux querelles de bergers palestiniens. Elle est faite de récits mythiques, de tragédies poignantes, de légendes anciennes, d'épopées fabuleuses, de sagas héroïques et de quêtes chevaleresques. Le récit de la guerre de Troie est emblématique de notre culture martiale.

Nous ne vibrons pas devant la circoncision d'un enfant divinisé ni à l'évocation la crucifixion d'un jeune juif agitateur, mais notre âme est fascinée par les destins d'empires tranchés par la lame de héros. L'Occident, c'est Alexandre le Grand à la tête de ses *hetairoi* à Gaugamèles, cherchant à atteindre physiquement le roi perse Darius III et le poussant à s'enfuir.

De même qu'on oublie que Sparte était la capitale grecque de la musique et de la danse, les prouesses militaires de l'Occident font oublier son raffinement civilisationnel. On prête plus facilement aux peuples inférieurs militairement des qualités de pacifisme et d'art de vivre.

L'Occident a pourtant toujours eu cette subtilité civilisationnelle d'être champion de la guerre tout en considérant le bellicisme stérile comme une arriération barbare, de chanter les louanges des guerriers et de pleurer les morts. Nous sommes la civilisation des trophées de guerre et des mémoriaux mortuaires. Celle de l'Arc de Triomphe au-dessus du tombeau du soldat inconnu. Celle qui ne s'est pas bornée à chanter les louanges de ses rois mais qui a très tôt rendu hommage à la bravoure de ses plus modestes soldats.

L'Europe a été la forge de l'humanité : son peuple métallurgiste s'est modelé en même temps que les métaux qu'il travaillait.

L'Européen est celui qui inventa la cotte de mailles, transformant l'acier en étoffe liquide pour en faire sa seconde peau argentée.

Celui qui a forgé des carapaces d'acier pour résister aux armes blanches, avant d'inventer les armes à feu pour les perforer. Celui qui a fabriqué des monstres blindés pour résister aux armes à feu, puis des armes anti-char pour les pulvériser.

Celui qui a construit des forteresses médiévales pour résister aux envahisseurs, puis l'artillerie lourde pour les faire tomber. Celui qui a fabriqué des citadelles angulaires résistant aux tirs directs des canons, puis les mortiers aux tirs paraboliques et les obus fusants pour arroser d'éclats les défenseurs depuis les airs.

L'Européen est celui qui a apporté la guerre sur terre et sous terre, sur mer et sous mer, ainsi que dans les airs. Celui qui a apporté le feu des enfers sur les champs de bataille, du feu grégeois au largage de napalm, des pots de poix incendiaires aux tempêtes de feu de bombes au phosphore, des contre-sapes explosives jusqu'à la bombe atomique.

L'Européen a tant développé sa puissance destructrice qu'il a fini par abolir la guerre elle-même, en faisant entrer l'humanité dans l'ère de la paix nucléaire.

Pour la première fois de l'histoire, nous vivons dans le luxe de n'être menacés par aucune guerre.

2.6 Le peuple déicide

La science et la rationalité ont tué dieu, ou du moins la figure de dieu-le-père, patriarche tout-puissant des trois religions yahviques. Ce dieu dont les lois régissaient la totalité de notre existence, ce dieu à la providence duquel il fallait se remettre aveuglément, ce dieu qui faisait s'abattre sur nous mille maux pour nous éprouver ou nous châtier, ce dieu qu'on devait craindre et servir, ce dieu, désormais, est une fable qu'on n'ose même plus raconter aux petits enfants.

La mortalité infantile ne fauche plus un tiers des enfants, une mauvaise météo ne nous plonge plus dans la famine, le cancer et la maladie ne sont plus des fatalités, les vaccins ont éradiqué les épidémies, les technologies de maîtrise de la procréation sont venues à bout de l'ancienne criminalité de rue, les enfants ont des toits, les personnes âgées et les mutilés de guerre ne sont plus obligées de mendier dans la rue. Le blanc fait un pied-de-nez permanent à toutes les malédictions divines.

Les chrétiens orphelins, à chaque avancée scientifique, invoquent les dérives, promettent des apocalypses qui ne viennent jamais, et nous supplient d'abandonner le progrès en s'accrochant au progrès précédent qu'ils diabolisaient jusqu'alors.

Les chrétiens s'attachent à sans cesse occulter et salir la dimension prométhéenne de l'Occident, à rendre honteuse notre suprématie, pour nous donner comme seul horizon de torcher le cul des peuples-enfants et de souffrir pour expier toutes sortes de péchés.

Les peuples blancs ont massivement apostasié. Le rejet du christianisme est un fait historique. Mais un important bastion chrétien militant subsiste : la bourgeoisie. Les Européens ont tué dieu et c'est pour cette raison que la bourgeoisie chrétienne cherche à nous faire crever.

Le dieu des chrétiens s'est dressé entre les Européens et le progrès. Les Européens ont finalement préféré tuer ce dieu plutôt que de renoncer au progrès. Dieu a été petit à petit poussé dans sa tombe à travers la conquête de chaque brin de rationalité que l'Inquisition concédait, de chaque livre de science et de philosophie qu'elle n'a pas réussi à brûler, de chaque toile de nu tolérée au prétexte des références gréco-romaines dont l'Église se revendiquait, de chaque hérétique que le clergé n'arrivait plus à torturer, de chaque avancée libérale, même la plus insignifiante, grignotée à l'audace et à l'usure, le plus souvent l'arme au poing et en sacrifiant des dizaines de milliers d'hommes et de femmes dans des guerres de religion que nous ne comprenons plus aujourd'hui.

Par leur puissance prométhéenne, les blancs ont massacré Dieu. Face à une pandémie, le prêtre accepte son impuissance et s'en remet au médecin. Face à n'importe quelle menace d'extinction, le théologien se tait et s'en remet à l'homme de science. La science triomphe sur le cadavre de Dieu.

De même que les Européens ont éteint la souffrance par l'anesthésie, ils sont en train d'éradiquer les maladies une à une depuis la rage avec les travaux de Pasteur. Ils détruisent la malédiction biblique du labeur de subsistance par la mécanisation et ils triompheront un jour de la vieillesse et de la mort. Le peuple européen voit son avenir dans les étoiles du ciel, là où le catéchisme nous assurait qu'il n'y avait qu'une voûte céleste peuplée d'angelots insipides. Quitter notre berceau planétaire nous libérera de la finitude biblique de notre monde.

Qu'elle brandisse son dieu mort et inressuscitable ou qu'elle profère des menaces sécularisées en vantant le sous-développement et la décroissance, la bourgeoisie chrétienne est une tumeur qui veut empêcher le peuple blanc d'accomplir son destin prométhéen. Celui-ci passera nécessairement par l'anéantissement idéologique de la bourgeoisie parasite et ses métastases dans la société.

Arrêter le progrès comme le désirent les bourgeois, c'est faire de l'histoire de l'humanité une parenthèse entre deux chutes d'astéroïdes, réalisant ainsi la prophétie chrétienne *« tu es poussière et tu retourneras à la poussière »*.

Or l'homme blanc, c'est celui qui dit non au retour à la poussière, et qui veut assurer l'immortalité de l'espèce. Celui qui contrôle l'atome et envoie des fusées dans l'espace. Le peuple déicide à la conquête de l'infiniment grand et de l'infiniment petit.

2.7 Le peuple artisan de l'Occident

L'Occident est la civilisation dont les Européens sont le peuple artisan. Tous les Européens sont étroitement liés par une lignée, une histoire, une culture, une sensibilité et un imaginaire communs.

Les découvertes archéologiques successives montrent que l'Européen peuple son continent depuis bien plus longtemps qu'on ne le pensait. Les vagues de migrations n'ont été que des reconquêtes par d'autres européens, permettant de remélanger des populations locales, renforçant ainsi les liens génétiques entre tous les Européens. Les Européens forment la race continentale présentant la plus grande diversité : d'un bout à l'autre du continent, on trouve toutes les nuances de cheveux et de couleurs d'yeux, présentes dans chaque région dans des proportions différentes. Il y a des bruns, des blonds et des roux dans toutes les régions d'Europe, et même le plus brun des Européens porte du patrimoine génétique de cheveux clairs.

Appartenant à la même famille spirituelle que les eurogénocidaires nazis responsables du génocide slave, la gauche partisane du mélangisme racial forcé reprend l'absurde fantasme aryen de pureté hyperboréenne perdue pour prétendre que les Européens du sud moins clairs seraient des métis extra-européens, alors qu'il est établi par la science que les Européens du sud possèdent extrêmement peu d'ADN extra-européen. La gauche et les nazis ont en commun de considérer le blond aux yeux bleus comme la quintessence de l'Européen, et de s'acharner à nier l'européité des Européens du sud. Très fiers de leur bêtise, ils comparent le visage de certains Italiens du sud, Siciliens, Sardes, Espagnols et Grecs avec celui de certains Maghrébins et Levantins, et, trouvant quelques ressemblances entre quelques individus de part et d'autre de la Méditerranée, ils en concluent que les Européens du sud sont des arabes. En vérité, c'est l'Europe qui a déteint sur le reste du monde et non le contraire. On a déterminé que le Proche-Orient phénicien était habité de populations génétiquement bien plus proches du Portugais moderne que des habitants actuels du Liban. L'Asie mineure était grecque, Carthage en Tunisie était blanche phénicienne, les steppes eurasiatiques russes étaient et sont encore blanches... Aujourd'hui les populations du Maghreb et du Moyen-Orient sont en grande partie issues de métissages avec des populations européennes, alors qu'il n'y a quasiment aucune trace d'ADN extra-européen chez les Européens du sud. Les ressemblances physiques entre certains Européens du sud et certains maghrébins et orientaux s'expliquent surtout par le fait que parmi ces derniers, il se trouve des eurodescendants, issus de métissages qui se sont produits en plusieurs occasions : étalement ancien de populations blanches hors des strictes limites du continent européen, conquêtes et colonisations gréco-romaines, relations commerciales, traite des blancs, emploi de fonctionnaires blancs par l'Empire Ottoman, colonisation européenne. Quant à la présence d'une forte proportion de bruns dans le sud de l'Europe, elle n'est nullement un signe de métissage. Les sardes sont la population d'Europe la plus stable génétiquement et ils sont nombreux à avoir la peau qui bronze aisément, les yeux et cheveux bruns. La Crète est l'un des berceaux civilisationnels de l'Europe et sur les fresques qui représentent sa population, on voit des yeux et des cheveux noirs de jais. Il y a toujours eu des bruns parmi les gaulois, en plus des châtains, blonds et roux. Il faut être terriblement ignorant pour s'imaginer que l'appartenance à la race européenne se mesure au taux de mélanine.

On a découvert par des analyses génétiques que même *néandertal* n'a pas disparu, mais qu'il s'est hybridé avec nos ancêtres *sapiens* et vit dans nos gènes. Les scientifiques trouvent des traces d'autres espèces d'hominiens dans le génome des autres races humaines, comme Denisova en Asie, ou encore des traces d'espèces pas encore identifiées. Les humains très éloignés n'ont pas seulement évolué différemment pendant des milliers d'années. Ils se sont hybridés avec des hominiens différents selon les régions de la planète. Il est donc aujourd'hui scientifiquement établi que les différences raciales sont bien plus grandes qu'on ne le supposait.

3- Ce qui fait l'Occident

3.1 L'Occident ou la civilisation européenne

Ce qui définit l'Occident, c'est le mouvement. C'est l'Occident qui a sorti l'humanité de la stagnation technologique, qui a arraché l'humain à l'obscurantisme islamique et chrétien. Seuls les Européens ont réveillé les peuples et les ont propulsés dans le monde moderne.

L'Occident désigne géographiquement l'ensemble des pays érigés par les populations eurodescendantes. Son territoire varie au fil de l'histoire. L'Europe appartient aux Européens, mais c'est aussi l'entièreté du monde civilisé et administré par les Européens qui appartient à l'Occident.

La terre appartient à celui qui l'exploite, la bâtit, la façonne et se bat pour elle. En quelques générations seulement, les populations eurodescendantes fuyant les persécutions et guerres de religion ont bâtit des pays capables de rivaliser avec les métropoles d'Europe. Les États-Unis sont l'exemple le plus éclatant de cette européanisation d'un continent. Quand sur un territoire, l'architecture, les institutions, le réseau routier, la langue, le système économique et la technologie sont européens, le pays rejoint alors l'Occident.

L'Occident n'est pas éternellement circonscrit à un territoire, ni même à une planète. Il est l'aboutissement civilisationnel du travail des populations européennes.

Le monde a fait un gigantesque bond en avant grâce à l'Occident, et aujourd'hui l'humanité entière avance à l'allure à laquelle les occidentaux créent, développent et inventent. La civilisation de la Terre est celle de l'Occident.

La civilisation occidentale est la création la plus aboutie de l'humanité. Elle est née des cerveaux, des cœurs et des mains d'européens.

Depuis la guerre froide, la critique de l'Occident et des Américains — désignés comme les porte-étendards du monde occidental — est devenue un réflexe, au point qu'il est désormais difficile, sinon impossible, de trouver un seul groupe politique dont la rhétorique ne comporte aucun élément anti-occidental.

Les écologistes dépeignent l'Occident en empoisonneur qui sème la mort à travers les pesticides, les engrais chimiques et les OGM. Plus les occidentaux ont nourri la planète, éradiquant les famines dans le monde, plus les écologistes les ont traités d'assassins. Cet étrange « poison » occidental a la particularité de ne tuer personne et même d'améliorer la santé de tous en permettant que chacun mange enfin à sa faim. Mais qu'importent les bienfaits objectifs de l'agriculture rationalisée. Ce qui compte, c'est d'exciter la haine contre la suprématie occidentale, quitte à désinformer massivement.

Les communistes et leurs émules n'ont jamais digéré que leur empire paradisiaque se soit effondré de lui-même sans qu'un coup de feu ne soit tiré. Toute leur vie désormais se résume à critiquer les vainqueurs de la guerre froide, à alimenter la haine anti-américaine et à nier l'infériorité du communisme en matière d'accès des peuples au bonheur.

Les partis dits d'extrême droite ont tous abondamment nourri le ressentiment anti-américain et le fantasme de services secrets américains à l'origine de tous les problèmes géopolitiques de ce monde. Leur défense acharnée du paléo-nationalisme s'est construite dans une opposition radicale à tout ce qui unissait les peuples européens et eurodescendants.

Les conservateurs s'attaquent à toute forme de progrès occidental, prétextant que toute la modernité ne serait que laideur et décadence, et que tout allait mieux quand l'Église était au centre de tout.

Sans oublier les éternelles minorités tellement oppressées qu'elles ont quitté leur pays pour venir suivre leurs colons en Occident dès le lendemain de la décolonisation, expliquant que tout est de la faute du « blantriarcat » tout en tétant goulûment le sein de l'Occident.

Cette haine politique de l'Occident a servi de liant à tous ces groupes, qui se sont construits sur le détournement de l'émerveillement naturel devant le progrès occidental, transformé en un ressentiment stérile et autodestructeur contre cette suprématie européenne.

Rongés par la jalousie et le sentiment d'impuissance, ces individus et ces groupes se sentent dépassés. Honteux de leur petitesse et gênés de ne contribuer en rien à la grande aventure de l'humanité, ils tentent de se rassurer en vantant des sociétés du passé ou des sociétés étrangères qu'ils comprennent et qui les font se sentir moins petits. Le sentiment d'infériorisation a créé un rejet épidermique de tout ce qui rappelait de près ou de loin la supériorité occidentale. Le médiocre frustré voit toujours un dominateur en celui qui lui tend la main.

Tant de mouvements et d'identités ne se sont construits que dans une révolte adolescente et parasitaire contre le pouvoir du progrès occidental...

Toutes ces idéologies diffusent un univers mental fait de rabougrissement, d'atrophie et de macération. Portées dans le débat public, elles forment l'anti-politique.

L'Occident est défini par le pragmatisme, l'expansion et le progrès. Son histoire est faite de découvertes incroyables, de révolutions surprenantes et de projets fous. Chaque progrès social a débloqué un progrès technique, et chaque progrès technique a rendu possible un progrès social.

Qu'il soit aimé ou rejeté pour cela, l'Occident, c'est le libéralisme, l'autocritique, le rayonnement universel et le féminisme.

3.2 Naissance de l'individu

L'individu n'existe pas à l'état naturel. Nous baignons tellement depuis la naissance dans une éducation et un système qui nous garantissent une quantité phénoménale de droits individuels, qu'il nous est pratiquement impossible de concevoir la condition originelle de l'homme, qui fut le sort commun des hominiens durant des millions d'années.

Les humains sont à l'image des singes : des animaux ultra-sociaux, dont la vie est intégralement régie par la communauté. Avant les grandes avancées technologiques de l'époque moderne, les hommes savaient que seuls, ils n'étaient rien face à la nature et aux autres groupes humains. Pour obtenir la protection du groupe, tout homme devait se soumettre à ses rites de passage, à ses coutumes, à des mutilations tribales, à des sacrifices humains, aux mariages imposés, au respect des superstitions, aux restrictions alimentaires, à des vendettas, des raids et des guerres d'extermination.

L'individu n'est pas intégralement apparu pendant les Lumières, il existait déjà partiellement pendant l'Antiquité européenne. Athènes garantissait l'isonomie, qui établissait l'égalité de tous les citoyens devant la loi, et la démocratie, qui accordait à chaque citoyen une voix égale. La loi romaine assurait aux citoyens le droit de faire appel après un procès.

L'histoire de l'individu a été celle d'une longue lutte acharnée entre ses libertés et le pouvoir arbitraire. Il est ironique de noter que le libéralisme contemporain se définit systématiquement comme une opposition à l'État, quand on sait combien le rôle de l'État a été essentiel dans le processus de démantèlement des oppressions communautaires et religieuses, de la féodalité et du système de castes.

La première grande étape de la conquête libérale a été la mise sur pied d'un État suffisamment fort pour supprimer les innombrables oppressions et tyrannies locales. Les supprimer tout en garantissant une stabilité, un ordre et une sécurité, qui sont les conditions essentielles à toute prospérité et à toute liberté. L'anarchie, c'est la servitude : plus une société est en désordre, plus l'individu est écrasé par les gangs, les milices, les cartels, les seigneuries... Par conséquent, l'ordre est vital au libéralisme, donc à l'existence même de l'individu.

Sur ces bases, le combat libéral pour l'individu peut se poursuivre en s'affranchissant d'un étatisme trop pesant, sans toutefois tomber dans le naïf idéalisme minarchiste selon lequel il suffirait de pratiquement démanteler tout l'État pour que fleurisse alors une société faite d'individus libres, qui refuseraient tous par magie la tentation communautaire, la pulsion de domination et les arrangements mafieux.

L'esprit occidental moderne a été formé par l'armement moderne. Plus les armes sont devenues individuelles et meurtrières, plus les Européens ont pris conscience de leur force et ont pu tenir tête aux tyrannies.

Au XIIe siècle, le pouvoir catholique interdit sous peine d'anathème « *cet art meurtrier et haï de Dieu qui est celui des arbalétriers et des archers* ». Malgré l'interdiction, les rois européens ne se sont pas empêchés de former des unités d'arbalétriers, sans être inquiétés, ce qui indique que le but n'était pas tant d'interdire une arme meurtrière et déloyale au nom d'un généreux principe moral, que de l'interdire au peuple. Il était en effet insupportable pour le pouvoir ecclésiastique s'appuyant sur des castes de riches professionnels de la guerre, que de vulgaires paysans, avec une grossière formation, puissent tuer de loin et sans aucun risque un chevalier en armure qui avait voué toute son existence à la guerre.

Derrière la justification du fairplay, le Vatican avait compris le danger que représentait pour sa domination l'existence d'armes de trait meurtrières et simples d'utilisation. Ce qui était un danger pour les oppresseurs féodaux a vite inspiré au peuple une mythologie libérale : Robin des Bois avec l'arc, et Guillaume Tell avec l'arbalète, les deux armes interdites par le Vatican. Ces héros légendaires sont restés dans le cœur des Européens les symboles de la lutte contre la tyrannie et la spoliation, indissociables de leurs armes respectives.

Le pouvoir tyrannique de l'Église catholique est alors mis à mal. Les Européens arrachent dans le sang des droits à la caste des despotes ecclésiastiques. En brûlant vif Jan Hus en 1415, et en tentant d'exterminer les membres de son mouvement religieux, les Hussites, comme ils le firent avec les Albigeois, les catholiques essuyèrent cette fois des défaites humiliantes. La fine fleur de la chevalerie croisée germanique se fit laminer par une armée de piétons équipés de fléaux, d'arbalètes et de haquebutes protégés dans des chariots. Cinq croisades furent lancées, avec pour conséquence des pertes énormes dans les rangs catholiques, avant que ceux-ci ne soient finalement forcés de tolérer l'existence des Hussites. Plus tard, c'est le protestantisme qui affaiblira le pouvoir catholique avec la Guerre de Trente Ans.

Les monarchies de droit divin furent balayées par des révolutions libérales : en 1649 les Anglais jugèrent et décapitèrent leur roi, donnant naissance au Commonwealth. En 1776, les États-Unis obtinrent leur indépendance après une guerre victorieuse contre la couronne d'Angleterre, ce qui permit la rédaction d'une constitution libérale exceptionnelle garantissant de larges libertés individuelles. En 1789, les Français entamèrent leur révolution nationale qui donnera naissance à la Déclaration des droits de l'homme et du citoyen. Malgré des rétablissements plus ou moins anecdotiques de la royauté, des avancées libérales énormes seront conservées. Rien de tel n'aurait été possible sans les mousquets performants et allégés de la fin du XVIIIe siècle, qui permirent de s'affranchir d'armes trop lourdes et d'équipements trop coûteux pour des miliciens. Ces fusils révolutionnaires donnèrent l'avantage au nombre sur la qualité dans les batailles, et l'avantage à la surprise sur le nombre lors des embuscades. Pour la première fois dans l'histoire de l'humanité, de grandes armées de citoyens pauvres formés à la va-vite pouvaient changer le destin de continents entiers.

Les armes à feu modernes furent les grands égalisateurs entre les hommes, renversant les conceptions passées où les aristocrates étaient absolument indispensables. Sur les emballages des revolvers au XIXe siècle, on pouvait lire le slogan suivant : « *Dieu fit les hommes inégaux, Colt les rendit égaux.* »

Une révolution technique et militaire a rendu possible une révolution sociale. On se rappellera tous du rôle des partisans et des maquisards dans la résistance face à l'occupation nazie, dont l'arme emblématique fut le pistolet-mitrailleur, qui permettait à un seul homme de neutraliser plusieurs ennemis, chose pratiquement impossible auparavant. Aujourd'hui, aux États-Unis, le fusil d'assaut, hybride entre le pistolet mitrailleur et le fusil semi-automatique, est le symbole de la résistance à la tyrannie.

Des découvertes civiles incroyables accompagnèrent ces révolutions.

Si la première trace d'écriture humaine a été retrouvée en Europe près de Belgrade sur des tessons vieux de 7 000 ans appartenant à la culture Vinca, rien n'a autant modifié nos perceptions et nos perspectives que l'invention de l'imprimerie en 1450.

L'imprimerie fut une des plus grandes révolutions de l'humanité. Elle a permis de développer la liberté de penser, en se forgeant soi-même une opinion d'un texte sans intermédiaire, ni conteur, ni lecteur, ni pasteur. Elle a facilité à l'extrême la propagation de textes en tous genres : placards, nouvelles, canards, avis de recherches, manifestes... Elle a rapidement permis un accès aux livres qui, progressivement, devinrent incomparablement moins chers que les anciennes copies manuscrites. Il y eut une explosion de l'activité individuelle de la lecture. Avant l'imprimerie, la lecture était massivement orale et collective. Lire un texte seul, imaginer des choses individuellement, c'est la condition pour s'approprier un texte.

L'imprimerie a permis la redécouverte des textes en poussant à leur propagation en dehors des archives où ils étaient conservés. Conséquence directe, la multiplication vertigineuse des bibliothèques privées a permis une circulation sans précédent des idées à travers le temps et l'espace, débouchant sur la Renaissance et les Lumières. Les réflexions philosophiques déboucheront sur des révolutions libérales portant l'individu dans la politique comme jamais auparavant, inscrivant ses droits imprescriptibles dans les constitutions et les textes de loi.

Né d'une évolution d'Arpanet, un réseau militaire développé par les États-Unis pendant la guerre froide, Internet a rendu accessibles des quantités astronomiques de données, de textes et de médias numérisés consultables à travers des recherches instantanées et des liens hypertextes, le tout mis gratuitement à la disposition de chacun. L'accès au savoir n'a jamais été aussi simple, aussi direct et aussi massif qu'aujourd'hui.

L'Occident est indissociable de la notion d'individu libre. Les grands accomplissements de notre civilisation ont toujours été des moments de liberté.

L'Occident a gravé dans le marbre l'égalité de tous devant la loi, la propriété privée, la liberté de pensée et d'expression, le droit de disposer de son propre corps, et il est en ce moment même en train de faire reconnaître le droit à la procréation sans entraves.

Le triomphe des libertés individuelles est tel qu'on ne se rend plus compte à quel point les libertés énoncées dans les constitutions des pays occidentaux étaient des valeurs révolutionnaires en leur temps.

3.3 La capacité autocritique

L'autocritique est nécessaire à l'accomplissement de tout progrès. Toute avancée requiert, sinon le rejet, du moins l'interrogation des normes précédentes. On observe au cours de l'histoire de l'Occident une concomitance frappante entre la suprématie et l'autocritique, comme si ces deux mouvements étaient indissociables l'un de l'autre. Plus l'homme blanc a surpassé et dominé, plus il s'est remis en question.

La découverte du Nouveau Monde fut à la fois un moment de conquête brutale et un moment de vertige, de décentrement et de retour critique sur soi. À peine avait-on découvert les Indiens anthropophages d'Amérique que Montaigne, dans le chapitre « Des cannibales » de ses *Essais*, se demandait si la coutume, à nos yeux si barbare, de capturer au terme des batailles les chefs de guerre ennemis pour les traiter avec mille prévenances, des mois durant, avant de finalement pratiquer sur eux un rituel de mise à mort et de cannibalisme, n'était pas au fond plus civilisée que les exactions commises par grand nombre de seigneurs européens lors des guerres de religions qui opposaient catholiques et protestants. *« Mais quoi, ils ne portent point de hauts-de-chausses ! »*, s'exclamait malicieusement Montaigne, sous-entendant par là que si nous les jugions sauvages, c'était surtout parce qu'ils allaient presque nus.

L'autocritique est à la société ce que le renouvellement cellulaire est à l'organisme. Les cellules défectueuses ou mortes sont dégradées et remplacées par les nouvelles cellules dont l'organe a besoin pour fonctionner. La destruction et la production marchent de pair pour permettre à la vie d'être assurée. L'autocritique déréglée est à la société ce que la tumeur est à l'organisme : les cellules cancéreuses se développent au détriment des autres cellules, jusqu'à causer la mort de l'organisme.

De même, la xénophobie est à la société ce que le système immunitaire est à l'organisme. Les éléments étrangers qui menacent la survie du corps sont traqués et détruits par les globules blancs, sans quoi ils se multiplieraient et envahiraient le corps au point de le tuer : c'est l'infection. Le refus de toute xénophobie a les mêmes effets sur la société que le Syndrome d'Immuno-Déficience Acquise (SIDA) produit sur le corps humain : un système immunitaire qui ne fonctionne plus, laissant tout loisir aux bactéries et aux virus de coloniser les organes, et la personne meurt de n'importe quel microbe, y compris de microbes qui en temps normal ne la tueraient pas. À l'inverse, la xénophobie déréglée, c'est comme les maladies auto-immunes : le corps réagit comme s'il était agressé par un agent extérieur, alors que ce n'est pas le cas : il attaque les cellules saines de l'organisme et les détruit comme si elles étaient des corps étrangers nocifs. C'est ainsi que fonctionne par exemple le racisme social de la bourgeoisie blanche envers le prolétariat blanc, ou bien le nazisme, qui fut le pire génocide blanc de l'histoire.

Mais la question du « juste milieu » est superflue voire même nocive. Ce n'est pas de « xénophobie modérée » ni « d'autocritique modérée » dont nous avons besoin, mais de xénophobie et d'autocritique correctement ciblées, orientées dans une juste perspective : celle de la liberté du peuple européen.

Lorsque la menace extérieure est extrême, la réponse xénophobe modérée n'est pas une réponse appropriée. Il faut une xénophobie radicale pour se défendre d'une menace extrême. On ne riposte pas à l'attentat de Charlie Hebdo par des appels à fonder un islam de France.

Lorsque la menace intérieure est extrême, la réponse autocritique modérée n'est pas une réponse appropriée. L'Europe n'a pas extirpé la tumeur chrétienne par la méthode douce, mais par de grands sacrifices et des mesures radicales d'exclusion de tous les religieux des sphères politiques.

La pire transformation que la maladie chrétienne ait provoquée en parasitant l'Occident, c'est d'avoir flétri notre aptitude à l'autocritique en la transformant en une psychose malsaine de la repentance. Défigurée et corrompue par l'évangile, ce qui était une formidable qualité civilisationnelle a été réduite à une suicidaire pénitence autoflagellatrice, répondant au refrain du péché originel et à l'obsession perverse de la faute. L'Occident hanté par le christianisme ne cesse de demander pardon pour son irréparable péché de suprématie universelle.

3.4 Le rayonnement universel

L'instinct de domination existe chez tous les peuples. Il n'y a que l'Occident qui soit parvenu à un degré de suprématie tel que le reste du monde rêve de lui ressembler sans y être forcé. Tout universalisme conséquent est un suprémacisme. Refuser toute forme de suprématie aboutit obligatoirement au relativisme culturel.

L'universalité, c'est l'aptitude à produire des créations matérielles et immatérielles appropriables par tout être doué de raison : les mathématiques, la philosophie, les procédés de fabrication rationnels, la transmission intelligible, limpide, non-ésotérique et non-initiatique des savoirs, le langage scientifique univoque et normatif permettant la collaboration des chercheurs... La science elle-même est définie par son universalité, qui se mesure principalement à la reproductibilité de ses résultats, expériences, protocoles.

Tout progrès scientifique, moral ou social se mesure selon des critères objectifs, et donc universels. Le progrès suppose une hiérarchie des connaissances, valeurs et système sociaux. Il ne peut y avoir de progrès scientifique si l'on refuse d'admettre qu'un énoncé scientifique est supérieur à un autre sur l'axe de la vérité, si l'on ne fait pas de hiérarchie entre la théorie chrétienne d'un homme créé par Yahvé à son image à partir de poussière au sixième jour de la Création et la théorie de l'évolution. Il ne peut y avoir de progrès moral si l'on considère, par exemple, qu'un groupe qui tolère les viols d'enfants et un groupe qui les combat se valent sur le plan moral, au prétexte qu'il n'y aurait dans le fond aucun critère universel de hiérarchisation morale des comportements humains. Il ne peut y avoir de progrès social si l'on estime qu'une société qui institutionnalise l'esclavage ne vaut pas moins qu'une société où l'on sanctifie les libertés individuelles, le consentement, et le droit de chacun à disposer de lui-même.

Le relativisme culturel est une instrumentalisation particulièrement tordue de valeurs universalistes (le respect de la dignité de chacun, le droit de chaque peuple à disposer de lui-même) à des fins anti-universalistes, et plus précisément dans le but de détruire l'Occident, principal moteur de création et de diffusion de concepts universels. Le relativisme culturel, c'est l'idée qu'on ne devrait pas hiérarchiser les discours, les vérités, les croyances, les mœurs, les modèles de société, au motif que ce serait insultant pour certaines cultures, que ce serait suprémaciste, voire raciste, et donc contraire à l'impératif de respect de la dignité humaine. Le relativisme culturel ne gagne de terrain que parce que les prétendus universalistes sont trop timorés dans leur universalisme pour répondre franchement aux serpents relativistes qu'en effet, les notions mêmes d'universalité et de progrès sont bel et bien des suprémacismes, qu'il n'y a aucun mal à cela, et que ce suprémacisme est une condition d'existence essentielle de toute forme de progrès humain.

La plus grande poussée universaliste en Occident a été celle de l'Empire romain. L'universalisme unificateur et normalisateur de Rome a permis l'avènement des sociétés modernes. L'Empire romain a diffusé l'universel à la fois à l'intérieur de ses frontières, mais aussi bien largement au-delà, dans le temps et l'espace. L'universel, c'est ce qui fascine par-delà les terres et les mers aussi bien que des millénaires après la fin d'un empire.

Le christianisme s'est servi du rayonnement culturel de Rome pour diffuser une idéologie parasite qui est celle de l'indifférenciation. Là où Rome unifiait et inspirait, le christianisme entend uniformiser et indifférencialiser. Le noyautage de l'universalisme par cette religion orientale est tel que celle-ci a associé le nom même de son église à l'adjectif grec *katholikos*, signifiant *universel*.

L'universalisme est une aspiration qui nous a apporté tant de bien-être, de libertés et de prospérité qu'il est devenu l'enrobage le plus répandu pour nous faire avaler toutes sortes d'idéologies et de projets délirants qui ne sont que des perversions du sens originel de ce concept. Ce qu'on nous vend comme de l'universalisme sont en fait des totalitarismes.

Ainsi, la gauche mondialiste nous présente sous le nom d'universalisme le projet de mélange forcé des races et des cultures, projet nécessitant l'avènement d'un homme nouveau, ce nouvel aryen qu'est le métis, présenté comme supérieur à toutes les cultures « consanguines ».

Derrière ce fétichisme quasi-religieux du métissage, il y a le rêve pervers inavoué de bourgeois souhaitant la création d'êtres identiques, déracinés et substituables, une masse homogène facile à comprendre, à modeler, à déplacer et à dominer. Toutes les formes de résistance pacifique à ce projet totalitaire sont criminalisées et réprimées sous la qualification pénale d'incitation à la haine.

L'universalisme perverti, c'est l'usage de techniques d'ingénierie sociale dans le but de reprogrammer en profondeur la pensée, les croyances, les savoirs, les valeurs, les émotions, les aspirations, la sensibilité des individus, pour les uniformiser de force. Le catéchisme, qu'il soit chrétien ou qu'il se fasse passer pour laïc, est un outil bien connu de cet attirail totalitaire.

La censure sous toutes ses formes l'est également : mises à l'index, autodafés, interdictions d'étudier tel ou tel domaine, phénomène ou hypothèse, persécutions idéologiques, procès politiques, mises au ban professionnelles, et désormais, interdiction de nombreux mots-clés, idées, thématiques sur les réseaux sociaux. Toutes ces mesures de restriction de la liberté d'expression visent à faire sortir certaines idées de notre horizon mental, à enfouir certains concepts dans le domaine de l'impensable, à rendre toute idée « déviante » incompréhensible et même insupportable.

L'usage même des plus élémentaires structures logiques de la pensée est en passe d'être criminalisé puisqu'elles font obstacle au projet totalitaire mélangiste. Les slogans « *il ne faut pas généraliser* » et l'accusation « *tu fais des amalgames* » sont répétés en boucle dans les médias, et chacun est appelé par les « campagnes de sensibilisation » (reprogrammation des sensibilités) à faire la police des amalgames à son niveau, à rappeler à l'ordre tout auteur de généralisation au sein de sa famille, ses amis ou collègues. Lors des procès politiques, il faut par-dessus tout prouver au tribunal qu'on ne s'est pas rendu coupable du crime de généralisation pour échapper à la condamnation. Il s'agit ni plus ni moins qu'une criminalisation de l'induction, qui est une des opérations logiques fondamentales du cerveau humain, sans laquelle nulle pensée organisée, nul discours sur les objets sensibles ne peut être articulé. La généralisation et la formulation d'exceptions sont indissociables l'une de l'autre, et elles sont aussi nécessaires à la réflexion humaine que ne le sont l'inspiration et l'expiration à la respiration humaine.

Si l'universalisme peut être instrumentalisé pour faire accepter des projets totalitaires délirants, il n'en reste pas moins que l'Occident sans universalisme ne serait plus l'Occident.

Bien loin de l'évangélisation et du projet mélangiste, l'universalisme occidental moderne consiste en la propagation à distance de normes, de conventions, d'une idée précise des droits de l'homme, et en l'ingérence humanitaire pour les préserver.

Quand l'impérialisme américain est critiqué, c'est en fait le plus souvent l'Occident tout entier qui est attaqué. L'invocation des droits de l'homme fait ricaner ceux qui ont ont baigné toute leur vie dans l'insouciance, mais qui oserait nous regarder dans les yeux et dire que les génocides ne sont pas un problème, que l'excision est un non-sujet, que les viols de masse n'ont aucune importance ou que les crimes contre l'humanité sont une blague ? Le dénigrement des droits de l'homme ne s'exprime qu'allusivement, sur le mode de la connivence ironique entre gavés du monde, ou de manière plus appuyée derrière le masque de l'anonymat.

C'est dans la nature universaliste et libérale de l'Occident que de garantir des droits fondamentaux à tous les humains sur terre. Pour jouir de ces libertés fondamentales, on ne leur demande pas de devenir nous ni de venir chez nous.

Des générations entières de volontaires dans les armées occidentales vouent leur vie à préserver la paix dans le monde, à défendre les droits humains élémentaires et à combattre les menaces extérieures pesant sur l'Occident à travers des interventions. L'Occident, États-Unis en tête, possède les meilleures armées au monde, composées de soldats de métier ayant signé pour se battre jusqu'au sacrifice ultime s'il le faut.

Par leurs interventions partout dans le monde, les armées occidentales défendent nos intérêts à l'étranger, pèsent dans les bras de fer diplomatiques face aux pays hostiles et se renforcent de l'irremplaçable expérience des conflits armés.

Une armée qui n'intervient jamais s'atrophie et décline, rendant les citoyens vulnérables aux attaques de n'importe qui. Au lieu d'attendre passivement que des avions détournés s'écrasent sur ses villes, l'occidental anticipe, destitue des tyrans et fait trembler leurs semblables, qui pourraient être tentés par le terrorisme ou le développement de l'arme nucléaire.

L'interventionnisme occidental est la meilleure illustration de la concomitance entre nos intérêts et l'universalité des droits humains.

L'universalisme, c'est le phare occidental qui rayonne sur le monde. Les ténèbres de l'obscurantisme n'enrichissent pas cette lumière. Quand le monde de la nuit vient s'agglutiner comme des papillons autour d'une lanterne, il en étouffe la lumière et c'est la fin de l'universalisme.

L'universalisme, c'est donc avant tout la préservation de l'espace vital du peuple créateur. Pour que les savoirs et les valeurs universelles continuent à rayonner sur le monde, il faut en préserver les conditions d'existence.

3.5 La solidarité institutionnelle

Quand une société atteint un degré suffisant de civilisation, elle ne fait plus reposer la vie des personnes vulnérables sur l'aumône et les initiatives privées. La solidarité s'institutionnalise et se systématise, déchargeant le dos des citoyens généreux et altruistes. Il n'y a pas d'individualisme sans solidarité institutionnelle.

Parce que tout individu dispose de droits inaliénables, les sociétés occidentales mettent en place, sous des formes diverses selon les pays, des mécanismes de mutualisation des ressources permettant à chacun de manger, de se soigner, de se loger et de vivre dignement.

La solidarité institutionnelle permet à l'individu de s'affranchir de la dépendance communautaire : il ne dépend plus exclusivement du bon cœur de la dame patronnesse, de la compassion du philanthrope, ni du regard du prêtre. Le pauvre n'a plus à prouver sa bonne moralité ou sa qualité de bonne victime, de pauvre vertueux, de mendiant pénitent. La femme enceinte sans mari n'a plus à ramper ni à s'autoflageller pour obtenir le soutien minimal de la communauté.

D'un autre côté, la solidarité institutionnelle permet de libérer les personnes altruistes, telles que les gardes de parent malade, qui auparavant sacrifiaient leur vie pour aider un proche infirme, un parent sénile, ou un enfant handicapé. Ces sociétés cruelles reposaient sur l'abandon d'enfants, l'euthanasie artisanale des infirmes, les maltraitances massives et totalement impunies à l'encontre de toutes sortes de personnes vulnérables, la contrainte à la prostitution pour survivre ou pour nourrir ses enfants.

Les conservateurs qui fustigent les aides sociales sont seulement nostalgiques de l'époque où la bourgeoisie s'arrogeait le droit de contrôler les mœurs du prolétariat en échange de quelques croûtes de pain. La charité chrétienne était la soupape antilibérale pour faire accepter un système injuste : ce n'était pas un outil de libération mais un moyen de contrôle sur les pauvres. Cette période misérable est révolue. Les rêves de suppression des aides sociales ne sont qu'un fantasme d'effondrement civilisationnel et de punition des prolétaires.

3.6 Le féminisme, clé de voûte de l'Occident

Le prix qu'une société donne à la vie et à l'individu dépend de la place de la femme dans cette société. Il ne peut pas y avoir d'homme libre dans une culture arriérée où la femme est regardée comme un sous-homme. Un homme libre est forcément le fils d'une femme libre et d'un homme libre. Les sociétés où les femmes sont des esclaves ne peuvent engendrer que des moitiés d'hommes.

Ce sont les femmes qui contribuent concrètement le plus à l'éducation des enfants. Maintenir les femmes dans l'ignorance forcée et la réclusion domestique, c'est condamner ses enfants à une sous-éducation par une personne atrophiée. Opprimer les femmes, c'est haïr ses enfants, et c'est mépriser son sang.

La femme est placée anthropologiquement en situation de dépendance vis-à-vis du groupe, à cause de la vulnérabilité dans laquelle la placent les grossesses et les premières années de chaque enfant. Comme la femme a besoin de la protection du groupe pendant ces quelques années cruciales, le groupe lui fait payer à un prix exorbitant cette protection, ce qui ouvre la porte à tous les abus, à toutes les exploitations et à toutes les violences.

C'est donc à la société toute entière de veiller aux droits des femmes. La femme ne peut pas exister comme individu si une solidarité institutionnelle ne veille pas à la protéger des menaces spécifiques inhérentes à son sexe et à sa situation.

Il n'y a que les sous-hommes qui se sentent menacés à l'idée que les femmes aient les mêmes droits qu'eux. Ils se sentent menacés à raison, car ils se savent perdants si les femmes ont le choix. Le plus gros de la sélection naturelle est assuré via la sélection sexuelle par les femmes. Cela implique qu'elles soient libres de choisir leur partenaire, donc de pouvoir refuser. Les viols et les mariages forcés sont des dysgénismes contre lesquels la seule réponse adaptée est le féminisme.

Le féminisme est l'étape supérieure de civilisation. Toutes les étapes de civilisation ont été des avancées pour la condition des femmes. Plus des neuf dixièmes de nos lois existent pour réprimer le virilisme toxique. La civilisation consiste à mettre la masculinité au service du peuple, à récompenser l'homme viril autodomestiqué et à empêcher que l'homme violent ou destructeur ne se reproduise.

Il n'y a pas de libéralisme sans féminisme puisqu'aucun homme n'est libre si sa mère est une esclave, mais il n'y a pas non plus de féminisme sans libéralisme. Le féminisme, c'est l'égalité dans la liberté. L'égalité dans la servitude n'est pas du féminisme. Le progrès technique, social et politique est indispensable et indissociable des progrès féministes. Voilà pourquoi le féminisme n'aurait pu apparaître qu'en Occident.

3.7 Omniprésence de la culture européenne

L'Europe a abreuvé le monde de ses créations et l'a façonné selon ses standards. Dès qu'un pays ou tout autre groupe humain entreprend de se « moderniser », de se « développer », il s'occidentalise. Cette fécondation culturelle, politique, scientifique et technologique est si massive qu'elle n'est même plus perçue comme ce qu'elle est, à savoir un emprunt culturel à l'Europe.

Le secret de la propagation des créations occidentales partout dans le monde réside dans leur universalité. Les sciences modernes, la médecine moderne, l'organisation scientifique du travail, la standardisation de la production, l'ingénierie moderne, les outils et machines, toutes ces créations occidentales ont pour trait commun leur radicale rationalité, donc leur universalité. Les productions intellectuelles rationnelles sont appropriables, reproductibles et utilisables à l'infini par tout être doué de raison, indépendamment de sa race, de sa culture, de ses croyances, de ses goûts, de ses mœurs.

Les créations occidentales sont tellement omniprésentes qu'on en vient à penser que l'Occident serait en quelque sorte le *mode par défaut* de l'humanité, le neutre par excellence. Mais ce n'est pas seulement l'omniprésence des créations occidentales, favorisée par la puissance commerciale et militaire de l'Occident, qui rend invisible leur lien avec la culture occidentale en particulier : c'est la structure même de ces créations. La technologie et les sciences occidentales se caractérisent par leur extrême épure : les esprits européens les ont perfectionnées à un tel degré qu'ils sont parvenus à les purifier de toutes les scories de magie, de croyance ou d'ésotérisme pour les réduire à leur stricte structure rationnelle. Ils les ont extraites de la gangue du particularisme culturel pour les rendre universellement intelligibles et fonctionnelles. L'extrême raffinement de ces productions de l'esprit les fait tendre vers la pure rationalité et les rend universelles, c'est-à-dire valables partout dans le temps et l'espace, non rattachées à un moment ni à un lieu particulier. Ce n'est donc pas seulement du fait de leur large diffusion, mais aussi et surtout en raison de leur qualité intrinsèque que les créations occidentales sont perçues comme des choses et des idées appartenant à l'humanité toute entière, qui auraient pu être produites n'importe où. Par leur souci constant d'efficience, d'épure, d'abstraction, de rationalité, de fonctionnalité, les occidentaux ont mis au point des sciences, idées, techniques, objets dépourvus de sceau culturel, exempts de tout ancrage identitaire, excluant tout folklore.

La virtuosité du danseur consiste à rendre imperceptibles les milliers d'heures d'entraînements douloureux en procurant au spectateur une impression d'extrême facilité. De même, l'universalité des productions intellectuelles occidentales est le signe de leur extrême perfectionnement et entraîne l'effacement de tout ce qui a rendu ces productions possibles, c'est-à-dire la culture européenne, le travail de la race blanche. L'universalisme est la marque de l'excellence européenne. Il est un rayonnement naturel du fait de l'excellence intrinsèque des productions européennes et ne doit pas être confondu avec l'évangélisation forcée, qui est le fait de sectes parasitant l'excellence européenne pour propager leurs dogmes par la ruse et la contrainte.

La blancheur est souvent caricaturée sous les traits d'une non-identité. Le costard-cravate, les conventions de Genève, la mayonnaise. Une page blanche. Alors que c'est justement parce que l'Occident a tout fécondé qu'il semble n'apparaître nulle part, ou n'apparaître que sur le mode de la neutralité radicale.

À l'inverse, les apports culturels extérieurs à l'Occident sont systématiquement mis en valeur parce qu'ils sont assez rares pour être soulignés et parce que contrairement aux productions universelles européennes, ils portent la marque bien visible de leur culture d'origine, ce qui les rend aisément identifiables.

La création de l'ONU manifeste le désir de l'homme blanc que les peuples se saisissent des mouvements qu'il a initiés, se les approprient, progressent et s'autonomisent. L'idée d'un conseil permanent et d'une diplomatie publique internationale ne pouvait venir que de l'Occident.

Il n'y a pas de progression linéaire d'une société. Le progrès n'est pas une pente naturelle sur laquelle glisseraient spontanément toutes les sociétés. C'est le fruit d'un travail, c'est un combat. Ce sont les Européens qui ont introduit la notion de progrès, qui ont façonné le monde moderne et poussé les peuples stagnants à entrer dans cette modernité. L'humanité sans les Européens ne serait absolument pas l'humanité telle qu'on la connaît.

Les blancs sont les initiateurs de tous les projets tâchant de garantir les droits fondamentaux de tout être humain : les conventions de guerre, les déclarations de libertés, les ONG humanistes... Ces efforts peuvent apparaître dérisoires au regard de l'océan d'abominations humaines qu'ils entendent combattre. Bien souvent, le monde aseptisé des grandes organisations internationales n'a que peu de prise sur l'âpreté du réel, et les usines à gaz philanthropiques ouvrent la porte à mille formes de corruption, mille dévoiements évangéliques des droits humains universels. Elles ont néanmoins le mérite d'exister et d'avoir ouvert la voie des droits humains.

Les blancs ont aboli l'esclavage dans le monde entier grâce à la colonisation et aux pressions commerciales exercées sur l'Empire ottoman. Puis ils ont décolonisé par égard pour la liberté des peuples à disposer d'eux-mêmes — une liberté inventée et accordée par les Européens.

Les droits des femmes, le respect de la vie humaine comme nulle part avant, l'abolition de la peine de mort, l'égalité devant la justice, l'athéisme et la laïcité : tant de droits nous semblent aller de soi dans l'humanité alors qu'ils sont spécifiquement apparus en Europe et n'auraient pu naître nulle part ailleurs avec autant de force.

Ce n'est qu'en Occident que l'individu s'est autant affranchi de la masse. L'Occident a inventé l'individu, soit une personne qui existe en tant que personne, sans être possédée par un groupe. De là est née la protection des enfants : c'est en Occident que les enfants ont été affranchis les premiers du travail et protégés de la maltraitance. La culture du consentement et la lutte contre la pédocriminalité nous paraissent couler de source alors qu'elles sont la cerise sur le gâteau occidental.

Les bienfaits de l'Occident sont omniprésents au point qu'on se retrouve dans la totale incapacité d'imaginer la vie différemment. La culture qui a fécondé le monde devient la culture invisible de l'humanité.

3.8 L'occidentalisme

L'occidentalisme est une doctrine politique visant à l'établissement d'un hédonisme humaniste à travers le progressisme insécable, le libéralisme intégral et le suprémacisme civilisationnel du peuple artisan de l'Occident.

L'occidentalisme est la défense de l'Occident, donc de son peuple artisan, du progrès, de la liberté, de l'individualisme, de l'autocritique constructive, du rayonnement universel et du féminisme.

L'occidentalisme, c'est l'acceptation de la supériorité de la civilisation occidentale et de ses valeurs ainsi que du rôle prométhéen de la race blanche dans l'humanité.

C'est la réclamation de l'héritage commun au monde blanc, selon laquelle tous les Européens sont unis par des liens de sang forts, une histoire et une culture communes dont les différences ne sont que les déclinaisons régionales de la lignée européenne.

L'occidentalisme est un mouvement politique servant la cause raciale-progressiste, portant le projet libéral-hédoniste avec pour philosophie le culte du progrès et la conscience ancestrale.

L'occidentalisme a pour devise constitutionnelle « *Liberté, Égalité, Fraternité* » et sa devise motrice est : « *Liberté, Progrès, Hédonisme* ».

À l'image du rêve américain, l'occidentalisme désigne l'éthique occidentale entendant adhérer aux principes élaborés dans nos constitutions libérales : la vie, la liberté et la recherche du bonheur.

La décroissance, l'austérité et la mortification sont l'antimatière de l'Occident, et l'occidentalisme entend purger ces notions yahviques du débat public pour graver dans le marbre ce qui a fait de tout temps notre supériorité civilisationnelle : le progrès, la liberté et l'hédonisme.

La liberté, c'est la condition d'existence de l'hédonisme, et ce qui rend le progrès possible et désirable. Ce sont les droits de l'homme et la statue de la Liberté.

Le progrès, c'est la conquête apollonique du savoir et de la meilleure société, la recherche de l'excellence et de l'accomplissement. Le décorum et la grandeur civilisationnelle de l'Occident.

L'hédonisme, c'est la célébration dionysiaque de la vie et de ses plaisirs, et la promesse d'un bonheur et d'un épanouissement toujours plus grands. La civilisation

comme socle de l'insouciance et de la dolce vita occidentale.

Progrès, liberté et hédonisme, telle est la devise de
l'occidentalisme.

4- Les ennemis de l'Occident

4.1 La bourgeoisie mourante contre l'Occident

Les occidentaux se trouvent à un moment paradoxal de leur histoire. Ils n'ont jamais été aussi puissants, et pourtant, jamais autant de forces politiques n'ont hurlé à la décadence de l'Occident. Plusieurs forces politiques militent même explicitement pour forcer l'Occident à décliner : les conservateurs sous le nom d'austérité, la gauche sous le nom de décroissance. Des forces réactionnaires de tous horizons s'unissent pour tenter de nous convaincre que tout irait mieux si l'Occident sabotait ses projets de recherche scientifique, sacrifiait ses progrès économiques et liquidait sa puissance militaire. Certains vont jusqu'à militer pour convaincre les blancs de ne plus faire d'enfants, alors que la surpopulation mondiale ne vient pas d'eux. Les réactionnaires ont toujours existé, mais cette fois, le gros des nouveaux conservateurs se déguise en progressistes. C'est au nom du progrès qu'on entend forcer les occidentaux à accueillir en masse les combattants de l'islam obscurantiste. C'est au nom du progrès encore qu'on explique doctement aux blancs que tout irait mieux sur terre s'ils cessaient tout bonnement de vivre.

Cette propagande conservatrice aux multiples visages est diffusée par une bourgeoisie malveillante et ne correspond en rien aux aspirations du peuple. La bourgeoisie saboteuse détourne les aspirations saines des prolétaires blancs pour les mener vers des causes suicidaires. Leur aspiration au respect de l'environnement est détournée au profit d'une repentance éco-théologique *perinde ac cadaver*. Leurs qualités de tolérance, de curiosité envers les autres cultures, d'ouverture d'esprit et d'attachement aux droits de l'homme sont manipulées pour forcer les blancs à accepter l'implantation chez eux de millions d'étrangers gorgés de haine raciale, et déterminés à détruire ces mêmes qualités.

Le trait qui unit ces bourgeois réactionnaires est le rejet de la dimension prométhéenne de l'Occident. Rien ne se crée sans rien détruire ; aussi la civilisation prométhéenne a-t-elle provoqué des destructions, précisément parce qu'elle est créatrice. Cette civilisation arrive à un point de son perfectionnement où elle parvient enfin à créer sans détruire et même à réparer ses destructions. La bourgeoisie agite les destructions passées sur le point d'être réparées — dégâts environnementaux et guerres — pour empêcher l'Occident d'embrasser son destin créateur et réparateur.

L'Occident traîne un boulet : la bourgeoisie mourante et décadente, descendante d'une race sociale qui autrefois avait un rôle et pouvait être un moteur. La bourgeoisie a toujours exploité le prolétariat, mais elle a indéniablement été un important moteur de progrès en Occident durant plusieurs siècles. C'est elle qui a réalisé les grands investissements indispensables à l'émergence de la production mécanisée, rationalisée et massifiée. C'est elle qui a stimulé la course à l'innovation. La rivalité entre bourgeoisie et noblesse a été, notamment en France et en Angleterre, une source importante d'émulation intellectuelle, donnant lieu aux Lumières. Elle a été une force motrice du monde blanc tant que les chemins de la suprématie bourgeoise et ceux de la suprématie blanche se chevauchaient.

Les progrès techniques et sociaux en Occident ont en même temps enrichi la bourgeoisie et accru le niveau de vie du prolétariat comme jamais auparavant dans l'histoire.

C'est en faisant du prolétariat un gigantesque marché en constante expansion que le capitalisme bourgeois a pu survivre en se développant, au lieu de s'autodétruire dans des crises de surproduction telles qu'on a pu les observer dans les années 30. La bourgeoisie n'a pu continuer à s'enrichir que parce qu'elle a fini par comprendre qu'il fallait procurer aux ouvriers les moyens de s'acheter toutes sortes de biens, au lieu de ne leur octroyer que le strict nécessaire à l'achat d'une maigre pitance permettant à peine de survivre. Ce n'est pas par bonté d'âme que la bourgeoisie a consenti à céder du temps et de l'argent au prolétariat, mais par terreur de voir sa tête se retrouver sur le billot communiste. D'une part, l'indigence des salaires ouvriers empêchait l'expansion de la consommation, et, d'autre part, les crises de surproduction provoquées par le décalage entre production de masse et atrophie de la consommation généraient un chômage massif, c'est-à-dire une foule énorme de miséreux n'ayant plus rien à perdre, et tout à gagner à pendre les patrons.

Sans les progrès sociaux, la bourgeoisie se serait autodétruite car la production de masse qu'elle avait mise en place n'aurait trouvé nul débouché commercial. Il lui a fallu concéder des droits, de l'argent et du temps au prolétariat pour pouvoir continuer d'exploiter ce même prolétariat. Malgré son enrichissement constant, la bourgeoisie a donc vu sa suprématie reculer.

Cette affirmation peut surprendre quand on voit combien les grosses fortunes se portent bien, combien les riches tirent les ficelles de la politique et des médias. Mais malgré sa richesse et son indéniable position dominante dans tous les secteurs clés de la société, la bourgeoisie blanche n'en est pas moins habitée par un profond sentiment de déclassement.

Les progrès sociaux, concédés par la bourgeoisie pour se maintenir au pouvoir, ont annihilé de nombreux privilèges bourgeois. Partir en vacances, voyager, chauffer son logement à 20°C, lire des livres, changer souvent de vêtements, envoyer ses enfants à l'université, aller chez le médecin dès qu'on en a besoin, se déplacer en voiture, jouir d'une alimentation variée, prendre une douche tous les jours dans sa propre salle de bains : toutes ces petites choses auxquelles le prolétariat n'a que très récemment accédé, mises bout-à-bout, ont affecté en profondeur le sentiment de supériorité bourgeois. La pop culture, bien que dominée financièrement par les bourgeois, marque symboliquement l'effondrement de la suprématie culturelle de la bourgeoisie. Les modes ne sont plus dictées directement par la bourgeoisie : pour être branché, il faut désormais se tenir à l'affût des modes de la rue, des contre-cultures des milieux marginaux et les singer habilement, avec juste ce qu'il faut d'ironie pour montrer qu'on est dans le coup. En somme, même si les bourgeois dominent toujours, ils ont perdu de nombreuses chasses gardées et leurs cercles ne sont plus le centre du monde.

Plus la suprématie bourgeoise a décliné, plus les bourgeois se sont convaincus que l'Occident tout entier était en décadence. Un monde où leur toute-puissance s'éteint est à leurs yeux forcément un monde en train de mourir.

Ce sentiment de fin du monde a d'abord touché la bourgeoisie catholique conservatrice, et a fini par s'étendre ensuite aux bourgeoisies de gauche qui s'étaient crues les éternels porte-voix attitrés du prolétariat. La bourgeoisie communiste et ses innombrables ramifications gauchistes ne supporte pas de voir que le prolétariat blanc ne vote plus pour elle, ne croit plus en ses rêves romantiques de révolution anticapitaliste et mange au McDonald's.

L'époque contemporaine est insupportable tant pour la bourgeoisie chrétienne conservatrice que pour la bourgeoisie de gauche, car le prolétariat leur échappe, à eux qui s'étaient imaginés guider le peuple : les uns vers la Jérusalem Céleste, les autres vers les lendemains qui chantent. La bourgeoisie mourante ne supporte pas que l'Occident puisse lui survivre. Elle veut emporter le peuple européen avec elle dans sa tombe.

Se sentant déclassée et dépassée par le peuple, la bourgeoisie va donc aller au plus simple : si toutes les tentatives de restaurer l'asservissement du peuple ont échoué, pourquoi ne pas juste remplacer ce peuple ?

Comme le résumait Brecht : *« À ce stade, ne serait-il plus simple de dissoudre le peuple et d'en élire un autre ? »*

4.2 La dépossession du peuple blanc

La bourgeoisie mourante s'est trouvé une arme puissante pour dominer les peuples européens : l'antiracisme.

L'antiracisme se légitime en prétendant combattre les crimes de haine que tous les êtres doués de sensibilité et d'intelligence réprouvent, dans le but d'imposer le relativisme, le mélangisme et l'appropriation.

Le relativisme culturel permet de provoquer l'indulgence envers les crimes et les incompatibilités étrangères, tout en laissant espérer que l'autre devienne un autre *nous* en s'assimilant. Les violeurs se transforment en pauvres êtres qui n'ont pas les codes culturels occidentaux, les tueurs deviennent de pauvres enfants élevés dans la misère morale, affective et financière, et les terroristes deviennent des déséquilibrés manipulés par des islamistes qui n'auraient rien à voir avec l'islam.

Pendant ce temps, le mélangisme racial et culturel est imposé par tous les moyens sans que jamais on ne demande à l'autochtone son avis. Toute résistance raciale ou culturelle sera désignée comme un crime de pensée, le racisme n'étant pas une opinion mais une hérésie et un blasphème contre la religion du grand melting pot.

Il devient donc impossible de refuser l'appropriation territoriale et culturelle : le blanc est sommé de partager sa terre et sa culture. Pour dissimuler ce vol qui a lieu sous son nez, on le persuade que sa terre n'appartient à personne et qu'elle appartient à tout le monde, et que sa culture, ses technologies appartiennent à l'humanité entière et auraient pu être développées par n'importe qui — les Européens ayant simplement eu un coup de chance en développant 97 % de tout ce qui fait le monde moderne.

Si les créations des autres peuples n'appartiennent qu'à eux-mêmes et qu'il est moralement interdit de faire quoi que ce soit qui leur ressemble, c'est en revanche la totalité des créations occidentales qu'on considère comme le patrimoine de toute l'humanité.

L'antiracisme consiste en ceci : déposséder le peuple artisan de sa création, mettre sur le même plan l'acteur et le spectateur, le créateur et le consommateur, l'inventeur et l'utilisateur. Pour camoufler un plagiat, on remet en question la notion de propriété intellectuelle. Pour cacher un vol, on remet en question la notion de propriété privée. Pour faire accepter l'expropriation culturelle du peuple blanc, on use et on abuse de relativisme et d'universalisme.

La seule façon de réagir à cette dépossession du peuple artisan de son œuvre, l'Occident, c'est de répondre à cet ordre moral bourgeois par un suprémacisme occidental serein.

Pendant que la gauche dépossède les blancs de leur civilisation, les réactionnaires prétendent les défendre en leur expliquant qu'ils n'étaient rien avant d'être chrétiens. Les prétendues « racines chrétiennes » sont marquées au fer rouge sur chaque accomplissement blanc, toujours pour prétendre que le génie était extérieur au peuple blanc.

La bourgeoisie chrétienne s'acharne à désigner les cathédrales comme un miracle chrétien, sans jamais créditer le génie blanc à l'origine de leur création. Parce qu'il a créé des merveilles, le peuple blanc aurait une dette envers l'Orient. On cherche toujours les cathédrales gothiques des chrétiens d'Orient et des chrétiens d'Afrique.

Ne pouvant plus du tout justifier l'utilité du christianisme, la bourgeoisie a choisi de muséifier sa religion et de n'apprécier sa valeur qu'à la mesure des monuments qu'elle a laissés. On utilise donc les œuvres incroyables bâties par le génie blanc et les efforts blancs pour tenter de donner de la consistance au prétendu génie du christianisme. Il faut une sacrée mauvaise foi ou une furieuse imbécilité pour omettre que le plus gros des ressources financières de l'époque était accaparé par un pouvoir séculier et religieux obsédé par la domination symbolique par le divin, et que tout le reste n'était simplement pas financé : où sont les aqueducs, les thermes, les hôpitaux, les théâtres géants, les hippodromes, les écoles, les universités, les routes ? Il y a comme un gigantesque trou urbanistique et architectural d'un millénaire dans notre histoire, et on nous demande de faire comme si de rien n'était. Tout l'argent qui aurait pu servir à améliorer la vie du prolétaire, son hygiène, son espérance de vie, son bonheur et son éducation a été systématiquement détourné vers des projets religieux imposés. Ainsi, pour acquérir la prétendue couronne d'épines du Christ, le roi de France Saint Louis dilapida-t-il la somme odieuse et délirante de 135 000 livres tournois, soit plus de la moitié de l'or du royaume.

Tout ce qui n'était pas susceptible d'être consacré à la gloire du dieu unique et vengeur n'a pas eu la moindre chance d'exister. C'est précisément l'obscurantisme qu'on vante quand on s'extasie devant les cathédrales, seuls lieux autorisés d'expression du génie architectural blanc. D'innombrables autres bâtiments auraient pu voir le jour et bénéficier des mêmes ressources, architectes, mécènes et artisans, et auraient été les merveilles d'aujourd'hui. Fallait-il une religion d'Orient pour bâtir de beaux temples ? La réponse se trouvait dans les temples européens détruits par le christianisme dans toute l'Europe, et dont les rares qui survécurent au massacre sont encore aujourd'hui les chefs d'œuvre d'harmonie architecturale les plus admirés.

Malgré ces évidences, la bourgeoisie chrétienne a dépossédé le prolétariat blanc et lui nie aujourd'hui le droit d'apprécier les créations de ses ancêtres s'il ne se plie pas devant le christianisme. On est sommé de créditer le clergé voleur à la place du peuple artisan, de ses architectes, et toute insubordination est pointée du doigt comme un blasphème contre la bourgeoisie élue de dieu, un affront qu'on appelle le suprémacisme. L'antiracisme bourgeois est ici une arme contre la fierté laïque prolétarienne. On est sommé de nier que c'est le peuple blanc qui a fait ce travail. On doit tout attribuer à la culture dominante, en l'occurrence le totalitarisme oriental chrétien parasitaire.

La bourgeoisie dépossède les prolétaires blancs de leur œuvre civilisationnelle, mais également de leur travail. Elle remplace le peuple indocile tout en confisquant ses moyens de production : c'est le phénomène des délocalisations punitives. Prétextant les profits pour dissimuler leurs véritables motifs derrière leur banale et humaine recherche du gain, les délocalisations ont été un moyen pour la bourgeoisie d'organiser une grande grève patronale en montrant toute la puissance de feu de leur violence de classe. Le vrai but des délocalisations n'est pas de gagner de l'argent, mais de punir le peuple en lui montrant qu'on peut le remplacer en un claquement de doigts, en déménageant vers une autre main d'œuvre plus soumise.

Les bourgeois qui pouvaient se permettre cette entreprise coûteuse se sont littéralement enfuis à l'étranger avec les moyens de production, pour plonger le peuple dans un chômage de masse tout en continuant à voter et soutenir des partis qui empêchaient ce chômage organisé d'avoir lieu paisiblement. Ils se sont empressés, comme ils l'ont fait à plusieurs reprises dans l'histoire, d'aller se faire des alliés à l'étranger pour jouer contre leur propre pays, offrant cette fois des moyens de production colossaux aux ennemis de l'Occident comme la Chine, de la même façon que la noblesse déchue s'était alliée aux ennemis de la France et à la racaille chouane. Ces moyens de production offerts aux empires ennemis avaient été acquis grâce à des siècles de travail prolétaire blanc. Les délocalisations punitives ne sont que la pratique à grande échelle de la technique du *lock-out*, qui consistait pour les patrons du XIXe siècle et début XXe à fermer l'usine pour punir les ouvriers d'avoir tenté de faire grève. Le prolétariat blanc a été jugé trop attaché à sa dignité et ses acquis sociaux, trop syndicalisé : on allait donc le punir en s'enfuyant avec son travail.

La réaction d'aristocratie saine aurait été d'améliorer la mécanisation et la robotisation pour faire face à la hausse du coût du travail. Mais non, la bourgeoisie nantie a choisi à la place d'offrir des investissements fous, du matériel et des secrets industriels précieux au régime totalitaire chinois, ennemi de l'Occident, afin de nous mener une guerre économique sans merci. Ce choix d'être à contre-courant du progrès, dans le seul but de saigner économiquement le peuple blanc, les bourgeois l'ont fait délibérément, sans y être forcés, et en parfaite connaissance de cause.

Pire, la bourgeoisie cherche même à déposséder le peuple blanc de son héritage financier. Cet héritage, ce sont les aides sociales permises par la prospérité que le sacrifice des ancêtres prolétaires a rendue possible en bâtissant l'Occident. La bourgeoisie intellectuelle, politique et corporatiste a instauré le devoir moral de partager cet héritage avec le monde entier, y compris et surtout avec ceux qui n'ont contribué en aucune manière à cette prospérité occidentale. Comment forcer le peuple à partager son héritage avec des gens qui n'ont contribué en rien à cette richesse ? La bourgeoisie française a fabriqué un mythe prétendant que les étrangers avaient « *reconstruit la France* ». Jamais il n'y a eu dans la France d'après-guerre plus de 3% de travailleurs étrangers sur le territoire, et la plupart étaient européens, mais plus c'est gros, plus ça passe.

L'exil fiscal et la recherche de main d'œuvre sous-payable sont des fumigènes lancés pour masquer la vengeance bourgeoise : il s'agit davantage de déposséder les blancs de leur travail que d'espérer s'enrichir.

La bourgeoisie arrache au peuple sa fierté et son travail non pas pour en jouir, mais dans le seul but que le peuple ne les possède plus. Sur le front culturel, un intense lobbying bourgeois tente de déposséder le peuple blanc de son histoire, de ses héros, de ses monuments. Des quotas raciaux d'acteurs extra-européens sont imposés dans tous les films, y compris les films historiques. Les films mettant particulièrement en avant « la diversité » (euphémisme désignant les non-blancs) obtiennent des subventions spéciales de la part de divers organismes tels que le « fonds diversité » du CNC français. Le but n'est pas d'offrir la fierté de son passé aux populations africaines. Si c'était le cas, on ferait des films épiques, historiques ou fantastiques prenant place en Afrique, on adapterait des légendes africaines... Or rien de cela n'est fait. Le but n'est donc absolument pas de contenter les noirs mais d'ôter tout sentiment de fierté ancestrale au prolétaire blanc. La bourgeoisie étale sa puissance en montrant au peuple blanc qu'il est remplaçable rétroactivement, c'est-à-dire que même son histoire, même son passé objectif ne lui appartiennent plus. Tout est bon pour humilier le blanc et lui faire sentir qu'il est intégralement remplaçable.

La bourgeoisie humilie l'autochtone blanc par la repentance raciale induite, afin de lui confisquer la fierté de ses accomplissements ancestraux et le fruit de son travail. Le peuple blanc commençait à peine à goûter le fruit de son œuvre civilisationnelle que les bourgeois ont sonné la fin de la pause, déclenchant le remplacement de ce peuple tout en le culpabilisant d'exister.

Ce qu'on appelle « pervers narcissique », c'est le comportement banal de la bourgeoisie parasite vis-à-vis du peuple : stériliser, faire croire au peuple que tout est de sa propre faute, lui faire des remarques malveillantes, culpabiliser ses désirs et ses aspirations, saper sa confiance en lui et jusqu'à son amour-propre pour en faire un dominé malléable à souhait.

Toute fierté collective blanche est systématiquement brimée ou criminalisée, tandis que chaque blanc du peuple doit porter le fardeau collectif des crimes commis par des bourgeois clairement identifiés, dont on connaît les noms, et dont les crimes contre l'Afrique n'ont jamais bénéficié à un seul prolétaire blanc.

4.3 La repentance raciale, arme bourgeoise pour dominer le prolétariat blanc

Ce qu'on appelle *ethnomasochisme* n'est rien d'autre qu'un mythe élaboré par la bourgeoisie, visant à faire peser sur les épaules du peuple blanc tout le fardeau de ses exploitations, crimes et spoliations passées. L'invention par les bourgeois du « privilège blanc » est un tour de magie qui transforme les descendants des mineurs, ouvriers et paysans européens en oppresseurs. Parler de privilège blanc leur permet de faire oublier leur privilège bourgeois et de diluer la responsabilité de quelques riches familles dans tout un peuple.

Aujourd'hui, la bourgeoisie demande à ce que le prolétariat blanc présente ses excuses à des peuples qu'il n'a jamais exploités. Sous couvert d'antiracisme, on exige qu'un blanc de la race sociale prolétarienne endosse toute la responsabilité des crimes de la bourgeoisie blanche chrétienne et juive. La repentance raciale est un mécanisme pour accuser le prolétaire blanc des crimes commis par la bourgeoisie.

La bourgeoisie fait preuve d'un culot incroyable quand elle tente de faire croire au prolétaire blanc qu'il doit des réparations à des non-blancs qui n'ont jamais subi d'exploitation ni d'esclavage, alors qu'il n'a jamais possédé d'esclave et que ses ancêtres non plus. Non seulement les prolétaires blancs n'ont nullement décidé de la colonisation, ni n'en ont profité, mais en plus, ils en ont pâti.

L'esclavage et la colonisation n'ont pas profité au peuple blanc, mais uniquement à la bourgeoisie, la même qui exploitait comme des esclaves les salariés blancs. Salariés blancs qui dans certains cas étaient même moins bien traités que des esclaves, car remplaçables et non possédés.

Ainsi, les esclaves noirs remplacèrent en partie les *engagés*, nom donné à ces prolétaires blancs sous contrat qui furent littéralement décimés par des conditions de travail odieuses dans les Antilles anglaises et françaises du XVIIe au XIXe siècle. Le fait de posséder un être humain forçait désormais la bourgeoisie à davantage les ménager que les prolétaires blancs sous contrats et remplaçables qu'elle pressait jusqu'à la mort. Le bourgeois ménage mieux ses travailleurs lorsqu'il les a achetés. La repentance raciale, c'est le bourgeois qui veut forcer le descendant d'engagé à présenter ses excuses au descendant d'esclave noir. Certains réclament même au peuple blanc des réparations financières, sans que jamais personne ne se demande dans quelles poches l'argent de l'esclavage se trouve actuellement. Ce silence est d'autant plus amusant que les généalogies des familles impliquées sont parfaitement connues. Une chose est sûre, aucun prolétaire blanc ne s'est enrichi de ce dont les bourgeois accusent le peuple blanc.

4.4 L'obscurantisme chrétien, une peste venue d'Orient

En instaurant le devoir de repentance de tout blanc envers tout non-blanc, la bourgeoisie refait claquer le fouet du clergé sur le dos d'un peuple conditionné à demander pardon. Ce sont les élites chrétiennes qui ont érigé la repentance en priorité civilisationnelle absolue : des siècles durant, ils ont dressé le peuple à ramper, à faire pénitence, à pratiquer l'autocritique et la dénonciation pour se faire pardonner ses péchés, y compris le péché d'exister, nommé « péché originel ». Des siècles durant, les journées, les semaines, le calendrier et l'alimentation de chaque blanc étaient organisés en fonction de ce devoir de repentance. La confession était le pilier de l'existence, et les petits enfants emmenés à confesse devaient souvent s'inventer des péchés pour avoir de quoi se repentir. Être dénoncé pour avoir mangé du lard en Carême pouvait signer votre arrêt de mort. Les récalcitrants à ce système d'autoflagellation permanente étaient sévèrement châtiés et le refus de cette autoflagellation, puni de mort.

Les conservateurs chrétiens qui se lamentent sur « l'ethnomasochisme des occidentaux » en le présentant comme une décadence moderne veulent en réalité cacher la responsabilité écrasante, et même exclusive du christianisme dans la repentance actuelle.

La repentance n'est pas la seule pathologie mentale que le christianisme venu d'Orient a inoculée aux Européens. Elle n'est qu'un fragment de la folie qu'on désigne sous le nom des « valeurs chrétiennes ».

La christianisation forcée de l'Europe a provoqué une grande régression dans tous les domaines : artisanat, philosophie, sciences, médecine, architecture, urbanisme, hygiène, sport et art de vivre. Cette nuit de plus de dix siècles ne se dissipa qu'à mesure que l'emprise du christianisme recula, au prix d'âpres combats et d'innombrables ruses.

Pour avoir contesté la théorie géocentrique imposée par l'Église, émis l'hypothèse d'un univers infini et critiqué un certain nombre de fadaises bibliques, le libre penseur Giordano Bruno fut condamné à mort par les autorités catholiques. Le 17 février 1600, il fut brûlé vif en place publique. Pour l'humilier, on le déshabilla intégralement, et pour le réduire au silence, on lui cloua la langue sur un mors de bois.

Le philosophe Lucilio Vanini fut lui aussi brûlé vif par l'Inquisition en 1619. Ses fautes : avoir donné des explications « naturelles » à des miracles, émis l'hypothèse que l'homme pourrait descendre des grands singes et nié l'immortalité de l'âme. Persécuté, il fuit l'Italie, mais l'Inquisition le rattrapa à Toulouse. Il comparut devant le Tribunal ecclésiastique où il fut reconnu coupable d'athéisme, et condamné à avoir la langue coupée avant d'être brûlé vif.

Le médecin et théologien Michel Servet, célèbre pour avoir été l'un des premiers à décrire la circulation pulmonaire, fut condamné à mort pour avoir écrit un livre remettant en cause le dogme de la Sainte Trinité. Il fut brûlé vif avec son livre le 27 octobre 1553.

Il ne s'agit là nullement de cas isolés ni même d'« abus », mais bien de la norme imposée par l'Église durant des siècles. Les chasses aux sorcières et les mises à l'index procédaient du même projet totalitaire chrétien. Les persécutions des libres penseurs n'ont cessé que lorsque ceux-ci sont parvenus à mettre l'Église à genoux.

L'Occident a un trou de plus de mille ans dans son histoire civilisationnelle. Il lui aura fallu des siècles et des siècles pour retrouver ne serait-ce que le niveau de Rome avant sa chute.

Contrairement à ce qu'affirment les propagandistes chrétiens, la régression n'est pas due aux invasions barbares mais bien à la christianisation de l'empire. Les fameux barbares étaient en large part des combattants déjà convertis au christianisme arianiste. Le christianisme a mis à genoux l'Empire romain, il a placé au pouvoir des traîtres, il a semé le désordre social et a ouvert les portes de l'empire aux agresseurs extérieurs, ce qui a provoqué un effondrement sur plusieurs siècles. Dans cette chute lente de Rome, les chrétiens occultent leur rôle destructeur en prétendant que c'est le divertissement et les plaisirs, le pain et les jeux, la dolce vita et les grandes célébrations qui ont précipité l'empire à sa perte.

Jamais un mot sur les chrétiens assassinant l'empereur païen Julien II en pleine campagne victorieuse contre les Sassanides avant de leur offrir cinq provinces. Ce sera la dernière grande offensive romaine contre un ennemi extérieur, l'empereur chrétien remplaçant se soumettant par pur sabotage à tous les caprices de l'ennemi oriental, alors même que Rome avait militairement gagné.

Jamais un mot non plus sur le décret de Théodose Ier ordonnant la destruction de tous les temples non-chrétiens de l'empire, ni sur les empereurs qui se sont succédé pour achever la culture européenne et la remplacer de force par le culte totalitaire d'un dieu unique.

Le christianisme n'avait contaminé que 5 % des peuples dominés par Rome et il s'est imposé par les élites dans le sang, comme quand les chrétiens reposaient sur des troupes gothiques converties pour faire régner la terreur, comme lors du massacre de l'hippodrome de Thessalonique où 7000 citoyens romains furent massacrés par les troupes barbares gothiques, bras droit du christianisme, le tout pour une absurde histoire de sodomie.

Jamais un mot sur les croisés brûlant et pillant Constantinople en 1204, massacrant sa population et démantelant l'Empire byzantin. La porte grecque de l'Europe sera de ce fait laissée grande ouverte, l'armée byzantine réduite de 300 000 à quelques milliers d'hommes, et ce n'est qu'en raison de querelles dynastiques et de la sévère menace mongole à l'est que les Turcs ottomans ne prendront la ville qu'en 1453, à trente contre un. Les croisades n'auront eu pour résultat que d'ouvrir les portes de l'Europe de l'Est aux colons musulmans, qui occupèrent le territoire jusqu'au XXe siècle.

Jamais un mot sur Alexandrie, haut-lieu du savoir et du génie européen, défigurée par le christianisme totalitaire : son acropole sera rasée sur ordre impérial par un évêque qui fera brûler l'annexe de la bibliothèque légendaire. La démolition d'Alexandrie fut un symbole très clair : le savoir fut remplacé par la foi. Ceux qui n'abandonnèrent pas la science pour prendre le chemin de la foi envers le dieu unique et obligatoire furent massacrés. Ce fut le cas de la malheureuse Hypatie, une brillante femme scientifique, mathématicienne, astronome, philosophe et professeure de renom. Au cours du Carême de 415, une foule de moines en colère s'en prirent à Hypatie alors qu'elle rentrait chez elle. Ils la traînèrent au sol jusqu'à la plus proche église où ils la déshabillèrent de force avant de la lapider à mort. Leur ferveur chrétienne les poussa à mutiler et démembrer son corps et à en traîner les morceaux dans toute la ville, avant de brûler ce qu'il restait d'elle. L'ère de la rationalité, du savoir et de la science avait cédé la place à celle de la foi chrétienne.

Le massacre d'Hypatie marque la fin spirituelle de l'Antiquité : après sa mort, de nombreux chercheurs et philosophes quitteront Alexandrie pour l'Inde et la Perse, et Alexandrie cessera d'être le grand centre de l'enseignement et de la science du monde antique. Désormais, la science régressera en Occident. Elle ne retrouvera un niveau comparable à celui de l'Alexandrie antique qu'à l'aube de la révolution industrielle.

Il aura fallu déployer une énergie herculéenne pour faire reculer l'emprise des institutions chrétiennes dans les sociétés européennes, pour que scientifiques, médecins, artistes et philosophes retrouvent enfin le droit de travailler sans avoir à craindre pour leur vie. Il aura fallu plus de mille ans pour que la civilisation occidentale renoue pleinement avec sa dimension prométhéenne.

Mais certains dégâts provoqués par le christianisme sont irréparables. Le christianisme a accompli un travail méthodique et acharné de destruction des cultures, des croyances, des œuvres, des monuments et des coutumes d'Europe. Des siècles durant, les chrétiens accomplirent un travail de destruction systématique des temples des religions ancestrales d'Europe. Non seulement les cultes ancestraux furent anéantis, mais les joyaux d'architecture grecque et romaine furent détruits, ainsi que les chefs d'œuvre de la statuaire et de la peinture, saccagés par les iconoclastes. Les temples étaient souvent des centres culturels importants, et leur destruction signifia la destruction de manuscrits à la valeur inestimable. Académies et bibliothèques subirent le même sort dramatique, lors de démonstrations d'hystérie religieuse et cérémonies de pénitence publique. Les autodafés — terme signifiant « acte de foi » — resteront le symbole par excellence des sociétés totalitaires, qu'on retrouve dans les pires dictatures et les plus ignobles dystopies. L'acte de foi se fait donc en brûlant ce qui détourne de la foi, c'est-à-dire tout ce qui n'est pas religieux ou empreint de religion.

À ces destructions directes de manuscrits savants, littéraires et philosophiques, il faut ajouter la disparition progressive du patrimoine intellectuel européen du fait de négligences plus ou moins délibérées. Avant que ne soient inventées l'imprimerie et les techniques modernes de conservation, il fallait régulièrement copier à la main les manuscrits anciens pour leur faire traverser les âges, une opération coûteuse, lente, harassante, nécessitant des copistes qualifiés, maîtrisant bien le grec et le latin. Le christianisme, en détruisant tous les lieux de savoir et en s'arrogeant le monopole de la culture livresque, a eu la totale mainmise sur la transmission des textes. Les *scriptoria* des monastères ont prioritairement copié les manuscrits chrétiens et ceux dont le contenu était compatible avec les dogmes chrétiens. Seule une infime fraction des textes antiques a échappé aux destructions, aux incendies, aux censures et aux négligences chrétiennes. Les textes antiques que nous pouvons lire aujourd'hui sont les rescapés d'un terrorisme intellectuel pluriséculaire.

Machine à détruire la tradition écrite européenne, le christianisme a également montré un impressionnant acharnement à détruire les traditions orales européennes, notamment les cultes des religions ancestrales. Outre les conversions forcées sous peine de mort et la répression sanglante des « hérésies », les chrétiens prirent soin d'agencer le calendrier de leurs fêtes religieuses obligatoires en fonction des fêtes dites « païennes ». Ainsi, le clergé s'assura que le peuple ne pût célébrer clandestinement ses anciennes fêtes. À cette ruse calendaire du remplacement temporel s'ajouta le remplacement spatial : la plupart des églises ont été bâties sur les lieux de cultes ancestraux. Ainsi Notre-Dame de Paris fut-elle dressée sur les ruines issues de la démolition d'un temple gallo-romain dédié à Jupiter. Ce n'est pas seulement en tant que religions non-chrétiennes que les religions ancestrales européennes ont été persécutées par les chrétiens, mais parce que ces religions liaient les Européens à leurs ancêtres et à leur terre. Toutes les religions ancestrales européennes comportaient un culte des ancêtres et de la nature, et donnaient une grande importance à la magie des lieux, aux sources et arbres sacrés, aux montagnes mythiques. Le choix du mot « païen » pour les qualifier est très révélateur de la haine chrétienne envers les traditions d'Europe, envers les liens de sang et l'attachement à la terre de ses ancêtres. « Païen » est un terme péjoratif issu du latin *paganus*, le « paysan », l'habitant du *pagus*, le village. Le *pagus* est l'antithèse de la *civis*, la cité, symbole de civilisation. Le païen est donc un paysan sauvage qu'il faudrait « civiliser » par la christianisation forcée, en criminalisant et en détruisant la religion qui le liait à sa terre et à ses ancêtres. Dans la littérature chrétienne et en particulier chez Tertullien, on oppose dès le IIe siècle les *milites christi*, les « soldats du Christ », aux *pagani fideles*, ceux qui restaient fidèles à leur pays, à leurs traditions et à leurs racines.

Les chasses aux sorcières (et sorciers), qui culminèrent aux XVIe et XVIIe siècles et qui continuèrent localement jusqu'au XIXe siècle, furent un mouvement chrétien de destruction des solidarités traditionnelles villageoises et de guerre aux savoirs ancestraux transmis par la tradition orale et gestuelle. Les sage-femmes, qui se transmettaient depuis des millénaires les gestes de la maïeutique et les secrets des plantes médicinales, furent accusées de sorcellerie et persécutées à mort. En 1484, le pape Innocent VIII formule dans son *Malleus Maleficarum* une déclaration officielle assimilant les sages-femmes à des sorcières et appelant à leur extermination. Les autorités ecclésiastiques ne les accusent pas seulement d'être des femmes maléfiques offrant des bébés aux démons, elles leur reprochent surtout d'être compétentes pour soulager les peines et prévenir les dangers de l'enfantement. En aidant les femmes à accoucher, en leur fournissant d'autres moyens que la prière et la repentance pour soulager leurs maux, les sages-femmes transgressent le commandement biblique « *Tu enfanteras dans la douleur* ». Un persécuteur anglais de sorcières insiste ainsi sur la nécessité de pourchasser « *tous ceux et celles qu'on considère comme bons et bonnes sorcières, qui ne font aucun mal, qui ne souillent ni ne détruisent, mais qui sauvent et délivrent du mal... Il vaudrait mieux pour nous tous que la terre soit débarrassée de toutes ces sorcières et particulièrement de celles qui sont bienfaisantes.* » C'est ainsi que l'entraide féminine fut criminalisée. Une femme qui montrait trop de solidarité envers une guérisseuse ou une sage-femme risquait de les rejoindre sur le bûcher des sorcières. Les autorités chrétiennes ont pendant plusieurs siècles organisé une psychose au sein des peuples d'Europe, elles ont créé un climat d'hallucination paranoïaque où chacun se mettait à percevoir ses bienfaiteurs comme une menace démoniaque, où tous rivalisaient de zèle à dénoncer leurs voisins pour ne pas se faire eux-mêmes dénoncer, quitte à désigner des innocents pour ne pas finir comme les 20 000 habitants de la ville de Béziers massacrés au cri de « *Tuez-les tous, Dieu reconnaîtra les siens !* ».

Au fil des siècles, l'esprit européen a digéré et neutralisé le christianisme. Les artistes et les scientifiques ont contourné avec ingéniosité les interdits. Les pragmatiques ont fait de l'entrisme chez les chrétiens dans le mouvement des jésuites. Des armées catholiques ont été défaites dans le sang par des insurgés assoiffés de liberté pendant les guerres de religion successives, faisant des millions de morts en Europe. Puis les églises ont petit à petit été réduites à un rôle de référents sociétaux, avant d'être séparées du pouvoir par la loi un peu partout en Occident.

Néanmoins les dégâts du christianisme sont loin d'être réparés.

Le christianisme intériorisé a causé de profondes pathologies : la culpabilité dans le moindre plaisir, l'inversion des valeurs, la repentance et l'autoflagellation, la croyance en le vice caché de la beauté, le dolorisme masochiste, le mépris du corps, le culte de l'abstinence et du jeûne « détox » du Carême sous toutes ses formes, l'auto-castration et l'entre-castration, la théorie de la décadence ou encore l'altruisme suicidaire.

Les Européens sont parvenus à mettre à bas le totalitarisme chrétien, mais le christianisme poursuit sous une forme sécularisée son travail de sabotage de l'Occident, et l'Église comme institution continue à œuvrer au désarmement et à la destruction des peuples européens. Ayant pris acte du processus irréversible d'auto-déchristianisation des blancs, l'Église a compris que son salut dépendait désormais des non-blancs et milite sans relâche pour accélérer l'immigration de masse, au point d'être devenue la plus grosse organisation pro-immigration de toute l'Europe.

4.5 L'Orient, ennemi historique de l'Occident

Si l'obscurantisme chrétien a contaminé l'Europe, c'est parce que ce parasite a instrumentalisé la puissance institutionnelle et le rayonnement culturel de Rome pour étendre son emprise. Nous étions forts, mais nous n'étions pas immunisés contre cette maladie d'un genre totalement nouveau.

Le christianisme est un virus d'Orient, apportant une morale orientale, des légendes orientales, et désignant l'Orient comme origine spirituelle de notre civilisation. Rien d'étonnant donc à ce que le christianisme ait favorisé par tous les moyens l'orientalisme, c'est-à-dire la croyance que l'enrichissement viendrait toujours de l'Orient, et que nous n'aurions eu ni identité ni grandeur avant d'être fécondés par le germe chrétien. C'est pourtant le christianisme qui a eu besoin de l'Europe pour se développer et non l'inverse.

L'orientalisme, qui prétend que toutes les lumières européennes sont la conséquence directe ou indirecte des « apports orientaux », est tout simplement le contraire de la réalité. Le peuple européen n'est pas dupe et voit d'un œil méfiant tout ce qu'on lui présente comme un enrichissement culturel venu d'Orient. L'islam a longtemps profité d'une propagande bourgeoise particulièrement positive présentant ce totalitarisme théopolitique comme une religion de paix et d'amour. Sitôt la greffe chrétienne fût-elle rejetée par les peuples européens qu'il fallut leur trouver une nouvelle spiritualité venue d'Orient, pour appliquer à l'Europe cette nouvelle mise à jour. Cet empressement ne vient pas d'une volonté islamiste réelle, mais bien de la terreur de voir les peuples occidentaux s'autodéterminer sans guide oriental.

Le 11 septembre 2001 fut un grand moment de dissonance cognitive, où médias *mainstream* et milieux politiques *underground* se sont accordés pour déculpabiliser l'islam en préférant s'imaginer un complot où les États-Unis eux-mêmes se seraient envoyé quatre avions à la fois et auraient bourré d'explosifs les fondations du World Trade Center pour détruire les tours et provoquer 3000 morts. Si cette version complotiste a été acceptée si aisément par une grande partie de la population, c'est bien parce qu'à l'époque, on ne pouvait pas concevoir les arabes comme autre chose que des civilisateurs apportant science et sagesse depuis leurs déserts mystérieux. Vision mythique de rois mages enturbannés venus apporter des présents au peuple blanc balbutiant. Au fil des attentats et de la succession de groupes terroristes, la version bien plus intuitive du conflit culturel s'est imposée dans l'opinion publique, et rares sont ceux qui peuvent aujourd'hui vous regarder dans les yeux en prétendant que l'islam n'est pas un danger. Mais la poussée islamique n'est qu'un épisode de la longue histoire conflictuelle entre l'Orient et l'Occident.

Bien avant l'islam, l'Orient était déjà une menace contre l'Occident.

À l'aube de l'époque classique, le gigantesque et terrible Empire perse s'étendait des confins de l'Indus jusqu'en Égypte, unissant sous son joug les provinces les plus riches du monde antique. Un obstacle s'opposait à ses ambitions de conquêtes de l'Ouest : les cités grecques. Lorsque les Perses envoyèrent des ambassadeurs à Athènes et à Sparte pour exiger le traditionnel symbole de reddition, de la terre et de l'eau, les athéniens les précipitèrent dans le Barathre et les spartiates les jetèrent au fond d'un puits profond, disant aux Perses d'aller y chercher au fond toute la terre et l'eau qu'ils voudraient pour la rapporter au Grand Roi. Le message était clair : on ne négocie pas avec l'envahisseur oriental.

À Marathon, 10 000 hoplites grecs en panoplie intégrale parcoururent la longueur de huit stades au pas de course pour se dérober aux flèches perses, éviter le contournement et surprendre un ennemi plus de dix fois supérieur en nombre. Les rangs perses furent défoncés par l'infanterie lourde grecque, le blindage de bronze de la masse des citoyens libres écrasa les soldats-esclaves orientaux, qui finirent par s'enfuir sur leurs navires, les dernières tueries se finissant dans l'eau.

Dix ans plus tard, aux Thermopyles, c'est le roi de Sparte et sa garde qui se sacrifièrent pour ralentir une armée d'invasion de plus d'un million de Perses, permettant une victoire écrasante de l'Europe à Platée un an plus tard.

L'Orient a toujours représenté une menace pour l'Occident. Militairement, politiquement, spirituellement. L'orientalisme est l'idéologie tacite considérant que notre origine et notre destin se trouvent en Orient. Une découverte, un savoir, une œuvre d'art a toujours l'air plus somptueux et raffiné quand on lui accole une origine orientale.

Le christianisme venu d'Orient pousse à voir toutes les avancées techniques et sociales des Européens depuis deux millénaires comme des miracles orientaux. L'orientalisme considère la civilisation occidentale comme un réceptacle vide qui n'aurait connu de grands moments et qui n'aurait d'avenir qu'à condition d'accueillir la semence orientale. La folie orientaliste pousse même certains historiens à nous présenter sans honte la peste orientale qui ravagea l'Europe du XIVe siècle comme une chance pour l'Occident d'un point de vue socio-économique, une aubaine qui aurait libéré les individus et les femmes tout en luttant contre le surpeuplement. Tout ce qui vient d'Orient est considéré comme fondamentalement bon et enrichissant, jusqu'à ce fléau qui tua presque la moitié de la population européenne.

À chaque avancée de l'Europe, la bourgeoisie qui écrit l'histoire veut lui trouver des racines orientales plus anciennes. La bourgeoisie jalouse du peuple blanc fécond veut attribuer les lauriers des avancées accomplies par les Européens à des orientaux idéalisés.

Même dans des détails triviaux, ces orientalistes s'entêtent à inventer des origines d'Extrême-Orient aux pâtes alors que leur existence en Europe est attestée depuis l'Antiquité romaine.

Les Européens ont tous le crâne rempli de dizaines d'exemples d'inventions d'origine orientale, qu'on ne remarque que parce qu'elles sont assez rares pour être retenues. Tout le reste du progrès et de l'enrichissement scientifique et culturel est un mouvement qui s'est fait d'Europe vers l'Asie et non l'inverse. Peu importe : l'orientalisme est une émotion, une foi que les faits ne peuvent contredire. Les gesticulations de ceux qui en sont atteints ne s'arrêtent pas plus facilement que celles d'un religieux à qui l'on dit que son dieu n'existe pas.

4.6 L'islam, caillou dans la botte de l'Occident

Plus les occidentaux vivent au contact quotidien de l'islam palpable, plus ils prennent conscience de la totale incompatibilité du projet théologico-politique de l'islam avec la civilisation occidentale. Même les représentants politiques les plus acharnés à défendre l'immigration musulmane en France vomissent l'islam concret. Ils s'échinent à démontrer que les musulmans n'ont rien à voir avec l'islam, que l'islamisme n'a rien à voir avec l'islam et que tout ce que nous voyons sous nos yeux accompli par des musulmans au nom de l'islam n'a rien à voir ni avec les musulmans, ni avec l'islam. Puritanisme pathologique, haine des femmes, intolérance hystérique, obscurantisme, assassinats de dessinateurs, attentats divers et variés contre les occidentaux mécréants : toutes les manifestations visibles de l'islam en Occident sont des régressions et suscitent le dégoût général de la population autochtone.

Tant que l'islam appartenait au monde des rêves d'exotisme, l'orientalisme perdurait. Depuis qu'on le vit au quotidien, on a compris que l'enrichissement par l'Orient est une pure fiction. Tous les jours, les Européens ont loisir de découvrir sous leur nez tous les aspects pratiques les plus minables, les plus indéfendables et les plus odieux de l'arriérisme oriental. La découverte de la charia islamique est l'expérience qui unit tous les Européens contemporains dans le dégoût et le rejet de l'Orient concret. Qu'ils s'inventent un Orient imaginaire, une puissance déchue ou qu'ils prétendent que l'Orient est mieux là où personne n'ira vérifier, même les orientalistes sont forcés d'admettre que l'Orient réel, l'Orient palpable devant leurs yeux est une abomination. On rejette alors la paternité des racailles, des terroristes et des grooming gangs sur l'Occident, on essaye de déceler l'américanisation derrière le barbu traditionnel qui nous explique qu'il va falloir se convertir ou mourir, on cherche la CIA derrière chaque nouveau groupe terroriste revendiquant l'héritage du prophète. On se demande ce qu'on a bien pu rater pour qu'ils soient devenus ce qu'on n'avait pas voulu voir dans leurs propres pays.

L'islam n'est pourtant qu'une mise à jour tardive du christianisme, lequel était déjà une mise à jour du yahvisme originel. Parce que nous ne connaissons plus depuis des générations le christianisme vivant qui appliquait sa proto-charia, nous exagérons les différences idéologiques entre islam et christianisme. La principale différence doctrinale est le péché originel impliquant pour le chrétien le devoir de se repentir toute sa vie. Pour le reste, les différences entre ces deux religions tiennent surtout aux peuples qui les ont portées et à l'âge de leur mouvement théopolitique.

L'islam est un mouvement de conquête qui divise le monde en deux parties : Dar al-Islam ou « domaine de la soumission à Dieu » et Dar al-Harb, le « domaine de la guerre ». Exactement comme la doctrine de la conquête chrétienne de l'Europe formulée en « *le baptême ou la mort* », l'islam est une religion totalitaire visant à soumettre l'ensemble de l'humanité.

Dans le coran (sourate 8, verset 7) l'extermination des infidèles est même un objectif officiel et indiscutable de l'islam, un ordre sacré venant de leur dieu lui-même : « *Allah souhaitait faire triompher la vérité et anéantir les mécréants jusqu'au dernier.* »

Le djihad contre l'humanité entière fait partie des devoirs de tout musulman : « *Ô les hommes, savez-vous à quoi vous vous engagez en faisant allégeance à cet homme [Mahomet] ? Oui, en lui jurant fidélité nous nous engageons à déclarer la guerre à toute l'humanité.* » (Ishaq : 299)

Les Européens rejettent avec écœurement l'islam, parce qu'on ne leur fera pas deux fois le même coup. Le christianisme a parasité l'Europe parce que c'était une maladie nouvelle. Aujourd'hui, les Européens immunisés contre le yahvisme sont inquiétés par l'islam.

Pourtant, l'islam moderne est une version édulcorée du christianisme destructeur que nous avons connu. Religion abominable, odieuse, mais n'arrivant pas à la cheville de ce que les premiers chrétiens et leurs successeurs firent subir aux peuples européens.

L'Occident a toujours rejeté épidermiquement l'islam teinté de culture arabe, quitte à s'allier entre ennemis jurés, comme Eudes d'Aquitaine appelant Charles Martel à la rescousse.

Il n'y a qu'à voir combien l'Espagne, la Sicile, ou les pays des Balkans ont balayé de leur culture l'islam, dont l'influence fut incroyablement marginale comparée à la durée de son occupation. Malgré les dizaines de générations d'Européens qui n'avaient jamais connu leur pays sans l'islam, les autochtones ont extirpé le greffon islamique en quelques années seulement après la libération.

Neuf mois après la Reconquista, le temps d'une gestation, les Espagnols débarrassés de leur boulet islamique découvrent le Nouveau Monde et font entrer l'Occident dans l'ère moderne.

Depuis leur repaire au Maghreb, les moudjahidines barbaresques continueront à lancer des raids sur les côtes européennes pour faire des esclaves blancs, à rançonner les Européens et attaquer leurs navires marchands. Tout musulman était assuré d'accéder au paradis d'Allah s'il mourrait en attaquant les infidèles. Les Turcs ottomans verront leur djihad naval compromis face aux galères italiennes et espagnoles à Lépante, dans un gigantesque affrontement maritime réunissant plus de 150 000 hommes sur la mer. Mais le Maghreb continuera à razzier et à se fournir en esclaves, faisant plus d'un million d'esclaves blancs en moins de trois siècles.

L'activité de la piraterie arabe en Méditerranée commença à diminuer vers la fin du XVIIIe siècle, grâce à la montée en puissance des marines européennes. Mais il faudra attendre le XIXe siècle pour que l'Europe et les États-Unis écrasent le terrorisme barbaresque. L'U.S. Navy naquit sous la forme de frégates de nouvelle génération destinées à écraser les combattants de l'islam qui prenaient en otage le commerce méditerranéen et réclamaient 20% du PIB des États-Unis.

Alger fut bombardée à plusieurs reprises par les Français, les Espagnols et les Américains. Ce n'est finalement qu'après un raid anglo-néerlandais sur Alger en 1816 que les musulmans furent forcés d'arrêter leur pratique de l'esclavage des blancs.

Et c'est en 1830 grâce à la prise d'Alger et la colonisation que les derniers esclaves européens furent libérés et les richesses pillées retournées à l'Europe. La colonisation fut le seul réel moyen de mettre définitivement terme à l'esclavage des blancs.

Il en va de même pour les routes terrestres : on présente les arabes musulmans comme ceux à qui nous devons la route de la soie alors même que c'est eux qui l'ont rendue impraticable en pillant les caravanes pendant des siècles. Ce sont les conquérants mongols qui rétablirent le commerce en échange d'importantes taxes pour protéger les voies commerciales des criminels locaux.

Les rapports de force et de domination ne se résument pas à l'économie, de même que la richesse n'est pas un but mais un moyen d'asseoir une domination. Toute l'énergie des musulmans a toujours été tournée vers la guerre sainte sous toutes ses formes, et leur infériorité militaire les a poussés à mener une guerre de harcèlement des infidèles sur les routes commerciales terrestres et maritimes, mêlant banditisme et terrorisme au service d'Allah.

Les Lumières arabes, quant à elles, sont une réécriture de l'histoire sur la base de rêveries exotiques d'écrivains européens et de représentations anachroniques de télescopes aux couleurs trop vives et trop propres dessinées par des faussaires des XXe et XXIe siècles. De fausses enluminures représentant la science islamique ont même trouvé leur place dans les bibliothèques et les livres d'histoire les plus réputés.

Il existe aujourd'hui des musées entiers remplis d'objets réimaginés, façonnés au cours des vingt dernières années mais destinés à représenter les vénérables traditions scientifiques du monde islamique.

À partir de ce révisionnisme historique, les orientalistes revendiquent la Renaissance qui n'aurait été en Europe que l'écho des Lumières arabes transmises gracieusement et gratuitement par les soldats d'Allah aux mécréants.

En réalité, les seules minces lumières qu'il y eut dans le monde arabe ont été arrachées bien malgré l'islam par quelques érudits arabes, perses et berbères persécutés par leur religion, alors que leur travail sert aujourd'hui à légitimer l'islam en donnant une aura d'enrichissement civilisationnel à cette religion de guerre et de haine.

Les Lumières arabes, tout comme la foi en une Chine autrefois grandiose puis déchue ou les élucubrations afrocentristes de Cheikh Anta Diop, sont une diversion pour qu'on oublie de juger l'arbre à ses fruits. Concrètement, il n'existe aucun apport à l'humanité comparable à celui de l'Occident.

5- Triomphe du capitalisme et reconversion de la gauche

5.1 Le capital bourgeois contre le capitalisme

Les révolutions libérales de la fin du XVIIIe siècle mirent fin aux privilèges, aux lois liberticides, à l'arbitraire, au corporatisme et à toutes sortes de constructions sociales qui entravaient l'économie. Le système qui devait découler naturellement de cette conquête des libertés individuelles était le capitalisme libéral. Les citoyens enfin libérés de la tyrannie des pouvoirs locaux et régaliens devaient profiter d'un système garantissant la libre entreprise, l'économie de marché et la propriété privée.

Mais les différences de richesse étaient trop grandes et la pauvreté, trop profonde. Par malheur, l'époque était favorable à la concentration de capital et non à l'émancipation des artisans. Forts de leurs réseaux et de leur fortune, les bourgeois firent tout ce qui était en leur pouvoir pour s'accaparer le capitalisme. Les révolutions avaient arraché des privilèges législatifs, mais pas les privilèges matériels.

Les prolétaires furent les laissés-pour-compte du capitalisme. Ils furent exclus de la prospérité et des merveilles technologiques qui les entouraient, parce qu'ils n'étaient considérés par la bourgeoisie que comme des unités de production, comme des outils et non des sujets du capitalisme. Le capital bourgeois se dressa entre les prolétaires et le capitalisme.

Pendant le XIXe siècle, la bourgeoisie comprit très vite que la révolution libérale qui l'avait amenée au pouvoir portait en elle le germe d'une libéralisation générale de la société. Absorbée par l'obsession de maintenir son rang de race séparée du reste du peuple, la bourgeoisie donna très vite une orientation conservatrice liberticide à la révolution progressiste libérale qui venait à peine de se produire. Elle fit tout ce qu'elle put pour consolider les libertés qu'elle avait acquises, tout en confisquant les libertés du prolétariat. Libérés des corporations de l'Ancien Régime par les lois d'Allarde et Le Chapelier, les bourgeois avaient toute liberté d'entreprendre et de s'associer entre eux pour exploiter les pauvres comme bon leur semblait, tandis que les prolétaires se voyaient interdire sous peine de bain de sang tout droit d'association, toute initiative de syndicalisation, tout moyen d'exprimer leurs revendications.

La révolution libérale se mua rapidement en un régime garantissant aux bourgeois la liberté illimitée d'opprimer et interdisant aux plus pauvres de se libérer de l'oppression. La monopolisation bourgeoise de la liberté par l'interdiction de toute forme de contre-pouvoir populaire bafouait l'article 4 de la Déclaration des droits de l'homme et du citoyen de 1789 : « *La liberté consiste à pouvoir faire tout ce qui ne nuit pas à autrui : ainsi, l'exercice des droits naturels de chaque homme n'a de bornes que celles qui assurent aux autres Membres de la Société la jouissance de ces mêmes droits.* » Concrètement, tandis que la mainmise bourgeoise sur la politique et toutes les institutions de pouvoir empêchait toute organisation politique du prolétariat, le laisser-faire économique permettait aux bourgeois non seulement de concentrer la richesse dans des proportions inouïes et de se constituer en cartels empêchant toute concurrence économique, mais aussi de traiter les prolétaires comme de simples moyens de production. Ce n'est pas un hasard si tous les mouvements politiques prolétariens ont comparé la condition prolétaire à celle de l'esclave : malgré une vague liberté politique théorique dans certains pays, sous certains régimes, l'état réel des rapports de pouvoir au sein des sociétés occidentales aboutissait à la totale réification des prolétaires, réduits à de simples choses, de purs moyens de production, au même titre que les outils, les machines, la matière première et les chevaux de trait. Ce qui décida la bourgeoisie américaine du nord industrialisé des États-Unis à abolir l'esclavage ne fut nullement le souhait de permettre aux noirs de devenir des sujets politiques à part entière, mais simplement la certitude que le salariat industriel était un moyen infiniment plus efficace et plus rentable d'esclavagiser la main d'œuvre pauvre que ne l'était l'esclavage à l'ancienne, qui nécessitait davantage d'investissements, occasionnait davantage de frais fixes et entraînait davantage de contraintes matérielles. La menace permanente de mourir de faim pousse le prolétaire à réclamer de lui-même les fers du salariat industriel, épargnant ainsi à l'esclavagiste la charge de devoir enfermer, menacer et punir sa main d'œuvre. Quand la bourgeoisie parvient à confisquer intégralement le capitalisme et la démocratie libérale, louer des prolétaires est infiniment plus rentable et plus commode pour elle qu'en être propriétaire.

Il ne s'agissait pas seulement là d'un projet de domination économique, mais aussi et surtout d'une quête de suprématie raciale des bourgeoisies occidentales vis-à-vis des prolétaires noirs et blancs. La bourgeoisie n'est pas seulement une classe, elle se constitue en race, comme lorsqu'elle prend la forme d'une noblesse, et utilise tout son pouvoir pour assigner au prolétariat une condition de race séparée et inférioriséе. Le pouvoir économique, politique et culturel se transmet par le sang, par le mariage, par la transmission héréditaire. La bourgeoisie ne se contente donc pas de *se penser* comme race séparée de la race prolétaire : *elle le devient réellement*, au fil des générations qui consolident des liens de sang. On aurait tort d'imaginer que les motivations de la bourgeoisie n'étaient qu'économiques : le pouvoir économique est le moyen d'une domination raciale, et cette domination raciale renforce à son tour le pouvoir économique de la bourgeoisie. La bourgeoisie ne supporte pas l'idée que l'argent soit la seule chose qui la distingue du prolétariat et consacre donc d'importantes ressources à asseoir, par sa mainmise sur la culture, l'information et la politique, sa domination raciale.

La quête de suprématie raciale bourgeoise à travers le capital confina jusqu'à l'absurde et la bourgeoisie faillit provoquer sa propre destruction. La bourgeoisie avait tellement déshumanisé le prolétariat et s'était tellement accaparé les richesses que les prolétaires ne pouvaient pratiquement pas consommer les biens qu'ils fabriquaient à des coûts toujours plus bas, dans des quantités toujours plus grandes. Il en résultait des crises de surproduction où l'économie s'effondrait parce qu'il n'y avait personne pour acheter la production issue de l'exploitation des prolétaires. La bourgeoisie capitaliste avait une vision tellement court-termiste de l'économie et de la société, elle était si absorbée dans sa quête de suprématie et de déshumanisation du prolétariat, qu'elle en arrivait à préférer détruire la production et risquer la faillite, plutôt que d'octroyer aux prolétaires de l'argent et du temps pour consommer une partie du fruit de leur travail.

Le capital bourgeois a failli détruire le capitalisme, comme l'attestent les nombreuses crises de surproduction des XIXe et XXe siècles, la plus spectaculaire d'entre elles étant celle de 1929. Le capitalisme a en quelque sorte puni les bourgeois capitalistes de leur quête de monopole, avec les crises de surproduction qui provoquaient des faillites et qui poussaient des masses de prolétaires désespérés dans les bras du communisme, mouvement révolutionnaire qui réclamait la tête des bourgeois. Il aura fallu de graves crises, la menace sérieuse de révolution communiste et l'insistance d'économistes interventionnistes pour que la bourgeoisie finisse par comprendre qu'elle ne pouvait pas continuer à monopoliser toutes les richesses, tous les droits, si elle voulait survivre.

Face au déferlement bourgeois de violence de classe, les prolétaires ne trouvèrent de défense immédiate que dans la lutte ouvrière et le communisme, cherchant à améliorer leurs conditions exécrables par le rapport de force, les soulèvements et les grèves.

Ce n'est pas pour rien que le communisme insiste sur la « réappropriation des moyens de production ». Le communisme n'est rien d'autre que la réaction naturelle du prolétariat face à l'accaparement par les bourgeois du capitalisme. Le communisme n'est pas sorti de nulle part : avant même d'être théorisé dans le manifeste de Karl Marx et de Friedrich Engels, il était le seul moyen dont disposaient à ce moment les prolétaires pour s'opposer à l'exploitation bourgeoise. C'est en partie grâce à la menace de révolution communiste que les syndicats et les socialistes réformistes parvinrent à obtenir plus de droits et une meilleure rémunération pour le prolétariat. Cette domination détermina les idées politiques de la fin du XIXe siècle et du début du XXe siècle, les révolutions communistes et les mouvements ultraconservateurs fascistes qui en découlèrent, aboutissant à la Seconde Guerre mondiale prolongée par une guerre froide faite de conflits indirects pendant près de cinquante ans. Ainsi, la domination bourgeoise fut une bombe à retardement qui provoqua indirectement des dizaines de millions de morts. National-socialisme et communisme n'auraient jamais vu le jour sans la société industrielle humiliante et le système continu de brimades mis en place par la bourgeoisie contre les prolétaires.

5.2 La désillusion communiste

L'espérance révolutionnaire de la gauche s'est effondrée avec le mur de Berlin en 1989, après que la lumière fut faite sur la réalité désastreuse du monde communiste. Ce sont les ouvriers eux-mêmes qui ont mis à bas le communisme, écœurés de subir la répression, la misère et le sous-développement dans leurs pays communistes tandis que les ouvriers des pays capitalistes voyaient leur niveau de vie augmenter. Les ouvriers ont préféré rejoindre le grand mouvement libéral capitaliste de classe-moyennisation du prolétariat plutôt que de courber l'échine dans la misère des « dictatures du prolétariat » communistes. Le communisme ne s'en est jamais remis.

Jamais un système n'aura tué autant d'ouvriers que le système politique qui prétendait les libérer. Le communisme aura fait cent millions de morts, presque tous ouvriers. Les régimes communistes interdisaient les syndicats libres et les grèves ouvrières, et ils furent les seuls à envoyer les chars pour mater des révoltes ouvrières.

La gauche se tue en prenant le pouvoir. Elle ne peut exister que dans l'opposition. Quand elle prend le pouvoir, elle envoie les récalcitrants dans des camps et les chars contre les grévistes, dans un délire de « gouvernement transitoire » éternel, ou bien elle bascule dans le conservatisme.

Le rêve communiste d'abolition totale des classes est séduisant pour un peuple de serfs en haillons qui ne connaît du libre marché que l'exploitation. Mais quand on est un peuple heureux, bien nourri et bien diverti, il est normal d'être libéral, capitaliste et pro-Occident.

Une fois acté l'échec de tous les régimes communistes, la gauche s'est convertie, bon gré, mal gré, à l'économie de marché, qui est le régime économique le plus résilient, le plus capable de corriger ses propres dérives, et le plus efficace pour assurer le confort matériel et les libertés de chacun.

L'échec du communisme a définitivement forcé les partis de gauche à accepter l'économie de marché. Ce triomphe de l'économie de marché, couplé au recul des grandes concentrations ouvrières dans les usines, a poussé la gauche à renoncer à l'espoir d'abolition des classes. Alors, le combat pour le renversement de l'ordre social a cédé le pas à une myriade de combats sociétaux. La lutte des classes a cessé d'être l'objectif principal de la gauche, qui s'est reconvertie dans les luttes égalitaristes jadis secondaires au sein de la gauche : antiracisme, droits des minorités religieuses, écologie, droits des gays, féminisme, transactivisme... Le communisme, autrefois premier parti des prolétaires européens, ne survit désormais électoralement qu'au niveau local, en important massivement des populations extra-européennes à qui elle fait toutes sortes de cadeaux électoraux pour se faire élire. La gauche continue d'utiliser une rhétorique anticapitaliste folklorisée, mais le communisme a cessé partout d'être une force politique, et aucune alternative au capitalisme n'a plus désormais la moindre crédibilité.

5.3 Le triomphe du capitalisme

Quand la société le reconnut pleinement comme un être humain, le prolétaire devint lui aussi consommateur. Ce qu'on pense évident aujourd'hui ne l'était pas du tout pour une bourgeoisie habituée à exploiter le peuple. Il était plus normal de produire pour jeter que de payer suffisamment les ouvriers pour qu'ils achètent une part de la production. Donner aux ouvriers les moyens d'acquérir ces biens de consommation ne venait même pas à l'esprit de la bourgeoisie. On ne comprend pas la domination bourgeoise si on s'imagine que seule la recherche de profit économique l'anime. Il a fallu plus d'un siècle et demi entre le début de la révolution industrielle et le moment où les bourgeois ont enfin accepté de payer mieux leurs ouvriers, afin que ceux-ci puissent consommer, et donc enrichir la bourgeoisie dans des proportions inédites. Pendant des siècles, la bourgeoisie a préféré renoncer à des profits astronomiques plutôt que d'octroyer un statut d'être humain aux prolétaires.

L'appât du gain d'une partie des bourgeois n'a surpassé leur irrationnel instinct de larbinisation et de relégation des prolétaires à la pauvreté que lorsque les ouvriers les ont sérieusement menacés de les pendre en place publique dans une révolution socialiste. L'entrée dans la société de consommation amorcée par le fordisme allait enrichir matériellement le prolétariat comme jamais. Une grande partie de la bourgeoisie allait le regretter.

Le capitalisme punit le système d'exclusion des prolétaires et ne laisse à terme survivre qu'un capitalisme qui voit le pauvre comme un consommateur. Sans en faire un but d'aucune manière, le capitalisme pousse mécaniquement à l'amélioration de la condition des plus pauvres. Une fois la dignité du prolétariat conquise par l'accès à la consommation et au confort démocratisé, en plein essor de l'électroménager, on commença seulement alors à réfléchir concrètement aux inégalités ne résultant pas de la loi.

Le capitalisme en Occident a connu trois phases :

- la société de production : le travail dur, la pauvreté, les crises économiques et la montée du communisme ;

- la société de consommation : le confort matériel et le ventre rempli, la sécurité de l'emploi, l'explosion de l'acquisition de biens matériels ;

- la société de loisir : l'État-providence, la gratuité et la multiplication des loisirs, l'augmentation du temps libre, le désintérêt pour le matériel tant les plaisirs gratuits sont satisfaisants.

Le communisme a ébranlé l'histoire en tant que lobby des pauvres, parce qu'il a été la première organisation politique de défense des prolétaires, et le capitalisme a triomphé quand il a commencé à bénéficier aux prolétaires. Le communisme a sauvé le capitalisme en empêchant les bourgeois de foncer dans le mur des surproductions et de la sous-consommation. Le capitalisme a balayé le communisme politique en réalisant les rêves des prolétaires qui adhéraient à ce communisme.

Paradoxalement, ce fut le communisme qui sauva le capitalisme en l'arrachant des griffes de la bourgeoisie. Le communisme donna une forme politique aux revendications prolétaires et permit aux prolétaires de se constituer en contre-pouvoir sérieux à la domination bourgeoise. Les révolutions communistes firent apercevoir à la bourgeoisie ce qui l'attendait si elle s'acharnait à confisquer les libertés du prolétariat.

La forme du compromis politique ne fut pas tant la social-démocratie que le capitalisme pour tous.

5.4 Comment le capitalisme a sauvé le prolétariat

Ni les bourgeois communistes ni les bourgeois conservateurs n'ont digéré la classe-moyennisation du prolétariat. Les bourgeois se sentent lésés, détrônés par l'enrichissement du prolétariat, alors même que cet enrichissement du prolétariat a provoqué un enrichissement encore plus grand de la bourgeoisie. La société de consommation a brisé énormément de privilèges bourgeois en uniformisant les niveaux de vie, et le progrès technique est en train de priver les bourgeois de la jouissance exclusive des moyens de production. L'évolution moderne des conditions de production condamne à mort la bourgeoisie sur le plan symbolique. La bourgeoisie, refusant de mourir et refusant que ses anciens esclaves lui survivent, veut donc entraîner dans sa mort le reste de la société : le peuple blanc.

Ce que les bourgeois communistes sclérosés ne veulent pas admettre, c'est qu'en définitive, la société de consommation, stade évolué du capitalisme sous pression prolétarienne-marxiste, a réalisé les promesses du communisme originel là où tous les régimes communistes sont devenus des enfers pour les prolétaires.

Paradoxalement, le rêve communiste originel d'une libération définitive du prolétariat de sa tutelle bourgeoise ne peut être atteint que par un libéralisme régénéré. Le communisme est vite devenu un club de bourgeois dictant de manière autoritaire aux prolétaires ce qu'ils doivent penser, comment ils doivent occuper leur temps libre, ce qu'ils ont le droit de désirer, comment ils doivent travailler, comment ils doivent dépenser leur argent, de quoi (et de qui) ils doivent rire, à quel modèle moral se conformer...

Les communistes n'ont réussi à aider le prolétariat à se libérer que dans les pays où le régime politique est resté libéral et où le régime économique est resté capitaliste : là où le libéralisme a compris qu'il devait écouter les revendications populaires s'il voulait perdurer. Dès que les prolétaires ont obtenu une liberté presque achevée (et prodigieusement supérieure à tout ce qu'ils avaient pu connaître auparavant), les communistes, en bons bourgeois typiquement vexés de ne pas être reconnus comme guides légitimes du peuple, se sont empressés de militer pour le remplacement du prolétariat autochtone par un prolétariat exogène. Cette trahison est doublement impardonnable : d'abord parce qu'elle est le seul moyen efficace de confisquer au prolétariat autochtone toutes ses libertés fraîchement conquises (ce qui est parfaitement scandaleux venant d'un groupe politique censé défendre les prolétaires), mais aussi parce que les communistes ont toujours eu pleinement conscience de l'arme anti-prolétaires que constitue l'immigration de masse. On dispose de la preuve qu'ils étaient parfaitement conscients de leur crime : tant qu'ils étaient le parti préféré des prolétaires, ils luttaient contre l'immigration.

La lutte des classes au moment du communisme était déjà une lutte raciale, une lutte entre races sociales. Aujourd'hui, la seule évolution notable de la lutte des races sociales, c'est que la bourgeoisie occidentale s'allie aux bourgeoisies des autres continents pour opprimer le peuple blanc, tout en utilisant les masses d'extra-européens pauvres comme une arme vivante pour mettre à genoux le prolétariat blanc.

5.5 La riposte bourgeoise face à la classe-moyennisation du prolétariat

En se construisant, le capitalisme se développe finalement au détriment de la bourgeoisie. Même si le capitalisme a enrichi la bourgeoisie, le plus gros de la bourgeoisie rentière s'est complètement étalé dans le virage capitaliste. Les bourgeois n'ont pas réussi à s'adapter à la transformation de la société : en plus de perdre leur suprématie sociale, ils sont frappés par une déculturation de classe sans précédent.

La société de consommation a enterré le christianisme en montrant que non, ce n'est pas une catastrophe si tous les pauvres bénéficient d'un toit, d'une instruction, de quoi manger, de quoi se vêtir correctement et d'un peu de temps libre. Elle a libéré les hommes du devoir d'expiation du péché originel par le travail. N'oublions pas qu'à chaque progrès prolétaire, les bourgeois chrétiens ont systématiquement promis l'arrivée apocalyptique de nuées de sauterelles. Quand on a voulu interdire le travail des enfants, ils ont prétendu que cela provoquerait l'effondrement de l'économie.

Curieusement, au moment même où les prolétaires s'émancipaient et se classe-moyennisaient avec le capitalisme, la bourgeoisie s'est trouvé une passion grandissante pour le gauchisme et les discours marxistes de rejet de la consommation, qui désignaient comme des nouveaux péchés le confort matériel et la propriété privée. Les anciennes fortunes bâties à des époques où les impôts étaient pratiquement inexistants se sont employées à financer le lobbying socialiste pour augmenter les prélèvements obligatoires qui pesaient sur la classe moyenne.

Le point commun entre la lutte contre l'esclavage et les revendications ouvrières (exigences de droits civiques, de salaires plus élevés, de congés payés), c'est qu'elles aboutissent toutes à un accroissement de temps libre pour le peuple. La lutte bourgeoise moderne est la lutte contre le temps libre du prolétaire, et contre tout ce qui peut rendre sa vie confortable.

Que ce soit via l'écologisme décroissantiste ou le survivalisme paranoïaque, on conditionne le peuple à vivre dans la misère matérielle et mentale. On lui a retiré les visions positives d'un futur fait de voyages dans l'espace pour le plonger dans des préoccupations apocalyptiques : catastrophisme climatique, effondrement économique et guerre civile sont désormais les seuls horizons qu'on veut laisser à l'homme occidental.

On conditionne le peuple à avoir peur d'être heureux. On lui martèle que chaque nouveau millimètre de plaisir et de liberté qu'il acquiert, il finira tôt ou tard par le payer cher.

La classe moyenne prolétaire se fait bombarder d'un mélange de fausses *success stories* de bourgeois et de glorifications de l'esclave du mois. On la pousse à tout donner au travail en lui faisant miroiter, d'un côté, des postes inatteignables faute de réseau bourgeois, tandis que de l'autre côté, on exalte les vertus de la méthode doloriste stakhanoviste en lui offrant comme exemple absolu de mérite des prolétaires qui se sont détruit la santé à travailler durement pour un résultat à peine passable. Beaucoup de jeunes de la classe moyenne grandissent avec l'idéal de l'étudiant qui se brise la santé à cumuler travail et études, et qui finit péniblement par valider un diplôme pour ensuite obtenir une rémunération médiocre. On est censé s'extasier et marcher dans les pas de ces glorieux larbins.

Du côté du divertissement, la bourgeoisie utilise la figure du beauf comme un repoussoir antiblanc contre la société de consommation et de loisir. Le beauf, c'est cette figure du prolétaire présenté comme un cas social étalant sa vulgarité au moyen d'un pouvoir d'achat qu'il ne mérite pas, parce qu'il n'en aurait pas le capital culturel. La figure du beauf, c'est la bourgeoisie de gauche et la bourgeoisie conservatrice qui s'unissent pour dire : « *Regardez, quand on donne de l'argent et du temps aux prolétaires blancs, regardez ce qu'ils en font ! Ils consomment des bêtises, deviennent des ploucs vulgaires et arrogants, de vraies ordures décadentes américanisées ! Ils emmènent même leurs enfants au Macdo, les salauds !* »

La bourgeoisie conservatrice a utilisé la figure du beauf pour réaffirmer sa supériorité culturelle et pour critiquer le partage des richesses, dénonçant à travers sa panique anti-américaine ce peuple qui préfère aller manger un hamburger plutôt qu'aller à l'église. La bourgeoisie de gauche a utilisé la figure du beauf pour réaffirmer sa supériorité culturelle et pour se venger d'un peuple qui a préféré s'enrichir avec le capitalisme plutôt que de mourir au service de son projet de révolution sanglante. Le beauf est un élément du racisme anti-

blanc systémique organisé par la bourgeoisie venge-
resse, car seuls les prolétaires blancs sont présentés
collectivement comme des beaufs, les rares individus
non-blancs à se voir qualifiés de beaufs ayant commis
l'infâmie de s'assimiler à la culture prolétaire blanche.

Le narratif développé par la bourgeoisie laisse
entendre que les prolétaires blancs seraient les seuls
beaufs sur terre, créant une association mentale automatique entre le mauvais goût et le blanc modeste. De
nombreux programmes télévisés sont dédiés à se
moquer des beaufs, des « cas sociaux », des « white
trash », des « rednecks », etc. Ils ne visent que les
blancs, jamais les non-blancs, par une détestation
raciale qu'ils déversent via le champ lexical de la
consanguinité, de la dégénérescence et du renferme-
ment. La figure ultime du beauf américain gavé de mal-
bouffe, c'est toujours un blanc obèse, alors que les
blancs sont le groupe racial le moins obèse des États-
Unis, la communauté afro-américaine étant loin devant
en termes de surchage pondérale.

Dans un premier temps, la propagande de phobie anti-
beauf a eu pour effet de diviser les prolétaires blancs.
La jeunesse de classe moyenne faisant des études a
snobé et fui son milieu beauf d'origine, créant un
énorme gouffre générationnel. Pendant plusieurs
décennies, tout jeune blanc prolétaire qui voulait s'élever socialement, économiquement et culturellement
devait se couper de sa famille prolétaire et devait renier
publiquement tous les traits associés à la beauferie prolétaire. Il était par exemple impensable de s'élever
socialement sans faire de profession de foi antiraciste
pour bien marquer qu'on avait tourné le dos aux valeurs

et aux mœurs prolétaires. Cette situation a poussé de nombreux prolétaires blancs à avoir honte de leurs parents et à ramper devant les bourgeois, pour finalement rester exclus de la bourgeoisie.

Mais aujourd'hui, cette propagande anti-prolétaire s'effondre, parce qu'on assiste à un phénomène de débeaufisation massive du prolétariat blanc et de réduction de l'écart culturel générationnel au sein de la race prolétaire. C'est d'une part la conséquence de la désillusion progressive des étudiants prolétaires vis-à-vis de leurs rêves de réussite sociale : ils constatent aujourd'hui qu'ils n'ont pas obtenu les postes et les salaires qu'on leur avait fait miroiter pour obtenir leur soumission, alors même qu'ils égalaient ou surpassaient en compétences la bourgeoisie. Et d'autre part, c'est le résultat du développement d'une offre culturelle mondiale d'origine américaine, à la fois très uniformisée, mais très vaste, sous la forme de films et de séries de qualité. De plus, les prolétaires autrefois beaufs ont eu le temps nécessaire pour assimiler les nouveaux codes culturels, l'hygiène, les références culturelles, le style vestimentaire et la cuisine de la classe moyenne. La classe moyenne prolétaire n'a jamais été aussi développée. Elle est la marque d'un pays riche. Enfin, le remplacement ethnique pousse de nombreux prolétaires blancs classe-moyennisés à fuir les grandes villes et à se réenraciner dans des zones plus rurales autrefois perçues comme étant l'apanage des beaufs ou des ploucs — le plus fréquemment à proximité de leur famille.

Le capitalisme démocratisé que constitue la société de consommation a sorti les prolétaires blancs de la grande misère et a fait s'effondrer le prestige social de la bourgeoisie. La race bourgeoise riposte en organisant une propagande intensive visant à présenter le prolétaire blanc qui mange à sa faim comme un dégénéré haïssable. Cette propagande de dénigrement se double d'une propagande stakhanoviste dont le but est d'instiller la peur dans le cœur des prolétaires blancs, pour leur faire croire que leur seul horizon est d'être les larbins dévoués de la bourgeoisie. Cette double propagande a longtemps divisé les prolétaires entre eux, notamment sur le plan générationnel, mais grâce à l'élévation culturelle générale du prolétariat blanc et au chômage de masse qui rend peu rentable la soumission stakhanoviste aux injonctions bourgeoises, les prolétaires blancs classe-moyennisés sont de plus en plus soudés entre eux.

5.6 Le blues nucléaire ou la religion du pacifisme

Même si la gauche a perdu la bataille politique avec le communisme, et même si le communisme a été responsable d'innombrables guerres et massacres, la gauche, du fait de son pacifisme revendiqué, est perçue un peu partout dans le bloc de l'Ouest comme la force qui nous a préservés de la guerre.

En nous évitant une nouvelle guerre mondiale et une apocalypse nucléaire, l'aspiration à la paix a triomphé, et ce triomphe est ressenti comme une victoire de la gauche.

L'homme blanc a accouché de l'arme atomique, et il est atteint d'un baby blues nucléaire. Nous avons failli détruire la Terre, nous sommes passés tout près d'une nouvelle guerre sans précédent, laquelle aurait pu rayer toute forme de vie évoluée de la surface de la planète, mais nous avons finalement réussi à ne pas nous entre-tuer.

Croyant avoir été sauvé par le pacifisme, l'occidental applique ce pacifisme partout, de la plus petite à la plus grande échelle.

Le blues nucléaire, c'est un peuple qui prend pleinement conscience de son pouvoir destructeur et qui plonge alors dans une apathie faite de non-violence jusqu'au suicide et de dégoût pour toutes les formes de conflit imaginables, des transactions diplomatiques jusqu'au moindre débat un peu animé.

Les louanges du pacifisme se sont transformées en une véritable religion de la Paix dans le monde.

Les camps de concentration, les dévastations des guerres mondiales, la bombe nucléaire et la catastrophe de Tchernobyl n'ont fait qu'ajouter à l'écœurement de la guerre et à la peur de la technologie nucléaire.

Le magistère moral de la gauche pacifiste ne date pas de la Seconde Guerre mondiale mais du blues nucléaire. Contrairement à un mythe très répandu, ce n'est pas la Shoah qui a assis l'autorité des pacifistes, mais plutôt le contexte général du péril nucléaire mondial qui nous a poussés à mener une réflexion sur les camps et les horreurs de la guerre. Après la découverte des camps, les catholiques ont d'ailleurs attendu plus de 14 ans avant de retirer discrètement de leur prière antisémite traditionnelle la mention des « perfides juifs ». Il n'y a pas eu, comme le prétendent les conservateurs plus ou moins révisionnistes, de « religion de la Shoah » dès la fin de la Seconde Guerre mondiale, mais c'est bien la guerre froide et la conscience de la fin possible de l'humanité dans un conflit nucléaire majeur qui a poussé au sursaut humaniste et à la théorisation d'un devoir de mémoire, l'expression datant des années 90.

Avant l'entrée dans l'ère nucléaire, les conflits, si sanglants fussent-ils, n'impliquaient pas le risque de faire disparaître l'humanité entière. La seule menace était la disparition du vaincu, ou sa réduction en esclavage. Le va-t-en-guerre n'était pas vu comme un irresponsable ou un psychopathe sur le point de détruire toute l'humanité.

Le pacifisme était une phase nécessaire du développement civilisationnel de l'Occident, compte tenu du pouvoir inouï de destruction acquis par les nations blanches grâce au progrès scientifique et technique. Le pacifisme est une manifestation de puissance. Être pacifiste n'a de sens que si on est le plus fort. Le pacifiste occidental est un suprémaciste qui s'ignore.

Les occidentaux doivent cependant comprendre que ce n'est pas le fait d'avoir été pacifistes qui nous a sauvés, mais l'équilibre de la terreur permis par la puissance militaire acquise avec le nucléaire. Pour assurer la paix, les occidentaux doivent rester les plus forts. L'idéologie déconstructionniste de la gauche a introduit dans bon nombre de cerveaux la croyance irrationnelle selon laquelle il faudrait s'autodésarmer pour pacifier le reste du monde.

Si on est le plus faible, se montrer pacifiste ne pousse pas l'ennemi à l'être aussi. Se désarmer face à un régime tyrannique ne pousse pas ce pays à se désarmer comme par magie. C'est une pensée religieuse que de croire que la paix apporte toujours la paix, même quand elle est le fait du dominé, inférieur militairement. C'est en fait une façon de ne pas accepter que c'est l'homme blanc qui a mis fin aux conflits majeurs et ouverts entre les nations du monde entier, et qu'on a beaucoup de chance que les peuples les plus puissants se soient trouvés être d'une sagesse égale.

Les gauchistes ont réussi à récupérer dans le cœur des gens le sentiment qu'ils avaient sauvé la planète de la destruction par l'arme atomique. Or c'est uniquement la supériorité technologique et morale de la civilisation occidentale qui a permis ce dénouement heureux.

5.7 La reconversion déconstructiviste de la gauche

Une fois enterré le rêve communiste d'abrogation des classes sociales et de la propriété privée, la gauche a progressivement transféré son énergie déconstructrice vers le champ sociétal.

Quand la gauche a commencé à s'investir dans la déconstruction sociétale, elle avait un boulevard devant elle : libérée de l'emprise chrétienne et de la peur immédiate de mourir de faim, la population occidentale était avide de liberté, et brûlait de se débarrasser des carcans chrétiens, notamment dans le domaine de la famille, de la sexualité, de l'école et de la médecine. En l'absence totale de droite, et avec pour seuls opposants les conservateurs — par définition incapables de guider tout progrès — c'est la gauche, par défaut, qui s'est chargée d'accompagner la révolution sexuelle, et plus largement, la grande déconstruction sociétale. Pendant une vingtaine d'années en Occident, le progrès des libertés individuelles par déconstruction-destruction graduelle d'une multitude de lois et de normes liberticides a été mené par une forme mutante de la gauche : la gauche libertaire. Celle-ci accomplissait, dans un cadre idéologique de gauche (un paradigme faisant primer l'égalité sur la liberté) la transformation sociétale qu'aurait dû mener la droite libérale (dont le paradigme fait primer la liberté) si l'éclosion de celle-ci n'avait pas été sabotée par le camp conservateur (dont le paradigme fait primer le contrôle au détriment de l'égalité et de la liberté). Faute de vraie droite libérale, c'est la gauche qui a porté sur la scène politique la demande populaire de libertés individuelles.

Le projet libéral a été en large part mené par la gauche libertaire. Galvanisée par ses succès dans le champ sociétal et ne pouvant plus militer pour l'abolition des classes ni du capitalisme depuis la chute du communisme, la gauche s'investit aujourd'hui de plus belle dans ce champ sociétal. Cette gauche sociétale continue donc de faire le travail de libéralisation que devrait mener la droite si elle existait : légalisation du mariage gay, libéralisation de la procréation médicalement assistée, instauration de la culture du consentement dans le domaine médical et sexuel, etc. Mais la gauche sociétale tâche en même temps de faire avancer sa plus grande priorité : l'égalitarisme. Or, si la quête d'égalité peut dans une certaine mesure créer un terreau favorable à l'éclosion de libertés, très vite, les libertés individuelles deviennent des obstacles à la totale égalité, et l'égalitarisme aboutit toujours à une politique liberticide, faite de graves atteintes à la liberté d'expression, de criminalisation de toute pensée dissidente, d'attaques incessantes contre la liberté de s'associer ou d'entreprendre et contre la propriété privée.

Le mouvement intellectuel de la déconstruction a donc été mené par les intellectuels de gauche. Il s'agissait là d'un moment nécessaire de notre histoire : interroger le bien-fondé de tout ce qu'on imaginait gravé dans le marbre pour l'éternité, pointer le construit social derrière les lois présentées jusqu'alors comme l'expression figée de l'ordre naturel. La grande déconstruction, bien que menée par la gauche par la force des choses du fait de l'inexistence de la droite, a été une étape importante dans l'établissement durable des démocraties libérales et l'avènement de l'individu. La déconstruction a en effet posé les premières pierres de la culture du consentement, qui est d'une importance fondamentale dans tout projet de société libérale.

Le mouvement de déconstruction opéré par des intellectuels principalement de gauche, notamment dans le champ des sciences sociales, a permis une grande démystification, l'exploration des limites de notre rationalité, la mise au jour des logiques de pouvoir souterraines régissant les phénomènes sociaux et le fonctionnement des institutions (État, police, prison, hôpital, psychiatrie, famille) qui nous semblaient en apparence obéir à la rationalité ou la nécessité. En vérité, malgré les dérives relativistes du mouvement de la déconstruction, même sa critique de la rationalité a sur le long terme fait avancer la rationalité occidentale, car on n'exerce pleinement sa faculté de raisonner que si l'on prend précisément conscience des biais qui l'affectent. Il faut tenir compte des analyses des penseurs déconstructionnistes, passionnantes sur le plan historique et sociologique, mais il faut ensuite passer à la phase de reconstruction.

Rien n'est évident, et quand rien n'avait encore été déconstruit, personne ne se demandait vraiment ce qui était naturel ou non. Tout allait de soi et toutes les règles en vigueur paraissaient naturelles. Chercher à connaître la part de culturel et de naturel implique de tout interroger, de tout déconstruire. Le problème n'est pas la déconstruction en tant qu'exercice intellectuel, mais le démantèlement de la civilisation que promeuvent les idéologues de gauche sous le nom de déconstruction — la destruction déguisée en exercice intellectuel. Pour peu que la civilisation soit préservée, la déconstruction intellectuelle permettrait sur le long terme de renforcer nos liens avec la nature, parce qu'elle nous aide à démêler les nœuds de l'intrication du naturel et du culturel.

L'exercice de déconstruction nous apprend à distinguer dans notre culture ce qui doit être détruit, ce qui est immuable, ce qui est toxique et ce qui est nécessaire. Ce travail de remise en question de notre culture est une réflexion essentielle au progrès. Là où les gauchistes n'ont pas tort, c'est qu'il faut bien détruire certaines choses. La déconstruction devrait nous mener à la déchristianisation. Mais les gauchistes, par leur obsession égalitariste, en ont fait une méthode de destruction de la civilisation et de renforcement de l'emprise morale du christianisme.

Les gauchistes ont eu l'hybris platonicienne du philosophe-roi. Le philosophe déconstruit, interroge et inspire le politique, mais le philosophe ne doit pas régner. La gauche déconstructionniste, c'est le philosophe au pouvoir.

La gauche a mis au jour les innombrables déterminismes qui entravent les hommes dans leur quête de liberté, mais elle est aujourd'hui le plus gros obstacle dans cette quête de liberté. La gauche déconstructrice a permis l'avènement du libéralisme, son accession à un stade avancé, car elle a accompli un travail excellent de révélation des mécanismes de domination souterrains régissant des relations sociales qu'on imaginait libres. Elle a permis de comprendre qu'il ne suffisait pas de décréter « *tous les hommes naissent libres et égaux en droits* » pour que cette liberté devienne effective instantanément.

Le nécessaire travail de déconstruction intellectuelle des fausses évidences et de destruction des normes liberticides, parce qu'il a été mené par la gauche, faute de droite existante, a été mis au service de la chasse aux inégalités au lieu de servir les libertés, et a donc abouti à un projet de destruction de la civilisation occidentale. Au lieu d'utiliser les outils des sciences sociales pour parfaire la connaissance des mécanismes limitant les libertés, la gauche s'en sert pour organiser un flot sans cesse renouvelé de psychoses autour de chaque nouvelle inégalité mise en évidence. Or, quand on a pour priorité absolue de supprimer les inégalités dans tous les aspects de l'existence humaine, on en arrive très vite à reprocher à l'Occident d'exister, puisque sa supériorité, tant sur le plan scientifique et technologique qu'économique, philosophique et politique, est une manifestation éclatante d'inégalité. Le fait de considérer toute inégalité comme illégitime aboutit à vouloir supprimer toute hiérarchie, toute instance de pouvoir, toute quête de puissance, et donc à se lancer dans une quête obsessionnelle de destruction de tout ce qui fait la puissance de l'Occident.

C'est ainsi que la gauche, qui à l'origine se voulait le parti de défense des intérêts prolétaires en Occident, s'est muée en organe de destruction du prolétariat et en machine à promouvoir l'autodestruction. Obsédée par les inégalités, et croyant que la solution à un abus de pouvoir est toujours de supprimer ce pouvoir, la gauche démantèle des institutions démocratiques fondamentales telles que la justice et la police, et organise le remplacement racial des quartiers populaires européens, sous couvert de juste retour des choses suite à la colonisation. Ce faisant, la gauche condamne le prolétariat européen à subir l'oppression de l'insécurité et de la violence quotidienne. Et comme les théoriciens gauchistes déconstructionnistes ont décrété que le prolétaire blanc était le bourgeois du monde, elle se moque bien de l'oppression qu'elle favorise et des tabassages à mort que son laxisme protège. De même, lorsque cette gauche, que l'on appelle dans le monde anglo-saxon la gauche « woke », entreprend de s'attaquer à l'élitisme scolaire sous prétexte d'égalitarisme, elle ne fait que détruire l'école publique, empêcher les classes populaires d'accéder aux humanités classiques, et renforcer ainsi le privilège bourgeois qu'elle prétend combattre.

La gauche « woke » accomplit depuis des décennies un travail massif de propagande pour faire du démantèlement du monde blanc la priorité absolue de notre civilisation. Même sous la forme de l'écologie, cette gauche arrive à diffuser comme message principal l'idée que tout irait mieux si nous n'existions plus.

La pulsion autodestructrice antiblanche de la gauche est toujours enrobée dans une rhétorique de lutte contre les inégalités, mais dans les faits, elle est une vaste entreprise de désarmement des classes populaires — par le mépris pour leur besoin de sécurité, la destruction de l'école publique, l'organisation du remplacement ethnique et la criminalisation des réactions populaires à ces attaques. À l'arrivée, les grands gagnants sont les bourgeois rompus au maniement de la rhétorique gauchiste woke.

Le seul moyen d'en finir avec cette folie déconstructiviste qui ne profite qu'aux bourgeois, c'est que la droite s'enrichisse de l'héritage intellectuel des penseurs de la déconstruction pour mettre leurs savoirs au service du progrès des libertés en Occident. Pour construire un Occident libre et puissant, nous n'avons rien à attendre de la gauche engluée dans sa quête de destruction du monde blanc, ni des conservateurs négationnistes des sciences sociales. Seule la droite authentique, libérale, progressiste et occidentaliste peut relever le défi de la nouvelle ère de construction occidentale.

6- La bourgeoisie blanche en guerre contre l'Occident

6.1 La race bourgeoise

La bourgeoisie, c'est l'oligarchie qui refuse de se mettre au service de la civilisation. C'est le propre de la bourgeoisie que de fuir ses responsabilités pour ne servir que ses intérêts, là où une élite légitime devrait être au service de sa civilisation et de son peuple.

L'histoire de la lutte des classes a toujours été celle d'une lutte des races. La bourgeoisie s'est auto-racialisée et elle a racisé le peuple qu'elle domine. La bourgeoisie a développé un sentiment de caste si fort qu'elle s'est mise hors européanité : elle s'est délibérément séparée du peuple, spirituellement et matériellement.

Dans la pensée marxiste, les bourgeois sont les possesseurs des moyens de production. Les prolétaires sont ceux qui n'ont que leur force de travail, et sont contraints de la louer aux possédants. Il est pourtant naïvement réducteur de penser que bourgeoisie et prolétariat se définissent uniquement par leur rôle économique dans le système de production capitaliste, comme si la bourgeoisie était une catégorie sociale sans passé, subitement apparue à l'ère industrielle. Le marxisme, c'est la croyance qu'il suffirait d'abolir les inégalités économiques pour mettre fin aux antagonismes entre divers groupes sociaux.

La bourgeoisie n'est pas seulement une catégorie abstraite définie par sa richesse, ni même par sa culture.

La bourgeoisie blanche, c'est avant tout des familles, des dynasties, des liens de sang, des stratégies de reproduction sociale et biologique : c'est une race sociale constituée d'un réseau de lignées interconnectées et cosmopolites. Sa conscience de race et sa fuite des responsabilités affectent lourdement la destinée de l'Occident.

Toutes les stratégies de distinction bourgeoise mises en évidence par la sociologie sont des stratégies raciales : il s'agit d'asseoir sa suprématie raciale, d'assurer l'impénétrabilité de sa propre race et de maintenir le peuple dans un statut de race séparée et inférieure. On n'intègre totalement la bourgeoisie qu'en se liant racialement à elle, par l'union matrimoniale avec un membre de lignée bourgeoise. Prétendre que la bourgeoisie n'est pas une race, c'est nier l'existence même d'une bourgeoisie héréditaire.

Il est important de désigner la bourgeoisie comme race, précisément parce que c'est elle qui a racisé le prolétariat, et parce qu'elle tire encore aujourd'hui de considérables avantages de la discrimination raciale qu'elle a instaurée. Le mot *race* servait d'ailleurs à l'origine à désigner avant tout les lignées aristocratiques, les grandes familles de la classe dominante.

Un subterfuge fréquemment utilisé par la bourgeoisie pour se légitimer est d'user de la fausse distinction entre noblesse et bourgeoisie, comme si les deux ne se mélangeaient pas depuis des siècles, comme si la noblesse était l'oligarchie ancienne, et les bourgeois, les nouveaux riches. Ce mythe de l'imperméabilité entre noblesse et bourgeoisie permet d'une part à certains bourgeois à particule de se prévaloir du prestige de l'ancienneté par opposition aux bourgeois assimilés à des « parvenus », et permet d'autre part à quantité de bourgeois de se faire passer pour de simples travailleurs qui auraient réussi par leur seul mérite, par opposition aux nobles supposés privilégiés et fainéants. Le mythe de l'imperméabilité permit pendant longtemps à la bourgeoisie anoblie de masquer ses origines roturières et sert surtout aujourd'hui, au contraire, à masquer le caractère héréditaire de la domination bourgeoise, donc à dissimuler la dimension raciale de la classe bourgeoise.

En vérité, bon nombre de familles bourgeoises sont bien plus anciennes que la plupart des familles nobles. Les nobles eux-mêmes ont été anoblis à des époques extrêmement variées et pour des motifs disparates. La plupart des nobles ont acquis leur particule assez récemment, sans aucun rapport avec une quelconque guerre, et sont tout simplement des bourgeois qui ont été anoblis grâce à leur proximité avec le pouvoir du moment ou par commodité administrative.

Les titres de noblesse sont un vestige du système féodal et permettaient d'administrer et d'exploiter la terre d'un fief et les prolétaires corvéables qui vivaient dessus. Ces titres héréditaires légitimaient les riches qui les portaient, les protégeaient de la concurrence et leur assuraient un revenu pérennisant leur racisation.

La bourgeoisie s'est toujours pensée comme race. Son ancienne obsession de se lier matrimonialement à la noblesse exprimait son désir de se rattacher à la grande généalogie de la race des seigneurs. La plus grande crainte de la bourgeoisie était jadis de passer pour « parvenue », son but était d'effacer ses origines prolétaires plus ou moins lointaines. Cette élite obsédée par les liens du sang, la généalogie, savait très bien que la noblesse était le plus souvent bien plus récente qu'elle n'en avait l'air, et qu'elle se composait avant tout de bourgeois anoblis. Mais chacun avait intérêt à maintenir vivante cette fiction raciale du sang bleu, puisque chacun s'en prévalait pour étaler son prestige, et pour refermer la porte de l'ascension sociale derrière soi.

À partir de la révolution industrielle, la bourgeoisie a lentement construit le mythe de l'homme qui s'est fait lui-même et a réussi à créer la confusion entre sa classe rentière, héritière et industrielle, avec les artisans prolétaires, débonnaires et industrieux. Ce mythe du *self-made man* permet à la fois de masquer combien la bourgeoisie jouit de privilèges héréditaires et de justifier la hiérarchie sociale en renvoyant les prolétaires à leur responsabilité purement individuelle dans la position sociale de dominés qu'ils occupent.

Après avoir tenté de se légitimer dans la noblesse, la bourgeoisie va se forger à la Révolution une réputation de prolétaires qui ont réussi par le travail. Pourtant, le nom de bourgeoisie provient de cette classe de riches qui habitaient le bourg à défaut de posséder un fief, par opposition à la noblesse qui s'établissait sur l'exploitation d'un tel domaine et de ses habitants. Posséder un titre de noblesse n'a jamais voulu dire que la richesse familiale était ancienne, de même que ne pas en avoir n'a jamais signifié que la richesse familiale était récente. Une grande partie des familles bourgeoises étaient même bien plus anciennes que le gros de la noblesse datant de l'Ancien Régime.

Aujourd'hui encore se propage le mythe d'une noblesse pluriséculaire descendant du tout début du Moyen Âge, totalement séparée de la bourgeoisie, qui, elle, serait seulement composée de prolétaires parvenus, responsables de la dégénérescence des riches. Dans l'imaginaire populaire sévit encore le narratif d'une bourgeoisie parvenue dont l'origine sociale trop basse corromprait le précieux sang bleu, impliquant que les prolétaires seraient à l'origine de la décadence de la bourgeoisie.

La noblesse, c'est l'immortalité accordée par l'État à une bourgeoisie qui devrait se déclasser, d'où la grande nostalgie royaliste qu'on peut observer aujourd'hui chez la jeunesse bourgeoise conservatrice effectivement déclassée et sans talent. Les titres de noblesse étaient en pratique le principal outil de validation systémique de la racialisation bourgeoise jusqu'à l'époque contemporaine.

6.2 La bourgeoisie, race sociale chrétienne

Tous les bourgeois, à leur manière, sont complices et héritiers du christianisme.

Ce sont les élites qui ont imposé le christianisme en Europe et la bourgeoisie a été façonnée par le christianisme. Pendant plus de 1500 ans, toute personne avait besoin d'afficher un soutien zélé au christianisme pour acquérir une position sociale dominante ou s'y maintenir. L'aristocratie qui ne jouait pas suffisamment le jeu chrétien a été évincée, supprimée. Que ce soit dans le système féodal, l'Ancien Régime, les diverses restaurations, y compris la dernière restauration en date qui fut celle de Vichy, une famille ne pouvait prétendre longtemps à un rang élevé si elle ne participait pas activement à la consolidation du prestige et de l'emprise sociale du christianisme. Des portions entières de l'Europe, notamment à l'est, ont été persécutées et maintenues dans un sous-développement économique pendant des siècles pour les punir de leur refus de se christianiser. Les élites de ces peuples ont par conséquent été appauvries et progressivement épurées.

Le christianisme est en soi la domination d'une élite cosmopolite sur des peuples enracinés dans leur territoire. Dès l'origine, la christianisation de l'Europe fut un combat racial contre les prolétaires blancs. Les élites chrétiennes affublèrent les peuples qu'ils voulaient convertir du nom péjoratif de « païens » : *paganus* signifiait « l'homme du pays », « l'indigène », le campagnard lié à sa terre. L'idée que la majorité du peuple d'Europe se composât de personnes qui se sentaient profondément liées à leurs ancêtres et à la terre de leurs ancêtres était insupportable pour les élites urbaines chrétiennes, qui très tôt se constituèrent en race sociale cosmopolite.

Les bourgeois se comportent en Europe comme des colons, considérant les Européens comme des indigènes corvéables à évangéliser, et la culture européenne comme une culture inférieure devant être remplacée par le christianisme — ou sa version actualisée, le gauchisme. Ils s'entêtent à ne voir seulement le christianisme qu'ils imposent comme seules racines, et manifestent leur mépris de l'Europe pour tout ce qui ne tient pas du christianisme. Que ce soit pour le promouvoir ou s'y opposer, conservateurs et gauchistes s'accordent à considérer le christianisme comme la matrice de l'identité européenne, la racine de notre civilisation. La bourgeoisie de gauche est d'ailleurs de moins en moins antichrétienne, à mesure que le christianisme se dédie à l'adoration des africains.

L'intrication de la bourgeoisie et du christianisme a eu des effets raciaux directs sur la bourgeoisie. Les sociétés régies par l'Église condamnaient jadis à la stérilité par incarcération conventuelle toute jeune femme accusée d'avoir des mœurs légères, autrement dit d'avoir choisi librement un partenaire sexuel (et donc un géniteur de sa descendance) autre que celui que ses parents ou tuteurs lui avaient assigné. Des jeunes femmes étaient également incarcérées au couvent lorsque les finances de la famille ne permettaient pas d'offrir à chaque fille de la famille un mariage qui ne fût pas une « mésalliance ». On préférait stériliser de force les femmes par l'incarcération plutôt que de laisser une femme de haute condition « abâtardir » le sang de sa race sociale par une union hypogame. Le christianisme bourgeois a littéralement organisé le génocide par stérilisation carcérale conventuelle des femmes sensuelles de la bourgeoisie pendant plus de 1500 ans. Les femmes sensuelles et aimantes de la bourgeoisie ont fait l'objet d'une épuration raciale chrétienne. Au sein du prolétariat, même si l'omniprésence de l'Église a mené à de régulières persécutions des femmes sensuelles et aimantes (notamment lors des chasses aux sorcières), l'épuration raciale par stérilisation n'a pas eu lieu parce que la préoccupation de « *tenir son rang* » était moins importante dans les classes basses de la société, et parce que les enfants, même bâtards (et donc par ricochet les ventres des femmes, même « filles-mères ») étaient vus comme une ressource économique qu'il ne fallait pas gaspiller.

Ce n'est pas un hasard si l'un des premiers discours structurés d'opposition à l'envoi massif de jeunes femmes dans des couvents vient de l'écrivain français des Lumières Denis Diderot, qui s'était déjà érigé en grand défenseur des enfants naturels et des « filles-mères ».

Signe évident de l'intrication du christianisme et de la bourgeoisie, en Occident, les moments de vacillement de la bourgeoise correspondent toujours à des moments de mise en cause de l'emprise de l'Église. Toute contestation de l'Église implique un bouleversement de la classe dominante, et vice-versa. La bourgeoisie désigne la classe-race dominante qui sert ses intérêts propres au détriment de ceux du peuple qu'elle prétend servir ; par conséquent, la noblesse est incluse dans la bourgeoisie.

Qu'il soit totalement assumé, discret, caché ou inconscient, le christianisme est toujours présent chez la bourgeoisie. Il y a quatre types de rapports à la religion pour un bourgeois : le christianisme ostentatoire, le christianisme discret, le christianisme dissimulé et le christianisme atavique.

Le christianisme ostentatoire, c'est l'étalage de décorum chrétien du XIX\ :superscript:`e` siècle et de signes marquant un attachement à l'époque où l'Église avait les pleins pouvoirs en Europe. Outre les catholiques traditionalistes au sens strict, il faut ajouter, dans ce groupe, les néo-tradis : issus de milieux non-traditionalistes, ils viennent au christianisme tradi pour des raisons politiques, esthétiques (quête du vintage ultime) ou matrimoniales (certaines femmes de la bourgeoisie déclassée espèrent y trouver un mari grand bourgeois) et n'ont pas forcément une pratique rigoriste du christianisme. Le cirque des « racines chrétiennes » auquel se livrent les politiciens conservateurs relève de ce christianisme ostentatoire.

Le christianisme discret, c'est l'expression centriste, modérée, du christianisme. Le christianisme discret consiste à ne pas cacher ni imposer son christianisme, tout en étant très impliqué dans cette religion et entièrement façonné par le christianisme dans tous les aspects de sa vie.

Le christianisme dissimulé, c'est la *taqiya* chrétienne, pour donner un vernis sécularisé à son militantisme religieux. C'est prétendre qu'on fait simplement du social pour gratter des subventions et faire du lobbying chrétien à couvert. C'est le militantisme anti-IVG déguisé en associations de défense des handicapés. C'est la fausse défense de la laïcité pour nous refourguer discrètement des bondieuseries chrétiennes. Certains n'hésitent pas à se prétendre athées pour endormir la méfiance de leur auditoire, à qui ils rabâchent ensuite qu'il faudrait inscrire « les racines chrétiennes » de l'Europe dans la Constitution.

Enfin, le christianisme atavique, c'est le christianisme inconscient qui imprègne toute la pensée, les réflexes, préoccupations, références, vocabulaire, de ceux qui croient ne pas être chrétiens. La gauche « laïque » se compose ainsi presque exclusivement de chrétiens ataviques. La gauche toute entière est un néo-christianisme, même quand elle se prétend anti-chrétienne.

Le christianisme ne survit en Europe que par la bourgeoisie. En France et dans un nombre croissant de pays européens, le christianisme est désormais une classe sociale : le christianisme, c'est la bourgeoisie. Dès que les Européens n'ont plus été forcés par leurs maîtres de se soumettre à l'Église, ils ont massivement fui les églises. La pratique, même minimale, du christianisme est en chute libre chez les blancs partout en Occident. Les bourgeois continuent à appeler la France « fille aînée de l'Église » alors que seuls 3 % des jeunes Français pratiquent le christianisme. Partout en Occident, le christianisme jouit d'un pouvoir politique totalement disproportionné par rapport à son absence de poids dans la population occidentale. Il est temps d'expulser pour de bon ce culte bourgeois hors d'Europe, où il n'a jamais été rien d'autre qu'un parasite pour le peuple natif européen.

6.3 Le paternalisme christo-bourgeois

Le christianisme fut pendant des siècles le corset de contention de la société assurant la soumission à l'ordre social, moral et culturel voulu par la bourgeoisie. Culture chrétienne et culture bourgeoise ne faisaient qu'une. L'Église veillait à la soumission du peuple à la bourgeoisie, et les institutions chrétiennes étaient des creusets de transmission culturelle pour la bourgeoisie.

La démocratie libérale a mis à mal l'emprise du christianisme et le prolétariat s'est déchristianisé en masse de lui-même, dès qu'il n'a plus été forcé d'obéir à l'Église. La déchristianisation a libéré le prolétariat, tandis qu'elle a signé l'arrêt de mort de la culture bourgeoise, qui ne tenait que grâce à l'Église. Les prêtres sont les commissaires politiques de la bourgeoisie. Sans les prêtres, ou plus précisément, sans l'emprise des prêtres sur la société, sans pouvoir coercitif de l'Église, le prestige social de la bourgeoisie s'effondre, de même que la déférence des prolétaires envers les bourgeois, et les réseaux de transmission culturelle bourgeoise.

La déchristianisation des sociétés occidentales a eu de lourdes conséquences sur la transmission culturelle bourgeoise. De par sa nature théopolitique totalitaire, le christianisme a été pendant toute la durée de son règne un outil puissant de contrôle moral, sexuel, psychologique et intellectuel de la totalité de la population européenne. En asseyant le pouvoir de l'Église, la bourgeoisie faisait financer par l'ensemble de la société les organes de contrôle social chrétien. Durant plus de quinze siècles, le totalitarisme chrétien régissait tous les niveaux de la société et tout récalcitrant risquait sa vie. Partout sur le territoire européen, jusqu'au moindre hameau, dans toutes les classes sociales, c'était l'Église qui dictait les comportement, les croyances, les mariages, le régime alimentaire, le rythme de vie, la gestion de l'argent, le langage autorisé, les fêtes, les enterrements, les valeurs, les relations entre hommes et femmes, la médecine, la naissance, les pratiques sexuelles, la représentation

artistique, le fond et la forme des productions littéraires.

La vitalité de la culture profane occidentale et la persévérance de l'irrévérence envers les religieux, y compris durant les âges les plus sombres, ne doit jamais
faire oublier combien omniprésente était l'emprise du
christianisme, ni combien puissants furent les efforts
déployés par les civils pour s'extraire de cette emprise,
souvent par la ruse. Toutes les oppressions sociales
voulues par la classe dominante, toutes les relégations
forcées dans la pauvreté, l'ignorance, la sujétion,
étaient sanctifiées par l'Église, qui, ainsi, transformait
en péché voire en hérésie toute opposition à ces injustices. Cette institutionnalisation de la domination bourgeoise par l'Église a pris des formes multiples, la plus
célèbre étant celle du paternalisme christo-bourgeois de
la révolution industrielle.

Le paternalisme des grands patrons et de l'Église aux
XIXe et XXe siècles a marqué les esprits parce qu'il était
d'autant plus spectaculaire qu'il était anachronique. Il
donnait à voir un contraste saisissant entre, d'une part,
les exigences d'une bourgeoisie qui voulait continuer à
plier autoritairement les prolétaires à ses normes bourgeoisies chrétiennes, et, d'autre part, l'éclatement des
structures sociales « traditionnelles » sous l'effet du
système capitaliste des débuts, mis en place par cette
même bourgeoisie avec une impressionnante brutalité.
Voyant que ni l'armée, ni la police, ni les licenciements
punitifs, ni le *lock-out*, ni le recours à la main d'œuvre
immigrée ne suffisaient à calmer les revendications
prolétaires, la bourgeoisie, avec le concours de l'Église,

a tenté de s'imposer comme figure paternelle à l'autorité bienveillante envers ses enfants les prolétaires.

Avec le paternalisme, les bourgeois voulaient le beurre du christianisme et l'argent du beurre du capitalisme. Ils voulaient profiter des bénéfices du capitalisme et de la démocratie libérale en disposant d'une main d'œuvre individualisée, atomisée, qui n'était plus protégée par le système ancien des corporations, sans pour autant avoir face à eux des ouvriers agissant en individus libres. La bourgeoisie chargeait l'Église de faire accepter ce système oppressif aux prolétaires en présentant cet ordre injuste comme l'ordre voulu par Dieu lui-même, et en présentant la prière comme seul remède aux maux ouvriers, pour les tenir éloignés de la grève, de la révolte et de la révolution. L'Église veillait également à ce que les prolétaires se conforment à la morale bourgeoise, restent dans le giron du Christ, alors que toutes les structures sociales d'Ancien Régime, qui régulaient auparavant les mœurs et relations interpersonnelles, étaient dynamitées par le capitalisme.

Le mode précapitaliste de contrôle social christo-bourgeois, bien qu'oppressif, offrait au moins des garanties et protections aux prolétaires qui s'y pliaient. Le système des corporations, guildes et jurandes était contraignant pour les employeurs en plus de l'être pour les ouvriers.

En instaurant le régime économique capitaliste, les bourgeois ont continué d'exiger la fidélité, la stabilité et la soumission quasi-filiale de la main d'œuvre prolétaire d'Ancien Régime, sans lui donner aucune des garanties, des protections ni la reconnaissance que leur offrait jadis le système corporatiste d'Ancien Régime. Ils voulaient la libre entreprise, la propriété privée, la mobilité géographique et l'individualisation de la société pour pouvoir tirer le plus de profit possible de la main d'œuvre prolétaire, mais n'hésitaient pas à envoyer l'armée pour réprimer dans le sang les ouvriers qui voulaient eux aussi s'associer et entreprendre librement entre eux, accéder à la propriété, être libres de leurs mouvements et jouir pleinement du statut d'individus libres.

Avec le paternalisme, les grands patrons crurent trouver la parade aux problèmes qu'ils avaient eux-même créés. Pour éviter d'avoir à payer le prix des dérégulations sociales et économiques qu'ils avaient instaurées pour assurer leurs profits, ils ont chargé l'Église de resserrer la vis des mœurs, soit directement, soit par la création de toutes sortes d'instances de contrôle social. Le contrôle social christo-bourgeois était crucial pour la bourgeoisie, parce qu'il permettait d'assurer la déférence du peuple à l'égard de la bourgeoisie, sous la forme d'une sorte de piété filiale, et parce que la culture bourgeoise est si intimement liée au christianisme, qu'il lui fallait à tout prix que le pouvoir symbolique de l'Église perdure pour que son prestige de classe se maintienne.

Les bourgeois ont lié leur destin à celui du christianisme, croyant avoir trouvé dans le totalitarisme chrétien la plus sûre garantie de domination parasitaire éternelle. Le « détail » qu'ils ont négligé, c'est que la greffe chrétienne n'a jamais pris et que les peuples d'Occident n'ont jamais cessé de vouloir expulser cette religion orientale parasite.

Le christianisme a été le plus puissant organe de maintien par la force d'un ordre social et racial injuste. La déchristianisation a détruit la colonne vertébrale culturelle de la bourgeoisie et a permis l'élévation culturelle, intellectuelle, morale, physique et sociale des prolétaires, parce qu'elle les a libérés de carcans qui servaient avant tout à faire accepter aux prolétaires leur position d'infériorité forcée.

6.4 La Grande Déculturation bourgeoise

Bien que la bourgeoisie soit par définition parasitaire depuis ses origines, il y eut un temps où la suprématie bourgeoise comportait un versant bâtisseur et s'appuyait sur une culture solide et riche que chaque génération de bourgeois était tenue de transmettre à la suivante. Mais partout en Occident, la bourgeoisie est aujourd'hui frappée par un mouvement d'auto-déculturation profond et sans précédent. C'est la Grande Déculturation bourgeoise, phénomène qui réduit la race bourgeoise à sa pure nature parasitaire.

En quelques décennies à peine, la bourgeoisie a cessé de transmettre son capital culturel à ses enfants. Le niveau de langue des bourgeois s'est effondré. Les humanités classiques ont cessé de constituer le bagage élémentaire des enfants de la bourgeoisie. Leur habillement est d'une médiocrité saisissante alors qu'ils disposent des moyens de se faire confectionner une garde-robe sur mesure. Et la disparition des salons montre que les bourgeois ont définitivement cessé de s'estimer mutuellement selon leur capacité à créer une émulation intellectuelle et artistique.

Les bourgeois ont délaissé l'éducation de leurs enfants dans des proportions impardonnables pour des gens dotés d'un tel capital culturel, économique et social. Enfermés dans une logique d'une irresponsabilité et d'un court-termisme effrayants, ils sous-traitent massivement l'éducation de leurs enfants à des domestiques issus de pays pauvres non-occidentaux, de faible niveau de langue et ignorant tout des codes sociaux traditionnels bourgeois. Alors que de nombreux parents des classes basses et moyennes se saignent financièrement pour la réussite scolaire et l'élévation culturelle de leurs enfants, les ultra-riches, eux, ne daignent même pas consacrer 0,001 % de leur richesse à l'éducation de leurs propres enfants. Ils font bien pire que de haïr leurs enfants : ils s'en moquent. Les rares jeunes bourgeois qui échappent à la déculturation sont des jeunes gens qui se sacrifient littéralement sur le plan socioéconomique, qui s'auto-prolétarisent en s'investissant dans des carrières ingrates telles que la recherche scientifique ou l'enseignement des humanités. Ceux-là ont perdu tout prestige social et sont rémunérés à des niveaux scandaleusement faibles en regard de la masse de travail ultra-qualifié engagée et de l'importance civilisationnelle de leur contribution.

La libéralisation générale de la société a permis l'élévation intellectuelle, culturelle, morale et même physique de la totalité du peuple, à l'exception de la bourgeoisie, dont seule la richesse matérielle ne s'est pas effondrée. Habituée à ce que la société toute entière concoure à la réussite des enfants de la bourgeoisie, organisée qu'elle était à tous les niveaux pour consolider la suprématie culturelle bourgeoise, la bourgeoisie n'a en réalité jamais su éduquer seule ses enfants.

Les deux principales sources de la Grande Déculturation bourgeoise résident dans la déchristianisation de la société et dans l'entêtement des hommes de la bourgeoisie blanche à mépriser la sphère domestique, à lui dénier toute signification politique, toute portée civilisationnelle.

Pendant des siècles, l'éducation des enfants de la bourgeoisie allait de soi, car les hommes bourgeois pouvaient compter sur un travail domestique féminin invisible et illimité, disponible à l'infini. L'épouse du bourgeois accomplissait chaque jour un travail de manageur du personnel domestique et péri-domestique féminin et masculin : nourrices, gouvernantes, majordomes, chaperons, dames de compagnie, lingères, bonnes, valets, cuisiniers, précepteurs, secrétaires, cochers, couturières, etc. Au sein de ce personnel de maison, il y avait des personnes de classes basses, mais également du personnel qualifié recruté parmi des éléments de la bourgeoisie en difficulté financière. Dans une société où les femmes ne pouvaient se marier librement et où la dot revêtait un caractère incontournable, les « filles » sans dot et les « vieilles filles » de la bourgeoisie fournissaient pléthore de gouvernantes hautement qualifiées, parfaitement aptes à transmettre aux enfants des classes dominantes toutes les connaissances, compétences et manières essentielles à l'éducation bourgeoise. Même le personnel recruté dans les classes basses de la société assurait à sa manière la perpétuation de la langue, des codes et usages bourgeois. Les familles pauvres cherchaient à « placer » leurs enfants dans de « bonnes maisons » à la réputation honorable.

L'abondance et la grande disponibilité de ce personnel permettait à la bourgeoisie de déléguer une importante part du travail ménager ingrat et du travail éducatif de transmission des fondamentaux de la culture bourgeoise, laissant à la mère suffisamment de temps et d'énergie pour qu'elle se consacre aux tâches les plus difficiles, les plus complexes, les plus prestigieuses et les plus raffinées de la transmission culturelle bourgeoise : la gestion de la carrière de son mari et de ses enfants par l'organisation des réseaux de sociabilité bourgeois. Outre le management du personnel de maison, l'épouse bourgeoise consacrait le plus clair de son temps à cultiver des relations sociales essentielles à la réussite des membres de son foyer. Tenir la correspondance écrite avec toutes les relations de la famille était une tâche quotidienne à laquelle nulle maîtresse de maison ne dérogeait. L'importance sociale d'une famille se mesurait à la qualité et à la désirabilité des salons, des « jours » tenus par l'épouse, ainsi qu'au prestige des personnes qu'on y rencontrait et à la difficulté d'être admis dans le cercle. L'épouse organisait dîners et bals, et tâchait de faire inviter les membres de sa famille dans ceux que les autres bourgeois organisaient. Les salons, bals, dîners et les spectacles servaient de rites de passage des enfants sous le patronage de la mère. C'est dans ces lieux que les enfants étaient « lancés dans le monde », et que les mariages se jouaient.

Puis, avec les progrès conjoints du capitalisme et de la démocratie libérale, le personnel domestique s'est raréfié. Il est devenu plus cher, beaucoup moins aisément corvéable, davantage protégé par les nouveaux droits sociaux, par la formalisation, la judiciarisation et la contractualisation des relations salariales. La fin des livrets domestiques et ouvriers, couplée à l'essor généralisé du salariat industriel et tertiaire a accru la mobilité professionnelle et géographique des individus. Les employés de maison ont ainsi peu à peu cessé d'être intégralement dépendants de la famille bourgeoise qui les employait.

Cette crise de recrutement du personnel domestique, pilier essentiel de la transmission culturelle bourgeoise, les hommes de la bourgeoisie ne l'ont pas prise au sérieux. Aveugles à l'importance du travail domestique féminin informel, ils n'ont pas voulu augmenter le poste budgétaire alloué au travail domestique ni inventer des formes nouvelles de contractualisation de ce travail domestique, et ont laissé leurs épouses endosser des charges domestiques croissantes, habitués qu'ils étaient à ce que la transmission culturelle bourgeoise s'opère à chaque génération comme par magie, grâce au travail féminin invisible. Il s'est donc opéré un processus de *bonnichisation* de la femme bourgeoise. Alors que pendant des siècles, la considération sociale pour une femme bourgeoise venait de sa capacité à faire rayonner le prestige de sa famille à l'extérieur du foyer, et qu'il était attendu d'une femme riche qu'elle donne des ordres et ne se charge d'aucune tâche salissante, ni même de l'allaitement de son bébé, on assiste avec la crise de recrutement domestique à la montée de la figure de la ménagère bourgeoise idéale. Les années 50 sont un grand moment d'exaltation de la réclusion domestique des femmes de la bourgeoisie, sous les traits de la fée du logis, bonniche glamour qui passe elle-même l'aspirateur ultra-moderne dans le salon sous le regard attendri de son mari bienveillant, en veillant à ne pas abîmer sa manucure, pendant que les enfants font sagement leurs devoirs.

Les hommes bourgeois ont cru faire une bonne affaire en bonnichisant leurs femmes, parce qu'ils avaient le nez sur les économies de bouts de chandelles et de court-terme, et parce que la bourgeoisie bénéficie de tels privilèges sociaux, économiques et culturels, qu'elle ne paye jamais rubis sur l'ongle le prix de ses erreurs. Le coussin de sécurité de la bourgeoisie est tellement épais que les bourgeois ne s'aperçoivent pas qu'ils sont en train de s'écraser au sol. C'est même là un trait définitoire de la bourgeoisie : ne jamais avoir à payer immédiatement le prix de ses erreurs. Ce privilège affaiblit toutefois fortement la bourgeoisie, puisqu'il la rend incapable d'adaptation comportementale lors des révolutions culturelles.

Ce sont les hommes bourgeois eux-mêmes qui ont organisé l'individualisation de la société et la contractualisation des rapports économiques, parce que cela leur permettait de disposer d'une main d'œuvre atomisée, éclatée et donc vulnérable, parce qu'il leur fallait, pour accroître leur domination économique et politique, détruire les corps intermédiaires de la société d'Ancien Régime qui faisaient obstacle à l'essor du capitalisme. Quelle ne fut pas leur sidération lorsque « leurs » femmes et « leurs » ouvriers se mirent à les prendre au mot et voulurent eux aussi pleinement jouir du statut d'individus libres. Les bourgeois ont favorisé l'individualisation parce qu'ils voyaient là le parfait moyen de pouvoir opprimer et répudier les plus faibles, mais ils ont été dépassés par les événements quand les faibles ont voulu aller au bout de l'individualisation en recherchant leur émancipation et autonomisation. Aujourd'hui, les bourgeois veulent nous faire croire que « la décadence » viendrait des libertés modernes. En vérité, eux seuls sont décadents, et ce n'est pas à cause des libertés elles-mêmes, mais bien au contraire à cause de leur profonde inadaptation à une société libre, à cause de leur refus viscéral d'accepter que les libertés modernes soient autre chose que la liberté des bourgeois d'opprimer le peuple et les femmes.

L'investissement des femmes bourgeoises dans des carrières professionnelles est la conséquence de l'inévitable libéralisation générale de la société. La réclusion domestique de la femme bourgeoise n'a été qu'une parenthèse de bonnicherie dans l'histoire, entre le moment où la femme bourgeoise a cessé d'avoir pour principale mission d'organiser le rayonnement social et culturel de sa famille, et celui où elle a pu, grâce au féminisme, investir un nouveau champ de rayonnement extra-domestique.

Conjuguée au déni bourgeois de l'importance du travail domestique, la déchristianisation a donc entraîné un effondrement culturel de la bourgeoisie.

Tant dans la sphère domestique que politique, culturelle et économique, les bourgeois veulent le pouvoir sans aucune des responsabilités afférentes à ce pouvoir. Un maximum de privilèges pour un minimum de charges. La Grande Déculturation bourgeoise est le fruit de cette incapacité des bourgeois à assumer leurs responsabilités quand ils n'ont pas en permanence un corset social et religieux qui leur dicte toutes les conduites à adopter.

La libération des femmes et des prolétaires n'a rien retiré aux hommes bourgeois, mais ceux-ci se sentent dépossédés par le simple fait que les dominés d'antan acquièrent des choses qui étaient jusqu'alors leur chasse gardée. Les bourgeois n'ont perdu aucun droit, ni pouvoir, ni richesse : ils n'ont perdu que des privilèges. C'est déjà trop pour eux, et cela suffit à susciter en eux une profonde pulsion de démission générale.

Blessé de n'être plus dans son foyer le *« chef de la femme, comme Christ est le chef de l'Église »*, blessé de n'être plus dans la société le maître incontesté de tous, le bourgeois souffre, il est perdu, se sent déchu et se noie dans le *« à quoi bon ? »*. Les pères de la bourgeoisie ont bradé les trésors de notre industrie aux étrangers. Ils ont répudié les femmes de leur sang, dilapidé leur patrimoine et deshérité leurs enfants.

Massivement démissionnaires, les bourgeois se marient en masse avec des femmes non-occidentales, tout absorbés qu'ils sont par l'espoir que dans les pays en voie de développement, il se trouve encore des femmes sur terre qu'ils puissent impressionner. La Grande Déculturation bourgeoise manifeste l'incapacité des hommes de la bourgeoisie à percevoir l'intérêt de la transmission culturelle dès lors que leur nombril n'est plus le centre du monde.

6.5 Le nihilisme culturel bourgeois

L'aspect crépusculaire de la bourgeoisie occidentale conduit certains à prophétiser un « grand effondrement », voire à s'imaginer que l'agonie de la bourgeoisie annoncerait son écroulement imminent, qui ouvrirait la voie à une ère de libération populaire. C'est tout l'inverse qui est à craindre : tout comme la bête la plus agressive est celle que l'on accule, la bourgeoisie n'est jamais aussi dangereuse que quand elle agonise.

Avec la Grande Déculturation bourgeoise, la bourgeoisie ne prend même plus la peine de faire mine de contribuer un tant soit peu à la civilisation occidentale. Elle se réduit à sa pure nature parasitaire : parasiter pour pouvoir continuer à parasiter. Le parasitage absolu est stérilisateur : ne pouvant rien créer, ils parasitent tout ce qui se crée et s'assurent autant que possible d'étouffer toute création, toute vie. Les cadavres bourgeois empestent déjà et n'ont plus d'âme, mais ils continuent de se mouvoir comme une armée de zombies, dévorant tout ce qui bouge, infectant tout ce qui survit. La conscience de ce parasitage bourgeois absurde sans autre but que lui-même porte un nom : le nihilisme culturel bourgeois.

Le nihilisme bourgeois s'exprime sous deux formes politiques et sous une troisième forme, apolitique.

Gauchisme et conservatisme sont les deux principales expressions politiques du nihilisme bourgeois qui découle de la prise de conscience, tant par ceux qui la déplorent que par ceux qui l'applaudissent, de la Grande Déculturation bourgeoise.

La forme conservatrice du nihilisme bourgeois, c'est déclarer que l'Occident n'a pas d'avenir parce que son peuple a perdu ses repères, sous-entendu : ses maîtres bourgeois et cléricaux. Dans une société occidentale massivement progressiste, la ligne pro-chrétienne anti-féministe des conservateurs est un suicide évident. Mais leur but, c'est justement le suicide, et d'entraîner le peuple blanc dans ce suicide. S'ils lient l'Europe à un christianisme mort qui sombre comme une épave per-due au fond de la fosse des Mariannes, ce n'est évidem-ment pas par amour de l'Europe, mais pour que le peuple blanc coule avec le christianisme. Quand un zombie comme le christianisme tente de s'accrocher autant à l'Occident alors qu'il se sait condamné, c'est pour l'entraîner avec lui.

La forme gauchiste du nihilisme bourgeois, c'est mili-ter pour détruire le peuple blanc et la civilisation occi-dentale en pensant que c'est ainsi qu'on achèvera la bourgeoisie. L'enthousiasme avec lequel la bourgeoisie de gauche organise le remplacement racial en Occident est une marque évidente du désir de la bourgeoisie de gauche d'asphyxier le peuple blanc en même temps que sombre la race bourgeoise. Le nihilisme de la bourgeoi-sie de gauche est palpable lorsque celle-ci s'acharne à financer des productions culturelles consistant à reprendre des œuvres littéraires, cinématographiques, picturales européennes ou des épisodes de l'histoire occidentale, pour remplacer les personnages blancs par des non-blancs. On voit par cet exemple que la bour-geoisie de gauche remplaciste est bien plus animée par la volonté de détruire le peuple blanc que par l'amour envers les non-blancs. Si son but était réellement d'aider les africains qu'elle prétend chérir, elle financerait des projets artistiques mettant à l'honneur des légendes, esthétiques, héros et personnages historiques africains, en confiant ces projets à des artistes et techniciens noirs, permettant ainsi de réaliser de grosses productions culturelles de qualité à destination des masses populaires africaines, et d'aider des talents noirs à se faire un nom.

Le conservatisme, c'est l'expression mélancolique du nihilisme bourgeois, tandis que la gauche, c'est l'expression jubilatoire de ce même nihilisme.

La troisième forme d'expression du nihilisme culturel bourgeois est le nihilisme apolitique : usage non-hédoniste de drogues, étourdissement par tous les moyens, misanthropie facile, fuite de tout, spleen auto-entretenu, ricanement permanent, dilettantisme pathologique virant toujours à l'auto-sabotage, amour du crade, fascination amusée pour les singeries des racailles, pulsion de tout voir cramer. Cette autodestruction ne poserait pas problème si elle n'était qu'une autodestruction. Mais la différence entre le prolétaire dépressif et le bourgeois dépressif, c'est que le premier s'autodétruit seul en silence, tandis que le second utilisera toujours son pouvoir pour entraîner les autres dans son autodestruction. Les bourgeois nihilistes apolitiques animés de pulsions autodestructrices monopolisent la culture et les arts et tiennent à tout prix à pourrir toute possibilité de rêve, à imposer leur vision désespérante du monde au peuple tout entier, à souiller toute la production culturelle de leur craderie cynique. Au lieu de se suicider, ils tiennent à rester en vie pour expliquer aux autres pourquoi ils devraient mettre fin à leurs jours.

Les bourgeois s'assurent que rien ne pousse, et à défaut d'être heureux, ils s'assurent que les autres ne puissent pas l'être. Ils sont capables de faire de la pornographie tout en déplorant la « décadence des mœurs ». Ils trollent, ils pourrissent partout la même société dont le « manque de repère » désole leur chrétien intérieur. C'est l'accélérationnisme bourgeois : ils veulent effondrer la société en s'amusant et en parasitant tout ce qu'ils peuvent, en étant partout, en salissant toutes les causes qu'ils touchent dans tout le spectre politique. Ils ont la bougeotte. Les bourgeois ça ose tout, c'est même à ça qu'on les reconnaît.

Parce que la race bourgeoise est par essence chrétienne, c'est elle qui n'a pas supporté la libération. Le christianisme était la colonne vertébrale de la bourgeoisie, cette dernière s'étant effondrée quand la déchristianisation de l'Occident est devenue réelle : quand les prolétaires ont acquis une autre destinée que de courber l'échine en priant pour que la Providence ne les fasse pas mourir trop vite. La prospérité capitaliste et l'égalité démocratique ont montré au prolétariat qu'il pouvait très bien vivre, et même vivre mieux, sans le christianisme.

Il n'y a que la bourgeoisie qui ne puisse vivre sans christianisme. Il n'y a que la bourgeoisie blanche qui soit décadente, parce que ses deux jambes sont coupées : le christianisme et le sentiment de suprématie absolue.

Comme la bourgeoisie se sent minable face à cet effondrement qui n'a fait que révéler son incapacité à exister par elle-même, les bourgeois mettent toute leur énergie à saboter la totalité de l'Occident, et à mentir pour nous convaincre que l'intégralité de la race blanche est décadente depuis qu'elle s'est écartée de la voie du Christ.

Ils mettent tout en œuvre pour nous faire croire que nous ne méritons pas la liberté. Que nos vies ne valent plus rien depuis que nous sommes libres. En vérité, c'est eux, et eux seuls, qui n'ont pas supporté la liberté.

Ils font volontairement mourir la science, tant par leur militantisme décroissantiste de gauche, que par leur militantisme chrétien conservateur. Ils sabotent la production artistique en favorisant systématiquement ce qu'il y a de plus laid, de plus abrutissant, de plus susceptible d'inonder de merde les yeux, les cerveaux et les oreilles du prolétariat. Plus la bourgeoisie s'est enfoncée dans son nihilisme, plus les gros producteurs ont saboté la musique populaire européenne, dont la qualité s'est effondrée alors que les talents ne manquaient pas. Ils sabotent l'éducation populaire en transformant l'école en machine à abrutir, à humilier et à déculturer.

La culture bourgeoise actuelle est un hideux patchwork de nihilisme, de fascination pour le crade, de fierté de se droguer, de spleen, d'encanaillement avec la racaille, de décadentisme, de misanthropie mal placée, de nombrilisme assommant d'ennui, d'entre-référencement bourgeois, d'intellectualisme stérile.

Ils étouffent la culture européenne avec leur émotions négatives, leurs névroses pas intéressantes, leurs problèmes métaphysiques bas-de-gamme et en prenant pour universelles leurs préoccupations de bourgeois.

L'expression bourgeoise culturelle est la violence symbolique d'une classe sociale qui n'a rien à dire mais qui veut le faire savoir. Les bourgeois ne rêvent plus et ils tiennent à briser tous nos rêves.

6.6 Le brouillard social au service de la bourgeoisie

La gentrification, la déculturation bourgeoise et la massification de l'enseignement supérieur créent une illusion d'atténuation des distinctions sociales, qui cache un renforcement des privilèges bourgeois. Dans les universités des grandes villes cohabitent désormais des jeunes issus de la classe moyenne éduquée et de la bourgeoisie, dans une ambiance d'apparente égalité, renforcée par le fait que les jeunes bourgeois déculturés avides d'encanaillement adoptent pratiquement le même langage, les mêmes manières, les mêmes références et les mêmes goûts vestimentaires que les classes basses. Incapable de créer quoi que ce soit sur le plan culturel depuis qu'elle n'est plus supportée par le corset chrétien et que sa famille la néglige, la jeunesse bourgeoise se consacre à la *branchitude*. La branchitude consiste à se tenir à l'affût des nouveautés de la culture populaire pour en isoler certains traits et les adopter sur un mode distancié voire ironique en montrant qu'on est *pointu, edgy*. La culture populaire est scrutée, segmentée, appropriée par une bourgeoisie qui s'en sert à la fois pour effacer sa condition privilégiée et pour créer un nouvel outil de distinction bourgeoise qui exclut la masse des prolétaires qui se conforment au premier degré à la culture populaire. Bien évidemment, en matière de culture populaire les bourgeois prennent toujours soin de s'enthousiasmer pour les productions des non-blancs et de mépriser celles du prolétariat blanc.

Les techniques de distinction bourgeoise à l'ère de la Grande Déculturation sont bien plus pernicieuses que les anciennes. Jadis, la bourgeoisie se mettait ouvertement en scène comme monde séparé et ne faisait pas semblant d'inclure les prolétaires ni de s'intéresser à eux. Le prolétaire désireux de s'élever socialement se trouvait donc directement face au mur de l'exclusion bourgeoise, ce qui lui permettait de prendre d'emblée la mesure de tout ce qu'il allait devoir faire et apprendre pour accéder au monde bourgeois. Il y avait une sélection beaucoup plus dure à l'entrée du monde bourgeois, mais celui qui parvenait à réussir les mêmes études, acquérir les mêmes codes, le même langage, les mêmes habitudes que la bourgeoisie, finissait par s'y fondre totalement et par obtenir, ou presque, les mêmes opportunités professionnelles, bien qu'il demeurât tout de même handicapé par un capital social et économique moindre que celui de ses camarades bourgeois.

Le phénomène des stages illustre bien la chose. Partout en Occident, les jeunes étudiants doivent multiplier les stages pour espérer ensuite obtenir un poste correspondant à leur niveau d'étude. Ces stages représentent une lourde charge financière pour les familles, car ils sont si peu rémunérés qu'ils ne couvrent généralement même pas le loyer d'un studio minable. Les prolétaires vont se saigner pour effectuer les fameux stages, ce qui va s'ajouter à leurs dettes étudiantes à la sortie de leurs études, tandis que les jeunes bourgeois les multiplieront avec bien plus d'aisance, puisque leur famille peut les soutenir financièrement pendant ces longues années de probation professionnelle et que leur réseau leur permet d'accéder à des stages bien plus affriolants pour les futurs recruteurs. Les prolétaires ne se rendent souvent pas compte de cet écart, car pendant ces années-là, leurs camarades bourgeois semblent eux aussi « en galère », vivent dans des chambres de bonne minuscules et font attention à leurs dépenses. Sauf que cette apparence de « galère » commune masque des différences énormes, et à l'arrivée, les prolétaires finissent exsangues tant financièrement que physiquement et moralement, du fait d'avoir dû se déclasser en acceptant un emploi en dessous de leurs qualifications, tandis que la carrière de leurs camarades bourgeois décolle mystérieusement. Les jeunes prolétaires dépriment, s'auto-déprécient et se disent qu'ils n'ont sans doute pas travaillé assez.

Par ailleurs, le brouillard social renforceur de privilèges bourgeois grossit les rangs du militantisme antiraciste, car bon nombre de jeunes gens d'origine extra-européenne prolétaire se heurtent au fameux mur après des études réussies. Ils sentent bien qu'il y a là quelque chose de racial, malgré la comédie antiraciste que leur jouent les bourgeois. Cette expérience les conforte dans l'idée que c'est à cause des blancs racistes qu'ils échouent. En vérité, les prolétaires blancs sont confrontés à la même exclusion raciale de la part de la bourgeoisie, que l'on appelle pudiquement « *ne pas avoir le réseau* ».

Le brouillard social n'existe pas seulement au niveau des études. Il se manifeste également dans les médias. La manière dont la bourgeoisie se met en scène dans la presse people est particulièrement révélatrice à cet égard. La presse people, c'est la seule image que les gens ont concrètement de la bourgeoisie, c'est tout ce que le peuple voit des riches. Les pages des magazines people sont remplies de « fils et filles de » qui ne sont que très rarement signalés comme tels. Seuls les enfants d'artistes ultra-célèbres sont identifiés comme « fils de », tandis que les enfants des producteurs, patrons de presse, riches industriels et financiers, semblent toujours sortis de nulle part. L'extrême vulgarité et vacuité de la presse people pousse les occidentaux à croire qu'ils sont eux-mêmes décadents, puisque jamais on ne leur signale qu'il ne s'agit là que de la bourgeoisie fin de race. Implicitement, par toute une série de non-dits, la presse people fait croire au peuple que ce spectacle obscène, c'est juste le prolétaire blanc avec du fric. La bourgeoisie se protège par la presse people qui floute volontairement les origines sociales et mélange tout un monde : les artistes, les sportifs, la haute société, la prostitution, la musique, le cinéma, la téléréalité, la politique... On endort l'instinct prolétaire d'enquêter sur les sphères de pouvoir et de richesse par un voyeurisme tourné vers des guignols hétéroclites et de riches cas sociaux.

La téléréalité, c'est l'industrialisation de la peopolisation. C'est le show business qui va décider arbitrairement qui deviendra célèbre. La médiatisation narcissique pour faire oublier qu'on ne devient jamais vraiment bourgeois sans avoir de sang bourgeois, pour servir de catharsis, d'objet de curiosité et de dégoût afin de vacciner le peuple de sa possible envie de s'élever, et lui faire oublier qu'à l'heure où aucune barrière officielle ne s'oppose à l'ascension sociale, personne ne monte socialement. Là encore, la téléréalité est un instrument de diffusion de la haine de soi auprès du prolétariat blanc. Les gros producteurs de la bourgeoisie décident de choisir les éléments les plus crétins et vulgaires du prolétariat pour monter de grands *freak shows* censés représenter le peuple. Les prolétaires intelligents et talentueux sont systématiquement écartés. Les rares exceptions servent de caution morale à cet océan d'ignominie. Le projet de propagande politique de la téléréalité est d'ancrer dans les cerveaux l'association suivante : prolétariat occidental + argent + temps = merde décadente. La téléréalité et la presse people, c'est la bourgeoisie qui consacre son argent à faire croire aux blancs qu'ils sont décadents et le seraient encore plus s'ils s'enrichissaient, et à ne présenter comme seul rêve possible pour les prolétaires blancs qu'un monde d'abrutis vulgaires.

Cette mise en scène hypocrite de cohabitation des classes, la singerie bourgeoise des codes prolétaires et la généralisation de l'expression familière donnent aux prolétaires l'illusion qu'il leur suffit d'étudier dans les mêmes établissements que la bourgeoisie et de bien travailler pour obtenir les mêmes perspectives de carrière que ces bourgeois qui leur ressemblent tant en apparence. Mais dans les faits, il n'en est rien, et les prolétaires éduqués se heurtent à un mur une fois leurs brillantes études accomplies. Les privilèges bourgeois de carrière se sont même renforcés en Occident depuis que règne cette atmosphère de fausse uniformité sociale et de fausse camaraderie entre classes.

Les bourgeois déploient une énergie considérable à faire croire que la bourgeoisie n'est pas une race mais uniquement une philosophie et un mode de vie. Ils caricaturent eux-mêmes tellement l'image qu'on se fait de la bourgeoisie, que le bourgeois devient toujours l'autre tant qu'il n'est pas strictement identique à un archétype rigide correspondant en réalité à très peu de bourgeois. En d'autres termes, pour préserver sa réputation raciale, la bourgeoisie tente de faire croire que les bourgeois déculturés ne sont pas des bourgeois, voire qu'ils sont carrément des prolétaires parvenus.

La plus grossière erreur serait de croire que les bourgeois sont peu nombreux. La victimisation de cette race des riches pousse à s'imaginer sa disparition. Or la Révolution Française exécuta moins de 3000 nobles dans un pays où il y en avait plus de 120 000 en 1789. Actuellement la France compte deux millions de millionnaires, soit quasiment un blanc sur vingt. Les centaines de milliers de manifestants du mouvement bourgeois conservateur La Manif Pour Tous opposés au mariage homosexuel et aux progrès en matière de maternité choisie donnent une idée de leur nombre.

6.7 Les aspirations irréconciliables de la bourgeoisie et du prolétariat

Dans un monde capitaliste qui a enrichi les prolétaires, la critique bourgeoise de la société de consommation vise à empêcher un peu tard les prolétaires d'améliorer leur niveau de vie. Le bourgeois en est réduit à l'état de parasite voulant s'assurer que les autres soient pauvres, parce que sa richesse n'aurait selon lui plus aucun sens si tout le monde vivait heureux.

Le prolétaire d'aujourd'hui, grâce au capitalisme occidental, vit plus confortablement qu'un roi de jadis. Les plaisirs et les loisirs se sont multipliés, sont devenus de plus en plus accessibles, voire gratuits. La démocratisation de la consommation a mené mécaniquement à un développement de la société de loisir, par simple effet de diversification du marché.

Le « pain et les jeux » sont vilipendés par la bourgeoisie et le christianisme alors qu'il s'agit là du fondement civilisationnel de la paix sociale et de la prospérité : l'alimentation en abondance et le bonheur pour tous. Le peuple veut du pain et des jeux, mais partout les solutions politiques lui vendent des projets d'austérité plus ou moins dissimulés. On ne considère « le bon peuple », « le bon travailleur », « le pays réel » ou « le brave agriculteur » que dans la mesure où il se sacrifie au travail pour mériter, peut-être, la médaille de l'esclave du mois.

On a d'ailleurs arrêté de parler de prolétaires quand le prolétaire a arrêté de souffrir en permanence. Cela montre que même pour les communistes, le prolétaire ne mérite d'être défendu que lorsqu'il se conforme parfaitement à l'image misérabiliste du bon pauvre qui souffre dignement. Prendre du plaisir, c'est indigne. Un pauvre qui prend du plaisir est un beauf. La gauche dépeint le prolétaire qui consomme comme un allié de la bourgeoisie, alors qu'il apprécie juste le capitalisme qui l'a libéré de sa condition.

À chaque fois que le peuple est satisfait dans ses vraies demandes sans se voir imposer des préoccupations, des peurs et des fantasmes bourgeois, tout se passe pour le mieux. Le capitalisme a été la réponse, puisqu'il cherche des clients et donc s'adapte à la demande réelle, et non à ce que les maîtres ont décidé pour leurs esclaves.

Parce que le capitalisme fait de l'argent sur les désirs des gens, il est l'idéologie qui a le plus apporté de bonheur à la totalité des prolétaires d'Occident et du monde. La bourgeoisie se sent humiliée par l'abondance matérielle offerte aux prolétaires par le capitalisme, car ce n'est désormais plus elle qui décide de quoi les prolétaires doivent se contenter.

La bourgeoisie se sent dépossédée de ses droits sans qu'on ne lui en enlève aucun. Car le capitalisme ne lui en a retiré aucun, et l'a même enrichie. C'est notre seule existence libre et heureuse rendue possible par le capitalisme et la société libérale qui les fait se sentir dépossédés. Ils ont le sentiment de perdre tous leurs droits quand le peuple acquiert les mêmes droits qu'eux. C'est à ça qu'on reconnaît la perte d'un privilège.

À l'image des misogynes qui pleurent la perte par l'homme de « tous ses droits » lorsque les femmes obtiennent juste les mêmes droits que les hommes, ils protestent contre la perte d'un droit, parce qu'en vérité ils déplorent la perte d'un privilège.

On a tous déjà vu un bourgeois se plaindre dans tous les médias qu'il « *ne peut plus rien dire* ». Le bourgeois monopolise la parole pour déplorer qu'il « *ne peut plus rien dire* », alors que ce qui le vexe fondamentalement, c'est de ne plus être le seul autorisé à s'exprimer dans la sphère publique, avec la montée de la liberté d'expression grâce aux réseaux sociaux.

Les aspirations des prolétaires et des bourgeois n'ont jamais été aussi irréconciliables. Les prolétaires aspirent à un Occident puissant, rayonnant, parce que c'est cet Occident puissant qui leur apporte le confort matériel avec le capitalisme et la liberté de vivre comme bon leur semble, loin du joug théototalitaire chrétien, grâce à la démocratie libérale. Les bourgeois, à l'inverse, désirent profondément saboter l'Occident, parce que le capitalisme et le libéralisme les ont tous détrônés symboliquement, qu'ils soient bourgeois de gauche ou bourgeois conservateurs.

Une bonne partie des bourgeois s'accordent à dire que l'Occident est à la fois un ignoble dominateur et un honteux décadent. Les bourgeois utilisent tout un éventail d'éléments de propagande anti-occidentale. Aux prolétaires de gauche, dont la sensibilité politique consiste à haïr les inégalités et les dominations, la bourgeoisie de gauche dit que l'Occident commet un péché de domination sur le monde, et qu'il mérite donc d'être détruit. Aux prolétaires de droite, dont la sensibilité politique repose sur l'amour de la liberté et de la puissance, les bourgeois conservateurs disent que l'Occident doit mourir car il serait devenu une « dictature du politiquement correct » et une civilisation décadente prête à s'effondrer, dont la puissance n'appartiendrait plus qu'au passé. Les bourgeois s'accordent pour dire que l'Occident est trop hégémonique et trop faible à la fois. Qui veut tuer son chien prétend qu'il a la rage.

6.8 La guerre raciale que la bourgeoisie mène contre le prolétariat blanc

La lecture uniquement pécuniaire des rapports de force humains est un brouillard qui cache le véritable but recherché par la bourgeoisie, qui est la domination raciale. La richesse n'est qu'un moyen, et l'argent n'a de valeur pour elle que s'il lui permet de se sentir supérieure aux pauvres. On ne se sent vraiment riche que quand il y a des pauvres. La fin de la grande misère et du sous-prolétariat, la transformation du prolétariat en classes moyennes sonnent le glas du sentiment de toute-puissance conféré par la richesse. Les plaisirs et la dignité du prolétariat sont insupportables aux yeux de la bourgeoisie, et les pousse à un sentiment de déclassement quand bien même la valeur absolue de leur richesse augmente.

Le capitalisme a détruit la misère, et la fin de la misère est une souffrance objective pour les bourgeois déchus. Ce sentiment de déclassement les fait appeler de leurs vœux à travers la politique et les œuvres qu'ils financent un effondrement, qu'il soit climatique, économique ou racial. La bourgeoisie souhaite la fin du monde et faire table rase de l'humanité parce que son sentiment d'impunité a été renversé par la société libérale et capitaliste.

Certains bourgeois fuient dans le communisme pour combattre en retard le capitalisme triomphant. D'autres bourgeois s'enfoncent dans le conservatisme, qui consiste à s'effondrer dans les lamentations et la nostalgie d'une époque de domination révolue. Les bourgeois voient la fin du monde, là où l'histoire n'apporte que la fin de *leur* monde.

Derrière ses accès de mélancolie et son catastrophisme dépressif, la bourgeoisie veut suicider l'Occident pour prendre un nouveau départ, à la manière du criminel bourgeois Xavier Dupont de Ligonnès, qui tua sa famille et son chien avant de disparaître dans la nature. À l'instar de ce psychopathe, la bourgeoisie ne veut pas que ses anciens serviteurs soient les témoins de sa déchéance. Elle veut tout effacer, faire ses bagages pour recommencer ailleurs.

Les bourgeois ne reculeront devant aucune alliance avec les ennemis objectifs du peuple blanc : guerre économique aux côtés des Chinois, guerre religieuse idéologique aux côtés des musulmans, délire de renouveau catholique en important le tiers-monde et en interdisant le progrès, sabotage de l'intérieur de la science au profit de fausses médecines... La bourgeoisie financera à perte et si possible à l'aide de l'argent public tout ce qui peut de près ou de loin lui permettre de caresser l'espoir de voir l'Occident brûler.

Les bourgeois communistes veulent croire à leur pronostic que la société de consommation sera balayée par la nature. Les bourgeois conservateurs veulent croire à leur vision d'un Occident décadent qui s'effondre dès qu'il s'éloigne de la Croix.

Ceux qui s'opposent au pain et aux jeux veulent juste que le pain et les jeux leur soient réservés. Les interdictions liberticides sont toujours des moyens de réserver aux riches ce qu'on interdit aux pauvres. Blâmer le pain et les jeux, dénoncer « homo festivus », s'étrangler sur le « consumérisme » et autres lieux communs du décadentisme, c'est signifier qu'un peuple digne, c'est un peuple qui meurt de faim et n'a pas le droit de s'amuser. Notons bien ici la remarquable unanimité des conservateurs et de la gauche, surtout dans son nouvel avatar écologiste.

Une partie de la bourgeoisie a eu du mal à contenir sa jubilation face aux attentats musulmans, tant elle considère que notre peuple mérite d'être puni depuis qu'il a commis le péché de manger à sa faim et de pouvoir s'amuser. Depuis que les prolétaires ne sont plus des crève-la-faim, la gauche a décrété qu'ils n'étaient plus les prolétaires. « Classes populaires », « quartiers populaires » : désormais le vrai peuple, ce sont les immigrés, et les seuls prolétaires de la terre sont ceux qui vivent dans les pays pauvres d'Afrique et d'Asie.

On entend parfois que c'est pour bénéficier de main d'œuvre bon marché que la bourgeoisie organise l'immigration de masse. Ce constat n'est pas faux, mais il est très incomplet. D'autres motivations non moins puissantes interviennent dans ce phénomène.

Le remplacement ethnique est un moyen pour la bourgeoisie — qu'elle soit chrétienne conservatrice ou gauchiste — de punir le prolétariat de s'être écarté du chemin qu'elle avait tracé pour lui. Les bourgeois chrétiens conservateurs ne pardonnent pas au peuple de s'être détourné de l'Église et jouissent de voir le prolétariat blanc déchristianisé être châtié par un flot d'islamistes et d'insécurité. Les bourgeois de gauche — chrétiens transgéniques — ne pardonnent pas au prolétariat blanc de préférer les plaisirs de la consommation à la contrition décroissante, et ont pris le parti d'importer un prolétariat de substitution qui constitue un nouvel électorat captif et une arme de démoralisation du prolétariat blanc.

Il s'agit de restaurer une domination symbolique sur le peuple, un sentiment de puissance, pour compenser la perte de prestige qu'a connue la bourgeoisie au cours du dernier siècle avec la classe-moyennisation des masses. Quantité de pratiques naguère réservées à une race sociale privilégiée sont désormais chose commune, y compris dans les classes les plus pauvres de la société : manger à sa faim chaque jour, consommer des produits variés et même exotiques, changer souvent de garde-robe, prendre un bain chaque jour, envoyer ses enfants à l'école puis à l'université... Le capitalisme couplé à la démocratie libérale redistributive a mis à bas un nombre incalculable de privilèges.

La bourgeoisie est une race détrônée. Son instinct de survie de classe génère un véritable inconscient collectif bourgeois : chacun dans cette race organise consciemment ou inconsciemment la sape de l'Occident à son niveau, selon son pouvoir de nuisance.

Dcpuis que la race prolétaire blanche n'est plus l'esclave de la race bourgeoise blanche, celle-ci lui a déclaré la guerre et entend bien l'anéantir. L'arme principale de cette guerre raciale de la bourgeoisie contre le prolétariat émancipé, c'est le déluge migratoire.

Mais ce n'est pas la première fois que le christianisme tente de défigurer l'Europe.

6.9 La destruction des cultures européennes par le christianisme, prélude au Remplacement

Imposé depuis ses origines aux prolétaires européens enracinés par les élites urbaines cosmopolites, le christianisme a toujours été une machine à détruire les cultures européennes. Artisanat, architecture, médecine, science, philosophie, religion, art de vivre, urbanisme, magie des lieux, prénoms : des siècles durant, le broyeur chrétien a aspiré et déchiqueté autant qu'il a pu tout ce qui reliait les Européens à leurs ancêtres. Ce qu'on appelle « christianisation de l'Europe » devrait plutôt porter le nom de déculturation chrétienne de l'Europe. Cette déculturation visait à faire des Européens des êtres interchangeables et remplaçables, conformément au dogme indifférencialiste chrétien pour qui toute âme en vaut une autre devant Dieu-Yahvé.

Un des plus grands crimes commis par le christianisme contre les cultures européennes fut l'instauration de la pensée unique obligatoire, assortie de torture et d'exécution publique pour tout récalcitrant. Le christianisme a criminalisé la pensée libre et a tenté de tuer le foisonnement intellectuel de l'Europe. Un point essentiel du dogme chrétien est que la vérité serait unique, tandis que l'erreur serait multiple. Avant que l'Europe ne subisse la christianisation forcée, les Européens cultivaient la diversité des savoirs, les échanges intellectuels, les confrontations d'idées, la diversité d'écoles de pensée et les débats philosophiques. Avant que ne s'ouvre l'ère du totalitarisme chrétien en Europe, l'*hérésie*, c'était tout simplement le nom que portaient les écoles de philosophie, et ce mot n'était affublé d'aucune connotation négative. Nul ne songeait alors en Europe à voir le moindre mal dans le fait qu'il existât diverses écoles de philosophies où l'on enseignait des pensées différentes. Avec le christianisme, de simple école philosophique, l'hérésie devint le mal à extirper par tous les moyens, partout où il se trouvait. Le christianisme mit à mort la philosophie européenne. Toute pensée philosophique qui fût autre chose qu'une répétition de la vérité unique définie par l'Église était purement et simplement éliminée par l'autodafé. Les académies de philosophie furent toutes supprimées, des philosophes renommés furent lynchés à mort ou exécutés, et l'Église fit massacrer par millions les « hérétiques », jusqu'à l'époque moderne. Cette chasse aux hérétiques eut des effets dévastateurs à tous les niveaux de la société. Les membres les plus brillants et les plus utiles des élites intellectuelles européennes furent évincés, quand ils ne furent pas directement assassinés. La transmission culturelle des connaissances philosophiques, scientifiques, historiques, artistiques, littéraires, fut presque anéantie par le totalitarisme chrétien, et cette chaîne de transmission ne reprit qu'à partir de la Renaissance, grâce à des hommes qui exhumèrent patiemment toutes les bribes de savoirs antiques européens qui avaient survécu aux destructions chrétiennes, et les firent fleurir à nouveau.

Les chasses aux sorcières ne furent pas seulement des crimes contre les personnes exécutées, mais également un crime contre l'européanité. Les prêtres chrétiens, ne pouvant gagner les cœurs des Européens, usèrent du terrorisme physique et spirituel pour imposer leur religion totalitaire venue d'Orient. Outre les conversions forcées par le glaive, il y eut, jusqu'à l'époque moderne, un usage massif du terrorisme spirituel par le clergé. Tout ce qui faisait le sel de la vie quotidienne fut criminalisé sous le nom de péché : bien manger, prendre soin de son apparence, être fier de soi et faire l'amour avec la personne qu'on aimait devinrent des fautes qu'il fallait confesser à un demi-eunuque ensoutané, et dont il fallait se repentir jusqu'à la mortification pour échapper aux sévices de l'enfer.

Le clergé inventa mille histoires perverses de tortures infernales et de démons terribles pour effrayer le peuple et pour organiser une vaste psychose poussant chacun à soupçonner son voisin, sa mère, son père, sa sœur, son frère, son ami, les gens du village d'à côté, le guérisseur du coin, la sage-femme du quartier, d'être des agents de Satan. Cette psychose collective orchestrée culmina avec les chasses aux sorcières. Comme dans la grande campagne de rééducation du peuple cambodgien par la dictature communiste de Pol Pot, les Européens furent forcés de participer à la délation de masse, car quiconque ne dénonçait pas ses proches risquait lui-même d'être soupçonné et de subir tortures et exécution.

Le christianisme a gravement entravé la transmission intergénérationnelle des savoirs médicaux et botaniques. Des siècles durant, l'Église traqua sans relâche guérisseurs, guérisseuses et sages-femmes, en les accusant de sorcellerie. Quiconque détenait des savoirs permettant de soigner efficacement des maladies ou de soulager les douleurs de l'enfantement était soupçonné de pactiser avec le Diable, car les remèdes défiaient la Providence, seule instance censée décider de la survie ou de la mort des malades. Il faut relire les diatribes des militants catholiques du XIXe siècle contre la médecine moderne et l'hygiène pour se rappeler combien la médecine efficace représentait une concurrence inacceptable pour l'Église et une grave offense contre les dogmes chrétiens.

On oublie trop souvent que la plupart des croisades chrétiennes eurent lieu sur le sol européen, contre des blancs, pour les forcer à se prosterner devant Dieu-Yahvé. Les croisades contre les musulmans ne constituent qu'une petite partie des croisades, et sont allègrement utilisées par les propagandistes chrétiens conservateurs dans le but de faire passer le christianisme pour un rempart contre l'islam. En vérité, les croisades ont avant tout été de vastes opérations de colonisation spirituelle orientale des peuples européens, assorties de génocides contre des blancs, où l'on massacrait tous les Européens qui voulaient rester fidèles à leurs ancêtres. Ainsi, à l'âge sombre des évangélisations forcées où les troupes chrétiennes de Charlemagne ravageaient la

Saxe en décapitant des dizaines de milliers d'hommes qui refusaient le baptême et en déportant autant de femmes et d'enfants pour en faire des esclaves, à la même époque où leurs sanctuaires étaient détruits pour y construire des chapelles et des églises, voici ce que le duc saxon Widukind répondit au moine venu le tourmenter dans sa cellule pour lui arracher sa soumission : « *Ma mère m'a donné son lait sans y mettre de conditions ; elle était meilleure que ton dieu.* »

Si le christianisme a pu accomplir une telle œuvre de destruction des cultures européennes, c'est parce qu'il a su s'accaparer tout ce qui faisait la puissance des Européens pour en faire des outils de leur propre asservissement. Tout ce que les blancs ont créé comme progrès, le christianisme s'en est servi pour forcer les blancs à régresser. Toute l'immondice du christianisme réside en ce qu'il s'est emparé de la puissance administrative romaine — solide maillage de contrôle du territoire au service du développement, du progrès et de l'hygiène — pour en faire un outil coercitif au service du sous-développement, de l'arriération obscurantiste et de la crasse.

Même les animaux domestiques des Européens furent persécutés par le christianisme. Les chats furent génocidés à titre de créatures sataniques, parce qu'ils cristallisaient tout ce que haïssait l'Église : ils incarnaient à la fois la féminité, la virtuosité corporelle, la sensualité, l'indépendance et la propreté. Les chats des Européens, issus de croisements entre un chat très sociable venu du continent africain et les races indigènes de chats européens, plus solitaires mais mieux adaptés au climat, ont veillé sur les foyers pendant des millénaires. En s'affairant quotidiennement à la dératisation des fermes et des maisons, ils protégeaient les récoltes et assainissaient l'habitat. Pendant des millénaires, les chats ont conspiré à notre bonheur en toute décontraction, sans rien exiger de personne ni obéir à quiconque. Les chats assuraient l'hygiène de nos villes et villages en s'amusant, vivant la dolce vita en toute indépendance et socialisant avec les humains quand bon leur semblait. Gardien bienveillant du foyer, le chat était particulièrement apprécié de certaines femmes et il était l'attribut de Freyja, la déesse nordique de la fécondité souvent représentée dans un traîneau tiré par des chats. Le chat était une menace pour l'Église parce qu'il était associé à la résistance féminine à la christianisation, parce qu'il était le complice de ces femmes « païennes » qui continuaient à transmettre les croyances, mythes, légendes, rites et remèdes ancestraux dans l'intimité de leurs foyers. La simple présence du chat dans les foyers des Européens défiait l'autorité de Yahvé. L'Église accusa les femmes à chats de sorcellerie. Une bulle papale de 1233 déclara que les chats noirs étaient les serviteurs du Diable. Le pape Innocent VII ordonna l'intensification de la persécution des chats, causant ainsi la mort de millions de félins innocents. En 1484, Innocent VIII rédigea une bulle papale ordonnant que les sorcières et leurs chats soient brûlés vifs. Le génocide des chats provoqua une prolifération de rats et contribua grandement aux épisodes terribles de peste, qui décimèrent des Européens par millions. Le génocide chrétien des chats transforma littéralement l'Europe en trou à rats.

Le christianisme n'a pas seulement détruit des pans entiers des cultures d'Europe. Il a reprogrammé les esprits européens à grande échelle pour poser la première pierre du projet remplaciste, étape essentielle de la réalisation sur terre de la Cité de Dieu. Le christianisme voit tous les peuples qu'il évangélise comme de la matière humaine indifférenciée. Dans le paradigme chrétien, une âme égale une âme, toute âme est bonne à prendre, même celle des pires assassins. Rien ne scandalise plus un chrétien que la vision d'un homme qui refuse que son âme soit « sauvée » par le christianisme. Pour les chrétiens, nous ne sommes que des migrants, seulement de passage sur terre. Lorsque le peuple refuse d'être traité comme de la matière humaine indifférenciée, l'Église s'assure qu'il le devienne, en détruisant sa culture, en criminalisant le culte des ancêtres, en organisant par la force son déracinement spirituel.

Le remplacement racial organisé conjointement par la bourgeoisie chrétienne et néochrétienne (gauchiste) n'est que le prolongement de ce processus pluriséculaire de transformation des peuples d'Europe en matière humaine indifférenciée par le christianisme. La race bourgeoise a besoin d'un prolétariat blanc malléable à souhait, remplaçable, pour se sentir puissante. Rien ne la met plus en colère que le refus des prolétaires européens de se laisser transformer en une masse indifférenciée remplaçable à volonté.

Comble du cynisme christo-bourgeois : après avoir œuvré, des siècles durant, à détruire des pans entiers des cultures européennes prolétaires, après nous avoir déculturés de la pire façon, ils proclament désormais que nous aurions besoin de nous faire « enrichir » culturellement par les migrants venus d'Afrique et d'Asie.

Les élites chrétiennes et néochrétiennes infligent une double peine culturelle aux Européens : ils ont expurgé les cultures autochtones de tous leurs aspects les plus hédonistes, les plus épicés, et ils ont tout fait pour éradiquer la diversité culturelle européenne. Puis, ils ont décrété que le peuple européen devait se faire enrichir par des peuples censés lui apporter ce que le christianisme lui avait précisément retiré. Les élites chrétiennes ont détruit les thermes romains et bains publics médiévaux, et aujourd'hui, ces mêmes élites chrétiennes et néochrétiennes déclarent que les arabes ont inventé le savon et les hammams, et que nous devrions les accueillir afin qu'ils nous enseignent la propreté. Qui se rappelle que le hammam arabe est une survivance des thermes romains, que l'Europe serait couverte de thermes si les chrétiens ne les avaient pas faits tous fermer en les accusant d'être des lieux de débauche, et que les gaulois se lavaient déjà en leur temps avec du *sapo*, d'où le nom de savon ? Les propos qui suivent en feront sourire plus d'un, mais nous défions quiconque de les contester : on sous-estime grandement le rôle du couscous et de la danse orientale dans la xénophilie française ; il en va de même pour le curry et les vêtements indiens colorés en Angleterre, qui ont suscité à juste titre un certain enthousiasme, dans un contexte de cuisine locale affreusement fade et de puritanisme vestimentaire à mourir d'ennui. La cuisine très relevée, épicée et sucrée-salée, les danses sensuelles, les tenues chatoyantes, les musiques rythmées riches en percussions, tout cela existait en Europe pré-chrétienne et fut au fil des siècles éliminé par des élites pétries de haine chrétienne de la sensualité, et de mépris racial envers le prolétariat. Toutes ces choses plaisantes furent refoulées comme autant de marqueurs de vulgarité prolétaire. Dès que les prolétaires eurent accès aux épices et au sucre, la culture christo-bourgeoise décréta que les plats épicés et sucrés-salés étaient des plouqueries à évincer de la grande cuisine. Puis, bien plus tard, lorsque les migrants invités par cette même bourgeoisie apportèrent des plats épicés et sucré-salés, les bourgeois s'extasièrent devant ces nouveautés revigorantes et les prolétaires blancs furent sommés de les accueillir comme des rois mages chargés de précieux présents. La christo-bourgeoisie a imposé aux blancs l'austérité dans les mœurs pendant des siècles, pour finalement inviter en masse des peuples extra-européens qu'elle nous présente comme indispensables pour nous régénérer, pour nous apporter épices et sensualité. La race sociale qui a œuvré des siècles durant à détruire la diversité culturelle européenne martèle aujourd'hui aux prolétaires qu'ils doivent accueillir par millions une « diversité » afin que celle-ci « l'enrichisse ».

Nous ne devons jamais oublier le travail de déculturation forcée des Européens opéré par le christianisme, car nous en payons plus que jamais le prix. C'est une erreur grave et une soumission à la propagande chrétienne que de relativiser les atrocités commises en Europe pendant des siècles par le totalitarisme chrétien. La violence islamique et l'arriération chariatique que nous subissons nous poussent à minimiser les méfaits du christianisme. L'idée que le christianisme serait intrinsèquement une religion plus tolérante que l'islam est un mythe de pure propagande. Il n'y a pas de christianisme tolérant, il n'y a que des Européens qui se sont battus pour empêcher cette religion d'aller au bout de son projet totalitaire et des chrétiens qui tentent d'adoucir leur rhétorique pour nous apitoyer.

Le christianisme a tout fait pour détruire les racines des Européens. Ne laissez jamais un chrétien vous dire que vous n'avez pas d'identité hors du christianisme. Ce que les propagandistes chrétiens appellent « les racines chrétiennes de l'Europe » n'est rien d'autre que l'appropriation du génie blanc par le christianisme parasitaire. Le christianisme n'est pas la racine de l'Europe. Il est un violeur qui réclame des droits sur l'enfant issu du viol qu'il a commis. Le christianisme n'est pas devenu tolérant, il est un tabasseur de femme qui, sorti de prison, retourne hanter sa victime en lui jurant qu'il ne recommencera plus. Puis, vexé qu'on refuse de lui donner une seconde chance, il nous promet mille tourments et nous martèle que nous ne sommes rien sans lui.

Tous les chrétiens sont remplacistes, même ceux qui prétendent être opposés au remplacement. Combien de milliardaires et millionnaires chrétiens en Europe ? Combien parmi eux mettent de l'argent contre l'islamisation et le remplacement ? Aucune des nombreuses grandes fortunes chrétiennes que compte l'Occident ne lève le petit doigt contre le remplacement ethnique des prolétaires européens par les peuples extra-européens importés par la bourgeoisie. Les seules initiatives vaguement anti-immigration financées par les chrétiens riches ne servent qu'à rabattre les opposants au remplacement vers le giron de la croix, et jamais à diffuser l'anti-remplacisme auprès de la population toute entière. Tous les chrétiens et néochrétiens sont remplacistes, car le christianisme a toujours été un remplacisme.

6.10 Le déluge migratoire ou la vengeance bourgeoise contre le peuple

Main dans la main, la bourgeoisie conservatrice et la bourgeoisie de gauche punissent le prolétariat blanc de sa désobéissance en lui infligeant un châtiment dévastateur : le déluge migratoire.

La bourgeoisie conservatrice française adore brandir la fausse citation de Chateaubriand : « *Chassez le christianisme et vous aurez l'islam.* » Chateaubriand n'a jamais écrit cela nulle part. Cette citation est une pure invention, récente de surcroît. Ce n'est pas un avertissement formulé par un écrivain français au XIXe siècle, mais une menace de châtiment proférée par la race bourgeoise au début du XXIe siècle. La vraie signification de cette phrase est : « *Comment osez-vous rejeter la religion de vos maîtres ? Fuyez le christianisme, et nous vous punirons par l'islam. Détournez-vous de la voie du Christ, et nous vous infligerons le déluge migratoire.* »

La bourgeoisie conservatrice affirme par là qu'elle fera tout son possible pour que l'islam prenne le relai du christianisme si le christianisme venait à tomber. Les bourgeois conservateurs préfèrent certes le christianisme à l'islam, mais n'oublions jamais qu'ils préfèrent l'islam à l'athéisme, qu'ils préfèrent une Europe islamisée et remplacée plutôt que progressiste et libérale.

C'est pourquoi tous les partis de la bourgeoisie conservatrice dépensent des millions pour brandir le thème de l'immigration et le présenter comme un symptôme de « notre décadence », sans jamais proposer le moindre projet crédible de remigration. Cette bourgeoisie conservatrice ne cesse d'utiliser l'immigration pour prôner la voie du Christ, en omettant toujours sciemment de dire que l'Église est le plus grand lobby pro-immigration d'Europe.

En bons pompiers pyromanes, les bourgeois chrétiens conservateurs laissent l'Église faire la courte échelle à l'islam, et militent pour des valeurs islamo-compatibles. Ils assurent un véritable pont culturel entre monde islamique et monde blanc, tout en présentant le retour de l'Église au centre de l'État comme une solution à l'islamisation. Les conservateurs réclament l'inscription des prétendues racines chrétiennes de l'Europe dans la Constitution, mais n'ont jamais songé à y faire inscrire que l'Europe est la terre des Européens.

Les conservateurs osent rarement parler explicitement de remettre tout de suite l'Église au centre de l'État, mais tous leurs discours convergent vers ce projet. Dès qu'ils en ont l'occasion, ils sapent la laïcité, et ils ne s'enthousiasment jamais pour rien d'autre que des choses qui sentent la sacristie.

La bourgeoisie de gauche, de son côté, a également vu le prolétariat blanc lui échapper, et entend elle aussi se venger. Les prolétaires blancs désertent désormais le communisme presque autant qu'ils ne fuient les églises.

Depuis que le peuple blanc ne vote plus pour elle, la gauche a décrété qu'il n'existait plus. Une large part de la gauche va même jusqu'à prétendre qu'il n'a jamais existé. Depuis que le prolétariat blanc n'est plus l'électorat captif de la gauche, celle-ci a cessé de le défendre, effaçant jusqu'au mot même de prolétariat, comme si les centaines de millions de prolétaires européens s'étaient évaporés instantanément dès lors qu'ils ont pu manger de la viande plusieurs fois par semaine. La gauche s'est créé un prolétariat de substitution à travers l'immigration extra-européenne de masse, qui constitue le nouvel électorat captif de la gauche. Dans la bouche de la gauche, le peuple blanc n'existe plus. Quand la gauche emploie l'adjectif « populaire », ce n'est jamais pour désigner le peuple autochtone, le prolétariat blanc, mais au contraire pour annoncer telle nouvelle mesure en faveur des populations extra-européennes.

Le cœur idéologique de la gauche est l'anticapitalisme. Or la chute du communisme a porté un coup fatal à la gauche anticapitaliste qui, depuis, ne fait plus que s'agiter sous une forme zombifiée. Les progrès de la démocratie et du confort de masse ont si cruellement donné tort à la gauche que, désormais, cette force politique s'est muée en lobby rétrograde. Elle veut saboter l'avenir de ce peuple qui ne veut plus d'elle, saboter les progrès d'une société dont elle n'est plus la boussole. Cette gauche milite donc pour l'importation massive des populations les plus réactionnaires du monde et pour l'entrave au progrès de la science et des technologies occidentales. Le remplacement racial a été organisé en priorité dans les quartiers populaires, ceux où ne vivaient auparavant que les prolétaires blancs, à tel point que désormais, « quartier populaire » est synonyme de zone très fournie en populations immigrées extra-européennes.

Depuis l'échec du communisme, la gauche a renoncé à la lutte des classes, qui était *de facto* la lutte du prolétariat blanc contre la bourgeoisie blanche, pour se reconvertir dans la cause de l'immigration de masse et de la criminalisation des résistances prolétaires à cette immigration punitive.

Le remplacement ethnique est un phénomène historique de double trahison du prolétariat blanc par ses élites. Trahison de la bourgeoisie conservatrice qui veut punir le prolétariat blanc d'avoir ébranlé sa suprématie raciale et religieuse. Trahison de la bourgeoisie de gauche qui reproche au prolétariat blanc d'avoir choisi le confort matériel plutôt que le dolorisme sous le patronage spirituel de la gauche anticapitaliste.

Dans les villes et les quartiers les plus sinistrés par le remplacement, la vie des prolétaires européens est en suspens. Il y règne un climat de tension et d'agressivité permanente. Toutes les interactions sont au bord de l'explosion, l'altercation vire facilement au lynchage et l'attention des gens est en permanence tournée vers l'autodéfense. L'énergie humaine perdue est colossale. La créativité, la concentration, l'insouciance, la politesse, la légèreté, la solidarité spontanée, la liberté de mouvement sont rendues impossibles ou du moins entravées. Les Européens sont obligés de quitter les zones racialement sinistrées pour mettre à l'abri leurs enfants et les préserver du conflit permanent. Ceux qui restent acceptent cette non-vie en s'habituant graduellement à des choses qu'ils n'auraient jamais acceptées si on les leur avait proposées de but en blanc.

Pour retrouver l'émulation entre Européens, la qualité de vie et l'art de vivre occidental, la remigration est une étape historique incontournable.

Le remplacement provoque la multiplication des conflits raciaux. En forçant des populations issues de dizaines de pays racistes et théototalitaires différents à cohabiter ensemble et avec le prolétariat blanc, on aboutit à un quotidien où la race et la religion sont au centre de tout. On a le choix entre laisser le remplacement se poursuivre, avec à la clé une racialisation agressive, violente et vindicative dans une société fragmentée, ou mettre un terme à ce remplacement pour bâtir une société harmonieuse où les Européens vivront chez eux.

Nous avons le choix entre le conflit racial sanglant permanent et le divorce paisible avec le retour au pays des ex-colonisés, qui sera une double libération, tant pour nous que pour ceux qui se sentent oppressés par la suprématie blanche.

La voie qui nous est actuellement proposée par la bourgeoisie, c'est celle du terrorisme, des déséquilibrés, des gens poignardés à mort pour une cigarette ou un regard. La voie que nous proposons, c'est le droit du peuple européen à s'autodéterminer. C'est organiser le rapatriement pacifique des populations dans lesquelles la bourgeoisie avait vu les moyens de sa vengeance.

L'immigration de masse consiste à faire venir des millions de racistes chez nous. Dès lors, toute critique de la xénophobie est ridicule. C'est notre xénophobie qui va nous protéger des conflits raciaux et de la violence raciale omniprésents. Le racisme défensif est un devoir.

L'attirail judiciaire et extra-judiciaire antiraciste n'a pour objectif que de nous faire accepter le racisme des autres, ce qui prouve que ce n'est pas le racisme qu'il vise à faire disparaître, mais nos défenses immunitaires contre toutes sortes d'agressions. La simple dénonciation des crimes y compris raciaux commis par des étrangers est punie comme un crime de haine raciale.

Ce qui est particulièrement pervers avec la censure antiraciste criminalisant toute opposition au remplacement ethnique, c'est qu'elle exploite cyniquement les bonnes intentions de nombreux prolétaires de gauche. Il existe en effet depuis longtemps chez beaucoup de prolétaires blancs une sincère solidarité envers les luttes politiques antiracistes, parce que ce sont les mêmes bourgeois qui oppriment les prolétaires blancs et les prolétaires non-blancs. On oublie trop souvent que les premières luttes politiques des prolétaires étaient à leur manière aussi des mouvements pour les droits civiques, au même titre que la lutte contre l'esclavage. On ne doit jamais perdre de vue combien les luttes politiques des prolétaires ont avant tout été un combat contre la déshumanisation et l'exclusion raciale dont ils faisaient l'objet, et contre la pauvreté forcée qui les obligeait à vivre dans des conditions indignes. De ce fait, des prolétaires blancs se sont sentis naturellement solidaires, même quand ils désapprouvaient en masse la venue de ces populations. Bon nombre de prolétaires blancs sont conscients que l'organisation de l'immigration de masse est une erreur historique, mais éprouvent en même temps une forme de dégoût à l'égard des politiques surfant sur le ras-le-bol migratoirc, car ils sentent bien, intuitivement, que les conservateurs qui se prétendent anti-immigration ne sont que en fait que des bourgeois qui méprisent racialement les prolétaires blancs autant que les prolétaires non-blancs. Ils savent que nous sommes tous des *nègres* aux yeux de la bourgeoisie.

Le prolétariat importé par la bourgeoisie est un instrument de vengeance contre le prolétariat autochtone. C'est un instrument de sa domination. La gauche présente systématiquement l'immigration extra-européenne comme une vengeance raciale méritée, un juste retournement de situation contre un détestable oppresseur blanc. Les conservateurs, de leur côté, considèrent cette submersion comme un châtiment divin destiné à punir le peuple qui s'est détourné de Dieu-Yahvé. L'immigration extra-européenne est utile à la bourgeoisie en ce qu'elle brouille la situation et complexifie le combat entre races sociales blanches. L'immigration de masse est également une arme très efficace pour casser la solidarité au sein des quartiers populaires. En important par millions des migrants des ex-colonies habités par un violent ressentiment anti-blancs, en laissant prospérer délinquancc, criminalité, agressivité du quotidien, humiliations raciales, terrorisme musulman, tabassages gratuits, guet-apens tendus aux pompiers pour les lyncher, harcèlement de rue misogynes, grooming gangs, on place les prolétaires blancs dans un état mental d'assiégés. La plupart s'isolent, s'éloignent des autres et déménagent.

Cette fracture multiraciale imposée au peuple brouille les rapports de force entre bourgeois et prolétaires blancs. Elle engendre des débats d'un autre monde et d'un autre temps, qui font oublier au prolétaire blanc opprimé par la racaille jusqu'à l'existence même de la bourgeoisie. La bourgeoisie blanche de gauche prend bien soin de systématiquement présenter les blancs, y compris prolétaires, comme les bourgeois du monde, attisant ainsi en permanence le ressentiment des prolétaires non-blancs envers les prolétaires blancs, et conférant à cette rancœur une validation institutionnelle à l'école, dans les médias, dans les partis politiques, dans les syndicats, dans le champ associatif et universitaire. Le prolétariat non-blanc joue le rôle d'idiot utile de la bourgeoisie mais il n'en est pas moins un acteur délibéré et responsable. La gauche ment quand elle affirme que les violences raciales commises par le prolétariat extra-européen importé ne viennent que des inégalités socio-économiques ou ne seraient que des réponses à un sentiment d'exclusion. La haine raciale de ces populations envers les blancs préexistait à leur immigration en Europe et la gauche n'a de cesse de l'attiser en apportant constamment de l'eau au moulin de leur ressentiment anti-blancs.

En châtiant le peuple blanc par le fléau du remplacement ethnique, la bourgeoisie en colère se prend pour le lieutenant de son dieu courroucé, que ce dieu se nomme Yahvé ou Égalitarisme. Les bourgeois ont décidé de noyer le peuple, car ils savent que leur place dans

l'arche de Noé cosmopolite est assurée par leur fortune
et leur carnet d'adresse.

6.11 Quel avenir pour les prolétaires ?

La menace étrangère et les nuisances quotidiennes de la cohabitation que les bourgeois nous ont imposées avec le concentré de tiers-monde dans nos villes racialement sinistrées pousse la majorité des prolétaires à basculer à droite. Mais comme la droite n'existe pas sur la scène politique, et qu'il n'y a, en lieu et place de droite, qu'une coterie de bourgeois conservateurs agitant vaguement quelques slogans critiques envers l'immigration, les prolétaires de droite se retrouvent face à un chantage insupportable : on presse le prolétariat blanc de choisir entre le retour des privilèges de la bourgeoisie de droit divin, ou la mort par la désintégration ethnique. La violence quotidienne subie par les prolétaires est telle, et l'offre politique non-bourgeoise est tellement inexistante, que les prolétaires de droite en viennent à ne plus voir combien la bourgeoisie lui fait la guerre. L'enfer des villes remplacées lui fait relativiser toutes les trahisons bourgeoises, tout le sabotage chrétien.

Le peuple n'est pas idiot de faire plus attention à ses oppressions quotidiennes plutôt qu'aux menaces plus vagues et moins immédiates. Cependant il doit comprendre qu'il n'a pas à choisir entre ces combats. Tout combat authentique contre la racaille importée est un combat contre la bourgeoisie. Tout combat authentique contre la bourgeoisie est un combat contre la racaille.

N'écoutez pas les bourgeois et leurs larbins quand ils tâchent de vous persuader qu'il faut prioriser, et qu'on s'occupera d'un problème quand on aura résolu l'autre.

Car en réalité, la bourgeoisie embusquée ne veut régler ni ce problème, ni l'autre.

Faites comme bon vous semble selon votre sensibilité et votre courage. Mais n'écoutez jamais celui qui prétend que votre combat est inférieur ou secondaire.

La racaille est le bras armé de la vengeance bourgeoise. C'est un combat en mouvement, où tantôt le bras nous menace et peut être touché, tantôt une ouverture nous donne l'occasion de frapper la tête bourgeoise... Mais c'est un combat où il est stupide de se priver d'une occasion de frapper l'ennemi en allant au plus simple sous prétexte qu'il faudrait viser l'autre partie en priorité, indépendamment des opportunités.

La bourgeoisie blanche et la racaille extra-européenne font corps de la même façon que la noblesse française détrônée s'était alliée à la pègre chouane pendant les guerres de Vendée. Les dominants déchus ne reculent devant aucune alliance pour frapper le peuple. Et ce n'est pas parce que la bourgeoisie conservatrice réoriente le sentiment anti-bourgeois vers les immigrés et le terrorisme, qu'elle ne jubile pas de la punition divine s'abattant sur un peuple à l'émancipation blasphématrice.

Tout malgré lui, le prolétaire blanc est encore lesté par un christianisme intériorisé aussi puissant qu'inconscient. Il ne suffit pas de cesser d'aller à la messe pour se mettre à penser en homme libre. Le prolétaire doit se débarrasser de son christianisme intériorisé qui fait de lui le larbin de la bourgeoisie.

Les symptômes de ce christianisme intériorisé sont nombreux. Le prolétaire au christianisme intériorisé ne peut pas se regarder dans la glace s'il ne trime pas comme salarié. Il est capable de se suicider s'il perd son travail même quand il dispose encore de moyens de subsistance, voire parfois s'il est désigné comme mauvais travailleur. Il a honte de réclamer des aides sociales. Il est prêt à sacrifier son bien-être et celui de sa famille pour bichonner les caisses de l'État : en France, chaque année, 12 milliards d'euros de prestations sociales ne sont pas réclamés par des ayants droit. Enfin, il se définit par son travail, et devient dépressif une fois à la retraite quand il découvre le temps libre payé, ne sachant même pas qui il est, à la fin d'une vie entière à s'être comporté comme une unité de production avec quelques ponctuelles fantaisies.

Le dolorisme et l'obsession du mérite sont un avatar du paternalisme christo-bourgeois : les prolétaires ont été éduqués avec l'idée que plus ils souffrent, plus ils sont respectables, que leur valeur se mesure à leurs souffrances et à leurs efforts. La classe moyenne est peuplée de prolétaires persuadés que tout ce qui est facile ou plaisant est méprisable, que la souffrance est toujours nécessaire pour accomplir quoi que ce soit d'admirable. L'idée même qu'une souffrance puisse ne servir à rien leur est insupportable car elle ébranle tout leur être. Cette mentalité pousse bon nombre de prolétaires à déployer une énergie considérable dans des obsessions stériles, telles que la haine des « assistés », qui ne font que les ronger de ressentiment et les pousser à s'enfoncer dans le larbinisme et la soumission à des partis politiques conservateurs de la fausse droite.

À cause de ce christianisme intériorisé, le prolétaire prometteur se fait stériliser en larbinant et en orbitant autour de la bourgeoisie. Tout son talent, sa créativité, son temps et sa force de travail sont mis à disposition de la bourgeoisie, qui dispose ainsi d'un vaste réservoir de faire-valoir et de main d'œuvre silencieuse. Le principal défi pour les prolétaires sera donc de cesser de voir la bourgeoisie et ses codes comme la seule forme d'élévation sociale.

6.12 Quel avenir pour les bourgeois lucides ?

Les bourgeois sont de plus en plus nombreux à prendre conscience des trahisons de la race bourgeoise envers le prolétariat et la civilisation européenne. Mais en l'absence jusqu'ici d'idéologie structurée et de projet constructif dans lequel s'engager pour réparer les fautes commises par la bourgeoisie envers son peuple, les bourgeois lucides sombrent dans l'autodestruction, soit sous sa forme gauchiste, soit sous sa forme nihiliste.

L'autodestruction gauchiste, c'est la repentance stérile, la spirale de haine de soi mue par l'espoir qu'en détruisant la race bourgeoise blanche, on en effacera les méfaits. Sauf que dans cette spirale, le bourgeois entraîne avec lui le prolétariat blanc et milite pour la destruction de l'Occident tout entier.

L'autodestruction bourgeoise gauchiste est tout ce qu'il y a de plus lâche, de plus narcissique et de plus irresponsable.

Elle aboutit à cacher les vrais coupables en diluant les responsabilités bourgeoises dans la haine de la race blanche toute entière. Or comment régler un problème si on en cache la cause ?

Elle aggrave directement le problème : le remplacement ethnique est une des conséquences les plus graves de la guerre raciale menée par la bourgeoisie blanche envers le prolétariat blanc. En militant pour plus de remplacement racial dans l'espoir insensé que le « sang nouveau » de la diversité enrichisse l'Occident, la bourgeoisie gauchiste ne fait que prolonger la guerre raciale bourgeoise, se faisant ainsi l'idiot utile de la vieille bourgeoisie blanche chrétienne qu'elle croit combattre. Il est risible de voir des bourgeois de gauche brailler « ni dieu ni maître » tout en obéissant le plus servilement du monde au commandement du pape qui ordonne à chacun d'accueillir le plus possible de migrants musulmans.

L'autodestruction efface toute possibilité de réparation des fautes historiques commises par la bourgeoisie blanche. En militant pour la destruction de l'Occident, elle œuvre à la disparition de toutes les ressources financières, scientifiques, technologiques, humaines, intellectuelles, politiques et diplomatiques qui rendent l'Occident capable de réparer les dégâts causés par sa bourgeoisie. Un bourgeois occidental qui croit réparer les fautes de sa race en détruisant l'Occident est comme un chauffard qui brûlerait tous ses biens pour expier sa faute après avoir rendu un piéton tétraplégique, au lieu de travailler pour gagner de l'argent et indemniser sa victime.

Saboter la puissance occidentale, c'est pour la bourgeoisie de gauche un moyen de se défausser de ses responsabilités, en préférant l'autoflagellation expiatoire au travail de réparation. Bourgeois gauchistes : les victimes des méfaits bourgeois n'ont que faire de vos airs contrits, de votre quête au fond très égoïste pour le salut de votre âme. Si vous tenez tant à culpabiliser, culpabilisez utile. Les éléments lucides au sein de la bourgeoisie gauchiste doivent comprendre, même sans embrasser la perspective dextriste de l'occidentalisme, que le prolétariat blanc ainsi que les opprimés du reste du monde ont besoin d'un Occident fort sur le long terme. Seul un Occident puissant peut résoudre la misère et la faim dans le monde, créer un monde sans travail obligatoire, régler la crise mondiale environnementale, et diffuser des valeurs progressistes partout dans le monde pour protéger les plus vulnérables : les pauvres, les libres penseurs persécutés par les totalitarismes (notamment religieux), les femmes et les minorités sexuelles victimes de violences.

Le bourgeois lucide englué dans le nihilisme, lui, sait que toutes les solutions politiques bourgeoises sont des farces sinistres. Il sait que la bourgeoisie conservatrice autant que la bourgeoisie gauchiste sont des marais puants remplis de donneurs de leçons qui se présentent comme les remèdes aux horreurs qu'ils ont eux-mêmes créées. Fort de ces constats, qu'il rejoigne nos vues, qui sont totalement compatibles avec ce double dégoût.

Hommes et femmes dissidents de la bourgeoisie : au lieu de mettre toute votre énergie dans la détestation de soi transmutée en haine pour le peuple tout entier, au lieu de régler stérilement vos comptes entre bourgeois en participant à la destruction de l'Occident, rendez-vous utiles en mettant vos ressources au service du mouvement occidentaliste et ne participez pas aux formes d'accaparement bourgeois de notre mouvement.

L'autodestruction est une désertion impardonnable venant de personnes qui sont détentrices, du fait de leur appartenance sociale, de ressources qu'ils ont le devoir de mettre au service de leur peuple. Votre argent, votre maîtrise fine des rouages de la bourgeoisie, votre carnet d'adresse, vos compétences et connaissances, vous devez les consacrer au projet occidentaliste.

Nous ne voulons pas à proprement parler détruire la bourgeoisie, car ce serait détruire du même coup le patrimoine, l'héritage, les richesses qu'elle a accumulées en parasitant le prolétariat. Nous voulons démanteler la bourgeoisie, la démonter soigneusement, pour réemployer toutes ses richesses dans une perspective bâtisseuse au service du peuple d'Occident.

Ne s'énerveront que les bourgeois qui se sentiront visés, là où les dissidents issus de cette bourgeoisie se sentiront enfin compris.

Le communisme déteste les bourgeois parce qu'ils sont riches. L'occidentalisme combat les bourgeois parce qu'ils sont irresponsables.

Le communisme est l'ennemi des riches, surtout s'ils sont moteurs. Il reproche aux riches de créer de la richesse. L'occidentalisme est l'ennemi de la bourgeoisie parasite irresponsable et l'ami des riches moteurs et responsables.

Quand on est soi-même issu de la bourgeoisie, on ne combat pas la bourgeoisie destructrice de son peuple par la fuite ou l'autodestruction, mais en consacrant ses ressources à reconstruire ce qui a été illégitimement détruit, et à bâtir ce dont le peuple occidental a besoin pour affronter le futur. Le bourgeois qui travaille à la destruction de l'Occident est un ennemi ; le bourgeois lucide qui a conscience du travail de destruction de l'Occident par la bourgeoisie et qui ne consacrerait pas une part de ses ressources à la cause occidentaliste serait un traître doublé d'un lâche.

Chacun doit assumer les responsabilités inhérentes à son pouvoir. Quel que soit son pouvoir. La notion de non-assistance à personne en danger repose sur ce pouvoir individuel d'aider une personne. On ne poursuit pas une personne qui n'avait pas le pouvoir d'aider à ce moment, on poursuit celle qui pouvait aider mais ne l'a pas fait. Tout bourgeois est détenteur d'un pouvoir, que ce soit sur le plan financier, culturel, relationnel, politique ou intellectuel, et il doit assumer à l'égard de son peuple des responsabilités proportionnelles à son pouvoir.

Nul ne hait plus ses propres enfants que la bourgeoisie. La plupart des jeunes bourgeois sont écœurés par leur propre classe, et ils ont bien raison, vu la façon dont leurs aînés les traitent. Les jeunes bourgeois sont légion à avoir été élevés dans des exigences délirantes, puis à avoir été négligés voire abandonnés par leur famille. De plus, l'allongement de l'espérance de vie couplée à la crise de transmission bourgeoise engendre une situation où il n'y a presque plus de bourgeois qui héritent dans leur jeunesse, à l'âge où l'on est le plus créatif et le plus aventurier. Résultat : le patrimoine bourgeois n'a jamais autant dormi et la jeunesse bourgeoise n'a jamais été autant placée en totale dépendance vis-à-vis de ses parents. Ainsi, beaucoup de bourgeois doués sont accablés par la pression des études, pour finalement devoir ramper devant des vieux dans l'espoir de faire des piges. Dans le contexte actuel de surproduction de diplômés, on assiste à la naissance d'un vaste semi-prolétariat intellectuel, composé de prolétaires cultivés et de bourgeois déclassés, ce qui suscite une compétition sans précédent pour les métiers intellectuels et une frustration de masse. Même si les jeunes bourgeois restent très privilégiés sur le marché du travail intellectuel par rapport à leurs homologues prolétaires, il n'en reste pas moins que jamais ils n'ont été aussi larbinisés et privés des capacités d'investissement qui leur permettaient jadis de créer des choses nouvelles, des journaux, des organes politiques... Quand ils veulent créer la moindre structure (productive ou créative), les jeunes bourgeois doivent désormais présenter un *powerpoint* insipide employant la novlangue du système néocorporatiste. Ainsi, seuls les bourgeois les plus soumis, les plus incultes et les moins créatifs obtiennent des financements. En somme, le système actuel punit les meilleurs éléments de la jeunesse bourgeoise et récompense les plus médiocres d'entre eux.

Le grand défi pour les bourgeois lucides consiste à tourner le dos à la bourgeoisie traîtresse et à mettre leurs ressources au service de la cause occidentaliste au lieu de les employer à s'autodétruire et à détruire leur peuple.

Le mot d'*aristocratie* doit retrouver son vrai sens, non pas une caste détentrice de privilèges héréditaires mais bien le pouvoir (*kratos*) détenu par les meilleurs (*aristos*). En un mot, l'élite.

Les bourgeois lucides doivent contribuer à faire renaître une élite naturelle, une aristocratie qui finance des grands projets (mécénat technologique, artistique, architectural), qui défende son peuple. Jadis, la formation, l'armement et l'entretien de régiments étaient assurés par les aristocrates. Aujourd'hui, c'est la technologie et la science qui sont nos armes les plus précieuses et c'est elles que l'élite doit contribuer à faire progresser en Occident.

Tant qu'ils resteront des bourgeois, ils ne pourront pas aider le peuple même s'ils s'attachent à lui ou le singent. C'est en assumant des responsabilités envers leur peuple que les bourgeois pourront être utiles et sortir de leur condition parasitaire bourgeoise, pas en faisant du *cosplay* ouvrier.

Là où on différencie le bourgeois selon sa fortune, grande ou petite, petit bourgeois ou grand bourgeois, l'aristocrate se distingue par son domaine de compétences : élite entrepreneuriale, élite intellectuelle, élite technocratique, élite militaire, élite des savoir-faire...

L'élite entrepreneuriale consiste en une élite économique composée d'industriels, d'entrepreneurs et de dirigeants de sociétés, qui présentent une utilité directe pour l'Occident.

L'élite intellectuelle se compose de scientifiques, d'écrivains, de sociologues, d'essayistes et d'idéologues qui permettent un progrès technique, social et politique.

L'élite technocratique est représentée au sein des élus, des hauts fonctionnaires et des cadres du secteur privé et de la fonction publique.

L'élite militaire se trouve parmi les responsables de complexes militaro-industriels, les compagnies de sécurité privée, les officiers de valeur, les sous-officiers clés et les héros du rang.

L'élite des savoir-faire se décline en artisans exceptionnels, en artistes, en sportifs, en ouvriers virtuoses, en agriculteurs, en techniciens...

Toute personne capable d'apporter son talent, son génie, ses capacités ou sa fortune et sa bonne volonté à notre civilisation forme l'élite naturelle de l'Occident.

La bourgeoisie, c'est le parasitage de la civilisation et la déconnexion d'avec le peuple. Devenir aristocrate, pour un bourgeois, c'est se reconnecter avec sa civilisation et son peuple. C'est acquérir son prestige par ses accomplissements et l'exemplarité de son comportement plutôt que par sa seule naissance.

L'aristocratie doit être capable de se transmettre à une descendance méritante, mais n'est pas héréditaire. Elle est la volonté par les meilleurs de pérenniser leur place d'élite et de se coordonner en réseau au service de l'Occident.

Pour bâtir la nouvelle aristocratie, il est nécessaire d'organiser le prestige social des personnes qui font la richesse de l'Occident — la première étant le savoir — et de mener un programme ambitieux d'éducation populaire et de vulgarisation des connaissances, tant à l'école que dans les médias publics.

De plus, il n'est pas acceptable que des pays aussi riches que les nôtres ne comptent pas davantage de résidences permettant à des scientifiques, des chercheurs et des artistes de se consacrer à ce qu'ils savent faire de mieux et d'être logés à proximité des grandes universités, bibliothèques et musées.

Les domaines dans lesquels les bourgeois lucides peuvent s'investir pour relever l'Occident ne manquent pas. Le principal obstacle que vous devrez vaincre sera les ricanements de vos congénères bourgeois nihilistes à qui votre engagement sera insupportable tant il les fera se sentir minables et inutiles.

7- La politique, chasse gardée des bourgeoisies

7.1 Le monopole bourgeois de la politique

La bourgeoisie politique est divisée en deux : le camp gauchiste et le camp conservateur. Le premier est au moins en partie une vraie gauche, le second est une fausse droite, composée exclusivement de conservateurs et de réactionnaires d'inspiration chrétienne. La fausse politique repose sur ce faux dilemme entre une gauche crypto-chrétienne et des chrétiens réactionnaires.

La politique nécessite de s'y dédier entièrement. Elle exige aussi des relais médiatiques et des sommes d'argent dont les prolétaires ne disposent simplement pas. La bourgeoisie monopolise ainsi le débat public pour en faire le théâtre des règlements de comptes entre familles bourgeoises.

La bourgeoisie exclut le peuple au moyen du débat bourgeois. Le débat bourgeois, c'est la prolifération de paroles sans enjeu dans une mise en scène de fausses oppositions.

Les débats sont censés être inclusifs, mais excluent de fait les prolétaires par le choix du langage, de l'éti quette, de la centralisation des télévisions sur Paris, des préoccupations, des références, des sujets et mots interdits.

Le débat bourgeois se pratique par des prises de parole sous des formes cryptiques, allusives, qui renforcent la connivence intra-communautaire bourgeoise et poussent le peuple à se désintéresser de la politique. Des hommes comme Jaurès et Clemenceau, qui pourtant à leur époque écrivaient des thèses en latin et avaient un niveau de maîtrise de la langue française infiniment supérieur à celui des professionnels de la politique actuels, s'efforçaient pourtant dans chacun de leurs discours d'exprimer leurs idées avec simplicité pour les rendre accessibles à tous. Toute prise de parole politique en démocratie devrait se faire de la manière la plus simple possible. Tout discours pointu et complexe, sur des sujets qui peuvent être abordés de façon très simple, est un discours anti-démocratique. Le débat public tel qu'il existe aujourd'hui est une illusion de démocratie ne donnant la parole qu'à des groupes d'intérêts privés et bourgeois.

Il est temps de mettre fin à la culture du débat et du brassage de vent. Le débat, c'est le milieu naturel du bourgeois, qui biaise les jugements des spectateurs par le choix de ses invités, des oppositions, des personnes qu'on exclut, des thèmes abordés et de leur traitement.

Pire, des associations bourgeoises instrumentalisent la justice pour réclamer la limitation de la liberté d'expression sous des prétextes fallacieux de lutte contre l'incitation à la haine et contre les *fake news*, ce qui réserve la parole publique aux seuls bourgeois, ces derniers possédant les codes sociolinguistiques et la tiédeur nécessaires pour se voir octroyer le droit à la parole, et l'argent pour payer les frais d'éventuels procès. Les bourgeois arrivent même à commettre des apologies du terrorisme sans tomber sous le coup de la loi, là où un prolétaire se prendrait un procès pour avoir dit trop franchement ce qu'il pensait des terroristes.

Même la diction et l'accent définira qui aura le droit à la parole et qui ne l'aura pas, discrimination autorisée et assumée dans les médias. La discrimination sociale est totalement assumée, institutionnalisée et décomplexée.

Une illusion de débat est encore plus anti-démocratique qu'une absence de débat, parce qu'elle joue sur l'impression que tout le monde est représenté, et fait croire aux prolétaires blancs qu'ils sont apolitisés simplement parce qu'ils ne s'identifient à aucun des protagonistes sur la scène politique. La pluralité est bien plus vitale pour la démocratie que le débat. Les débats politiques actuels sont des farces dont la seule fonction est de maquiller l'absence de pluralité politique réelle. L'homme est un animal politique, et il y a dans une société proportionnellement autant d'apolitiques que de prises en otage du débat public par des bourgeois qui ne représentent pas le peuple dont ils se revendiquent.

Pour que la démocratie fonctionne et que l'essentiel de la population cesse d'être exclue de la représentation politique, on doit en finir avec les mises en scènes de débats superficiels et exiger des acteurs politiques qu'ils assument leurs partis pris idéologiques explicitement et qu'ils annoncent clairement le but de leurs interventions, au lieu de prétendre stimuler vaguement la réflexion en répandant un flou artistique bourgeois.

La parole doit retrouver sa valeur d'acte, c'est-à-dire ne plus être monopolisée par des gens qui ont pour habitude de soulever des problèmes dans des buts non assumés, d'insinuer sans jamais expliquer où ils veulent en venir.

Les débats abstraits de pseudo-intellectuels autant que les rodomontades faussement pragmatiques masquent l'absence totale de pluralité et poussent le peuple à se désintéresser massivement de la politique. Ils sont une violence bourgeoise anti-démocratique qui doit être bannie par la mise en place de garde-fous anti-bourgeois : le réflexe des journalistes devrait être de toujours demander où l'invité veut en venir, ce qu'il revendique, d'où il parle, l'idéologie qu'il défend et les moyens qu'il propose pour atteindre ses buts.

Nous devons régénérer la politique en substituant aux palabres sans but des confrontations d'idées concrètes, en remplaçant le débat bourgeois par des discours politiques assumés allant droit au but sous la forme la plus simple. Il n'y a qu'en arrachant le débat des mains de la bourgeoisie spoliatrice qu'on fera s'effondrer le vote par défaut et l'abstentionnisme du peuple, symptôme d'un débat public sclérosé par la fausse politique.

7.2 La bourgeoisie unie malgré elle

La bourgeoisie forme une seule et même race sociale, unie malgré des divisions superficielles et des conflits d'influence. Le monopole de la parole publique par des groupes différents crée un trompe-l'œil de pluralité. La bourgeoisie doit être comprise comme un écosystème où chacun se renvoie la balle. La bourgeoisie de gauche immigrationniste jette les Européens répugnés par l'islam dans les bras des chrétiens conservateurs. Les chrétiens conservateurs jettent dans les bras de la gauche immigrationniste pro-islam les Européens rebutés par l'Église. Chaque moitié politique de la bourgeoisie fournit à l'autre sa raison d'être. Plus aucun prolétaire blanc ne voterait encore pour la gauche immigrationniste si le camp conservateur n'était pas aussi écœurant d'arrogance bourgeoise et de servilité à l'agenda chrétien. Les prolétaires blancs ne songeraient pas à donner le moindre vote au camp conservateur si la gauche bourgeoise ne saccageait pas avec une telle indécence les libertés et la qualité de vie des Européens en leur imposant le remplacement ethnique et l'islamisation. La plupart des prolétaires blancs éprouvent un profond dégoût face aux totalitarismes islamiques et chrétiens et ne choisissent un des deux camps que parce que l'un a réussi à les écœurer davantage que l'autre.

Les prolétaires blancs ne veulent plus être « sauvés » par le communisme bourgeois, puisqu'ils l'ont été par le capitalisme et la démocratie libérale. La gauche s'est donc détournée des Européens et ne compte désormais plus que sur la balance démographique extra-européenne pour se faire élire, d'où la racialisation de leurs discours et leur défense systématique des minorités.

Les églises sont vides et plus personne ne souhaite le retour de l'Église au centre de l'État. Les chrétiens conservateurs ont donc besoin de jouer la comédie de la fausse fermeté face à l'immigration pour se faire élire. Une fois au pouvoir grâce au ras-le-bol populaire de l'immigration, ils organisent une poignée d'expulsions guignolesques à la va-vite, prennent soin de ne procéder à aucune réforme ambitieuse de politique migratoire, tout en faisant dès que possible passer à la sauvette des lois et des réformes réactionnaires liberticides. En France, à chaque fois que les conservateurs acquièrent du pouvoir, ils s'arrangent pour affaiblir le Planning familial et financer des associations anti-avortement. Aux États-Unis, ils tentent régulièrement d'interdire aux femmes d'avorter de leur violeur. Au Texas, des conservateurs ont même proposé d'instaurer la peine de mort pour les femmes qui feraient le choix d'avorter de leur violeur.

Chaque camp sert l'autre en entretenant des débats politiques d'un niveau catastrophique pour créer un faux dilemme entre la gauche et le conservatisme. Les prolétaires doivent toujours choisir entre une peste bourgeoise et un choléra bourgeois.

Peu importe leur choix, qu'ils s'aiment ou se détestent, qu'ils prétendent attaquer les intérêts bourgeois ou qu'ils s'en tiennent à la classique arrogance bourgeoise, peu importe la façon dont ils s'y prennent, le résultat est le même, parce que leur classe et leur race sociale s'en trouvent au bout du compte toujours renforcées.

La politique bourgeoise fonctionne en stéréophonie : chaque camp donne corps aux mensonges de l'autre camp en prétendant s'opposer à lui. Il est ainsi fréquent que des mythes politiques soient propagés conjointement par la gauche et les conservateurs. Les exemples de cette stéréo bourgeoise sont nombreux. Quand la gauche et les conservateurs s'écharpent sur les plateaux de télévision au sujet de « l'assimilation des musulmans », ils ne font que répandre le mensonge selon lequel le principal problème posé par l'immigration de masse serait une histoire d'assimilation ou d'intégration, et non de remplacement racial. La gauche pro-islam répète qu'on doit intégrer et accepter au lieu d'assimiler. La seule opposition médiatiquement tolérée à cette folie est celle des conservateurs. Or ces derniers ne font que marteler le mensonge de l'assimilation comme seule solution à l'immigration de masse extra-européenne, lorsqu'il mettent toute leur énergie à dénoncer le fait que les musulmans ne s'assimilent pas étant donné qu'ils donnent à leurs enfants des prénoms non-chrétiens. Autre exemple de stéréo bourgeoise : gauchistes et conservateurs rivalisent de propagande pour nous faire croire que les femmes blanches seraient par essence pro-migrants, les uns pour s'en réjouir, les autres pour prendre un air dégoûté. La gauche instrumentalise le féminisme pour se donner une image progressiste et utilise les féministes comme femmes-sandwichs de l'immigrationnisme, en veillant à punir toute féministe insoumise à son agenda immigrationniste : c'est là le seul moyen pour elle de donner un visage humain à l'arrivée massive de barbus invivables. En face, les conservateurs agitent le chiffon rouge des féministes immigrationnistes de gauche pour prétendre que si notre pays est envahi, ce n'est pas à cause des bourgeois qui ont organisé le remplacement ethnique, mais à cause d'une supposée « féminisation de la société ». Bref, gauchistes et conservateurs nous abreuvent de leurs faux débats pour asseoir le consensus autour de leurs mensonges.

La stéréo bourgeoise permet à la gauche et aux conservateurs de diffuser la haine du progrès en Occident : les premiers définissent le progrès comme la destruction (« déconstruction ») de tout ce qui fait notre force, le devoir de ramper devant les pires idéologies théototalitaires du tiers-monde et l'urgence de procéder au remplacement racial du prolétariat blanc ; les seconds, prétendant s'opposer à ces immondices gauchistes, fustigent « le progressisme », validant de ce fait sans la moindre réserve la définition gauchiste du progrès. Ils ancrent ainsi l'idée qu'un Occident qui progresse serait un Occident décadent. Gauchistes et conservateurs se complètent parfaitement pour diffuser la propagande anti-occidentale.

L'avènement d'une société de confort de masse, d'abondance alimentaire et de loisirs pour tous est un désastre pour la bourgeoisie tant de gauche que conservatrice, qui ne peut pleinement régner que sur un peuple de miséreux hantés par la peur de la famine. La vision de prolétaires bien nourris, en bonne santé et disposant de temps de loisirs plonge les conservateurs dans la panique, puisque dans ces conditions, les prolétaires cessent de se soumettre aux austères prêches chrétiens. Même panique à gauche lorsqu'elle constate que les prolétaires blancs n'ont pas besoin de renverser le capitalisme pour être heureux et libres. Et quel dépit les anime en voyant que le grand effondrement censé punir l'Occident capitaliste de sa suprématie ne vient jamais, malgré leurs cris de Cassandre incessants depuis deux siècles.

La société de consommation capitaliste est le régime économique le plus résilient de l'histoire de l'humanité. Ce système est infiniment plus solide que l'économie de subsistance précapitaliste et que le système capitaliste des débuts, qui était régulièrement frappé par des crises meurtrières. Lorsque les prolétaires ont enfin accédé à la consommation en masse, les gigantesques crises de surproduction ont cessé d'apparaître, assurant ainsi la pérennité de l'économie capitaliste.

C'est précisément la solidité de la société de consommation capitaliste qui fait enrager communistes et chrétiens. L'absence de menace sérieuse d'effondrement économique spectaculaire les oblige à se cantonner à un registre très lointainement moral.

Quand un peuple est régulièrement frappé par la famine, il est aisé de le contrôler, soit en lui expliquant qu'il a été puni de n'avoir pas assez obéi aux commandements divins, soit en utilisant l'énergie du désespoir populaire pour enrôler le prolétariat dans un projet de révolution anticapitaliste. Maintenant que les prolétaires ont accès au confort, que reste-t-il à la gauche et aux conservateurs ? Dénoncer le pain et les jeux ! C'est-à-dire le fait que le peuple ait ce qu'il veut pour être heureux et en bonne santé.

Leur obsession de prophétiser un effondrement économique qui n'arrive jamais vient de leur seul espoir : ils ne veulent pas reconnaître qu'ils sont dépassés, que ni le communisme ni le christianisme ne séduiront plus jamais personne, que le nouveau capitalisme a triomphé et a su s'adapter, qu'il est plus moral que n'importe lequel de leurs systèmes planifiés tarés. Alors ils brandissent des menaces d'apocalypse si le peuple ne fait pas vite une révolution :

« Ce système va s'effondrer car nous sommes décadents/nous détruisons la planète ! On ne pourra pas toujours vivre heureux, donc venez vous ranger avec les bourgeois communistes et les bourgeois réacs pour faire la révolution, même si le capitalisme ne montre aucun signe de faiblesse à part des chiffres abscons et des mini-crises utiles au bon fonctionnement de l'économie. »

L'opulence capitaliste est dénoncée à la fois par les bourgeois communistes comme une « volonté d'acheter la paix sociale » et par les bourgeois réacs par la formule « du pain et des jeux ». Comme si vivre en paix et prendre du plaisir à vivre étaient des choses immorales.

D'un côté le bourgeois communiste veut que le peuple se sacrifie dans une révolution perpétuelle, de l'autre le bourgeois conservateur veut que le peuple sacrifie sa vie à travailler dans la douleur sans se divertir.

La bourgeoisie s'est faite doubler par la société libérale et capitaliste. Celle-ci a donné au peuple ce qu'il voulait et le peuple n'est dès lors plus le jouet des règlements de comptes bourgeois entre communistes et conservateurs.

Il n'y aura plus de grands mouvements de politisation de masse, de grands mouvements de rue, car il n'y a plus de grandes armées de crève-la-dalle. Le recul des grands mouvements révolutionnaires est caractéristique d'une société heureuse et d'un libéralisme triomphant qui a su apporter le confort et le bonheur au plus grand nombre.

Être nostalgique des grands mouvements populaires est déjà une attitude bourgeoise. Aux époques où l'on se soulevait, où les travailleurs étaient impliqués massivement dans des partis et des syndicats, les gens souffraient énormément, ils étaient acculés par la misère et seule la perspective d'une révolution les préservait du désespoir.

Déplorer l'absence de soulèvement de masse, que ce soit pour une révolution de gauche ou une révolution réactionnaire, c'est se plaindre que le peuple soit heureux.

Cette bourgeoisie en fin de vie, qu'elle soit communiste ou conservatrice, se caractérise par son désir d'arrêter l'histoire. Les bourgeois communistes voulant sortir de l'histoire là où les bourgeois réactionnaires veulent arrêter tout progrès ou même revenir à une période figée.

La scène politique occidentale n'est faite que de règlements de comptes entre bourgeois qui monopolisent l'espace public pour diffuser leurs préoccupations, leurs horizons mentaux, leur vocabulaire, leurs peurs et leurs fantasmes. C'est pourquoi il faut refuser la grille de lecture proposée par leur système.

7.3 Le chariot bourgeois de la fausse politique

La fausse politique est un chariot tiré par la mule prolétaire, qu'on fait avancer sous la menace d'un bâton et la promesse d'une carotte. Ce chariot avance grâce à deux roues parallèles : la roue du gauchisme, et la roue du conservatisme.

La fausse politique est entièrement fondée sur le faux dilemme entre la gauche et le conservatisme bourgeois. Les conservateurs sont à tort désignés comme « la droite » et les gauchistes sont à tort présentés comme anti-bourgeois.

La gauche attire en promettant la lutte contre toutes les oppressions. Les conservateurs attirent en promettant de défendre « notre identité ». La gauche comme les conservateurs entretiennent délibérément le flou sur quelles oppressions et pour quelle identité ils se battent. Si bien que chacun projette ses espoirs sur des partis qui ne prennent même pas la peine de promettre précisément de les réaliser.

Le peuple élit la gauche en croyant qu'elle va le protéger des oppressions bourgeoises, et se retrouve avec des élites qui décrètent que les prolétaires blancs sont des bourgeois privilégiés qui doivent s'écraser devant la diversité, seule vraie victime d'oppression digne d'être défendue.

Puis le peuple élit les conservateurs en pensant qu'ils vont défendre son identité contre l'immigration, et se retrouve avec des élites qui défendent une identité religieuse multiraciale et assimilationniste, et qui ne lèvent pas le petit doigt contre le remplacement ethnique.

Chacun des deux camps fait la propagande de l'autre. La gauche fait croire aux prolétaires de droite que le camp conservateur est le défenseur de la race blanche. Les conservateurs font croire aux prolétaires de gauche que la gauche fait la chasse aux bourgeois. En vérité, le camp conservateur ne se bat pas pour la race blanche mais pour l'identité chrétienne qui est précisément antiblanche, et la gauche fait tout sauf la chasse aux bourgeois, puisqu'elle renforce les privilèges bourgeois en consolidant le système néocorporatiste et en criminalisant l'opposition des prolétaires au remplacement.

C'est également par le spectacle lamentable de leur rhétorique que chacun des camps sert de rabatteur au camp d'en face. La soumission répugnante des conservateurs à l'Église, leurs indignations de grand-mère méchante, leur radotage de poncifs décadentistes, leur étalage d'entre-soi bourgeois, leurs faciès de détraqués, leur indécence de corrompus gavés d'argent public n'ayant jamais travaillé mais insistant sur la nécessité de « *mettre les chômeurs au travail* », traquant les prolétaires récalcitrants au salariat en les accusant d'être des « assistés » et des « profiteurs »… Tous ces éléments sont tellement vomitifs en soi, qu'ils sont responsables de la plupart des votes à gauche.

Quant à la gauche, elle est responsable de la plupart des votes pour le camp conservateur, tant elle se vautre dans le ridicule quand elle hurle au nazisme dès que quiconque émet la moindre critique de l'immigration, quand elle voit des rafles de juifs dans chaque intervention de police contre des mafieux, quand elle pousse des cris d'extase dès qu'elle voit un noir réciter l'alphabet, quand elle traite de privilégiés les smicards blancs, quand elle hurle au « pas d'amalgame » au centième attentat islamiste tout en dénonçant le retour des heures les plus sombres à chaque fois que quelqu'un veut juste faire respecter la loi.

Bourgeois de gauche et bourgeois conservateurs servent chacun la cause de l'autre en se drapant dans des causes qu'ils maltraitent : les gauchistes sabotant la cause progressiste et les conservateurs, la cause identitaire. Les deux sabotent ce qui est censé être leur chasse gardée, et la seule raison objective pour laquelle ils recrutent et retiennent l'attention. Ce sabotage est logique, car avec le progrès, il n'y aura plus besoin de la gauche, et avec la remigration il n'y aura plus besoin des conservateurs.

Avec le progrès et la remigration, personne n'aura plus besoin ni de la gauche ni du conservatisme. Les deux roues du chariot de la fausse politique seraient brisées, et la mule, libérée de son attelage.

7.4 Le conservatisme, ce combat bourgeois pour que la droite n'existe pas

À gauche, on ne peut se faire expulser que parce qu'on n'est pas assez de gauche. À « droite », on ne se fait expulser que parce qu'on est trop de droite. Être gauchiste n'est jamais un motif d'expulsion à « droite ». La raison est simple : la droite n'existe pas, la totalité des politiques qui se font élire sous la bannière « de droite » sont en réalité des conservateurs qui mettent toute leur énergie à empêcher l'existence même de toute droite en Occident.

La droite n'existe à ce ce jour que sous une forme embryonnaire dans le cœur des électeurs de droite. Elle n'existe encore nulle part sous une forme organisée dans le paysage politique.

Les conservateurs agitent les thèmes de la sécurité, de l'identité et de la liberté d'entreprise pour capter sans effort les votes de l'électorat de droite.

Les conservateurs usurpateurs mettent plus d'énergie à piétiner le champ politique pour qu'aucune droite n'y pousse, et à saboter toute tentative d'émergence de la droite, plutôt qu'à combattre la gauche. Avec leur déclaration de guerre au progressisme, c'est maintenant devenu une évidence : ils tiennent à ce que tout progressisme soit vu comme mauvais et à ce que la droite ne soit jamais qu'un synonyme de conservatisme.

L'inquisition antiraciste qui criminalise toute opposition à l'immigration n'existe que parce que le camp conservateur, pétri d'assimilationnisme chrétien, adhère profondément à l'idée que la chasse aux racistes doit être une priorité civilisationnelle. La *cancel culture* ne fonctionne que parce que la fausse droite l'applique. Si la gauche était la seule à faire appliquer l'inemployabilité à vie des personnes accusées de racisme, ça ne pourrait en aucun cas les mener à être inemployables partout.

Les conservateurs et les gauchistes travaillent donc main dans la main à ce qu'aucune droite remigrationniste ne puisse voir le jour.

Le conservatisme constitue en soi une déclaration de haine envers la race blanche. Être conservateur, c'est militer pour que les occidentaux soient encadrés autoritairement par un ordre moral forcé, et c'est être persuadé qu'un peuple blanc libéré deviendrait automatiquement décadent, puisqu'étant ontologiquement porté à l'avachissement. Le conservatisme repose sur la conviction que notre peuple ne mérite pas d'être libre. À l'inverse, être de droite, c'est se battre pour la liberté du peuple blanc, c'est avoir foi en sa capacité à progresser, à s'élever, à créer, à rayonner par lui-même.

8- Les périls immédiats

8.1 Le remplacement ethnique des Européens

Le remplacement racial est un crime historique commis par la bourgeoisie blanche à l'encontre des peuples blancs. Remplacement racial et remplacement ethnique sont des quasi-synonymes. Pour changer de peuple (*ethnos*), on en change la composition raciale, on procède à un remplacement ethnique. La bourgeoisie dans son ensemble organise le remplacement racial pour humilier, affaiblir et punir le prolétariat blanc de sa désobéissance.

Par le remplacement racial, la bourgeoisie détruit tous les efforts accomplis par le prolétariat pour accéder à une meilleure qualité de vie — liberté et sécurité — et elle sabote les liens fraternels entre prolétaires européens par la cohabitation forcée du prolétariat blanc avec des communautés non-européennes qui se haïssent entre elles et haïssent le prolétariat blanc. Le changement de composition du peuple permet de modifier en profondeur les rapports de force en Occident. Le remplacement racial permet à la bourgeoisie blanche d'affaiblir le pouvoir politique du prolétariat blanc : avec le remplacement racial, le prolétariat blanc cesse d'être la majorité en lutte contre la minorité bourgeoise, et devient une minorité parmi d'autres minorités. Au niveau local, ce processus est déjà achevé dans de nombreuses villes : les prolétaires blancs qui jadis composaient 90 % de la population n'en représentent désormais plus que 20 %, ce qui change tout, absolument tout, dans les rapports de force politiques.

La bourgeoisie patronale organise le remplacement racial pour punir le prolétariat blanc d'avoir obtenu plus de droits salariaux : par le remplacement racial, elle se constitue une réserve de travailleurs atomisés, malléables et corvéables à souhait, et elle montre aux prolétaires autochtones qu'ils sont remplaçables.

La bourgeoisie de gauche organise le remplacement racial pour punir le prolétariat blanc d'avoir embrassé le capitalisme libéral et cessé de voter pour la gauche.

La bourgeoisie conservatrice chrétienne organise le remplacement racial pour punir le prolétariat blanc d'avoir déserté les églises et rejeté l'autorité de la vieille bourgeoisie qui se prenait pour le pater familias des blancs. « *Chassez le christianisme et vous aurez l'islam* », braient-ils en chœur à n'en plus finir. Sous-entendu : « *Prolétaires blancs, les attentats islamistes et la dégradation de votre quotidien par la présence musulmane sont le juste châtiment de votre désobéissance. Vous avez voulu vous libérer du christianisme ? Nous vous envoyons l'islam.* » Les tirades anti-immigration et anti-islam de la bourgeoisie conservatrice puent toujours le mensonge : l'islam et l'immigration sont une aubaine qui lui permet de hameçonner des électeurs, et l'islam en particulier sert de faire-valoir pour refourguer aux blancs le christianisme dont ils ne veulent plus. Sans la présence massive de musulmans sur le territoire européen, les conservateurs n'auraient plus grand chose à dire et plus personne en dehors de la bourgeoisie pour les écouter. Sans la présence massive de musulmans sur le territoire européen, les conservateurs n'auraient plus grand chose à dire et plus personne en dehors de la bourgeoisie pour les écouter.

Ces trois bourgeoisies s'entremêlent souvent au sein d'une même famille et de nombreux individus bourgeois appartiennent à plusieurs de ces types de bourgeoisie.

Toute la bourgeoisie blanche a organisé et continue d'organiser le remplacement racial des prolétaires blancs, y compris celle qui agite de vagues slogans anti-immigration dans les partis conservateurs de la fausse droite.

En organisant le remplacement racial, la bourgeoisie dépossède le prolétariat de son œuvre, l'Occident, et ruine tous les efforts d'élévation sociale, matérielle et morale du prolétariat européen. En proclamant que n'importe qui peut devenir européen du moment qu'on lui donne des papiers (ou qu'il se fait baptiser), la bourgeoisie déclasse le prolétariat européen pile au moment où celui-ci parvenait enfin à accéder à une dignité pratiquement égale à celle de la bourgeoisie européenne.

En organisant le remplacement racial, le message que la bourgeoisie blanche envoie au prolétariat est le suivant : « *Vous qui avez bâti ce continent par votre travail, votre génie et vos sacrifices, vous voulez être reconnus comme des citoyens égaux à nous et avoir les mêmes droits et libertés que nous ? D'accord, mais dans ce cas, n'importe qui pourra obtenir ce même statut, et nous utiliserons vos impôts pour donner les mêmes droits, la même reconnaissance, les mêmes avantages à n'importe quelle personne, d'où qu'elle vienne, quoi qu'elle ait fait, qui vient de débarquer et dont les ancêtres n'ont contribué en aucune manière à façonner ce continent. En vous élevant à notre rang, vous nous avez détrônés, alors nous*

Le remplacement ethnique est une arme de la bourgeoisie blanche pour ruiner les efforts d'élévation du prolétariat blanc, pour détruire la solidarité populaire face à la bourgeoisie, et pour punir le prolétariat de sa désobéissance.

La palme d'or du culot anti-prolétaire revient à la gauche qui accuse les prolétaires blancs de « nous diviser » quand ceux-ci se révoltent contre le remplacement racial. Diviser qui ? Qui est ce « nous » ? Pourquoi le peuple blanc devrait-il se sentir solidaire d'une bourgeoisie qui lui fait la guerre ? L'immigration a toujours été un outil de la bourgeoisie pour casser les grèves, tirer les salaires à la baisse, gonfler le chômage et créer un dumping social. Pourquoi les prolétaires blancs devraient-ils se sentir solidaires de peuples importés pour servir d'instruments de la vengeance bourgeoise ? Ce sont les bourgeois qui divisent le peuple en lui imposant la cohabitation forcée avec des peuples qui le haïssent et dont ils n'ont de cesse d'attiser la rancœur anti-blancs. Ce sont les bourgeois qui divisent pour mieux régner en installant des minorités ethniques au sein des peuples européens, de manière à transformer un prolétariat européen relativement homogène en un puzzle balkanisé.

La bourgeoisie de gauche prend soin d'exciter les immigrés non-blancs contre les prolétaires blancs. Les médias du service public et associations subventionnées répètent en boucle aux non-blancs pauvres que les blancs les méprisent, les discriminent, exercent à leur encontre leur privilège blanc après les avoir esclavagisés et colonisés. Même au summum de sa xénophobie, le prolétariat blanc n'a jamais discriminé ni méprisé le prolétariat non-blanc autant que la bourgeoisie blanche discrimine et méprise les prolétariats blancs et non-blancs. Le but de la propagande antiblanche de la bourgeoisie de gauche est de faire oublier la discrimination massive opérée par la bourgeoisie à l'encontre de tous ceux qui ne font pas partie de ses réseaux, et de faire en sorte que la frustration sociale des prolétaires non-blancs se dirige vers les prolétaires blancs et non vers la bourgeoisie blanche.

La stigmatisation des prolétaires opposés au remplacement racial par la bourgeoisie de gauche est systématiquement teintée de mépris social. Le prolétaire anti-immigration est dépeint sous les traits d'un plouc ignorant et la presse de gauche le qualifie de « complotiste », pour mettre les opposants au remplacement dans la même catégorie infâmante que les ignares qui croient à la Terre plate et au complot des Illuminatis reptiliens. La gauche a le culot d'affirmer dans le même temps que le remplacement de population n'a pas lieu, mais qu'il est la solution à tous nos problèmes : « *L'immigration est une chance pour la France* », « *c'est grâce à l'immigration africaine que nous finançons nos retraites et résolvons le déséquilibre démographique de l'Europe* », « *ce sont les maghrébins et les africains qui ont construit notre pays après la guerre* ». La gauche brandit depuis des décennies le remplacement ethnique comme solution à tous nos problèmes, milite ouvertement pour accélérer le remplacement, puis a le toupet d'affirmer que le remplacement est un fantasme conspirationniste.

Outre le terrorisme, la délinquance, le déclassement, la dégradation de qualité de vie et le dumping social, le remplacement ethnique a des conséquences négatives bien plus profondes encore sur la vie politique occidentale et les perspectives d'avenir des peuples occidentaux.

Le remplacement racial transforme les prolétaires blancs en une minorité ethnique parmi d'autres. À l'échelle locale, et de plus en plus à l'échelle nationale, la majorité prolétaire devient une minorité parmi d'autres minorités, et les revendications et aspirations du peuple qui a bâti l'Europe sont présentées comme pas plus légitimes que celles des « *mamans voilées qui réclament des horaires aménagés à la piscine pour pouvoir se baigner en hijab de bain en non-mixité* ». Il est bien plus aisé pour la bourgeoisie de défendre ses intérêts de classe face à un peuple atomisé en une myriade de minorités ethniques rivales, que face à un peuple homogène et soudé.

Le remplacement ethnique, parce qu'il consiste en la cohabitation forcée de peuples qui se détestent, amène mécaniquement à une multiplication des conflits et violences, qui servent ensuite de prétexte à la bourgeoisie pour mettre en place des politiques sécuritaires liberticides. Les réactions de rejet du remplacement par les populations autochtones, qui sont tout ce qu'il y a de plus prévisible et de plus inévitable, permettent à la bourgeoisie de criminaliser les luttes autochtones sous couvert de « lutte contre le racisme ». La chasse aux prolétaires blancs racistes financée par leurs propres impôts ne faiblit jamais, même dans les années où 300 autochtones sont assassinés sur notre sol par des arabes islamistes tandis qu'aucun mort ni blessé n'est à déplorer dans l'autre sens.

Le remplacement ethnique est également un rouage essentiel dans tous les projets politiques rétrogrades des lobbies bourgeois. Le remplacement ethnique, et sa manifestation la plus insupportable, l'islamisation, permettent à la bourgeoisie chrétienne conservatrice de survivre électoralement. L'islam sert de faire-valoir aux chrétiens conservateurs, que plus aucun prolétaire blanc n'écouterait s'ils ne présentaient pas le christianisme comme le seul rempart possible contre l'islamisation. L'immigration extra-européenne est une chance pour le christianisme, puisque sans l'immigration africaine, bien plus d'églises encore seraient vides en Europe. L'avenir du christianisme est en Afrique, alors pour sauver la présence chrétienne en Europe, le christianisme a besoin que l'Europe s'africanise.

La gauche immigrationniste a saboté le progressisme en étiquetant comme « progressiste » le remplacement ethnique, mettant dans le même sac les droits des femmes ou des homosexuels et le droit des islamistes à coloniser l'Occident. Nul n'écouterait les sornettes des chrétiens qui hurlent à la décadence et présentent le progrès comme une « menace délétère » si la gauche n'avait pas eu cette idée criminelle d'introduire le remplacement racial dans le *pack* obligatoire du progrès. *« Vous voulez que les homosexuels aient le droit de se marier comme tout le monde et que les femmes puissent obtenir justice quand elles sont harcelées sexuellement par leur patron ? D'accord, mais dans ce cas, vous devrez vous montrer tolérants face à la burqa, et ne pas discriminer à l'embauche les islamistes militants de l'apartheid sexuel des femmes et de la pendaison des gays »* : voilà ce que dit la gauche au peuple blanc, et voilà comment la gauche sabote sur le long terme la cause progressiste. La gauche rétrograde procède à une prise en otage du progressisme en enchaînant le remplacisme au progrès, plaçant de force les occidentaux face à un dilemme : si les occidentaux veulent des progrès sociaux, ils doivent accepter la tiers-mondisation de leur civilisation par des minorités d'intégristes musulmans et des gangs violents, et s'ils ne veulent pas de cette tiers-mondisation, alors ils doivent se soumettre aux chrétiens rétrogrades qui veulent annuler les progrès sociaux de l'Occident.

La gauche immigrationniste pro-islam jette dans les bras des chrétiens conservateurs les Européens qui refusent que l'islam détériore les progrès sociaux européens. Les chrétiens conservateurs jettent dans les bras de la gauche immigrationniste pro-islam les Européens qui refusent que l'Église détériore les progrès sociaux européens. En forçant systématiquement les blancs à choisir entre la burqa et la soutane, la gauche immigrationniste et la fausse droite chrétienne s'aident mutuellement pour empêcher l'émergence sur la scène politique de toute force intégralement progressiste. Ils sont les deux bras du même colosse bourgeois qui assassine le peuple.

Autre sabotage du progrès occidental par la gauche immigrationniste : la destruction de la laïcité. En instituant « l'inclusivité » comme priorité civilisationnelle, la gauche rend illégale la critique de l'islam et interrompt de force le processus de laïcisation de l'Occident. Ce sabotage de la laïcité et de la sécularisation profite à toutes les autres religions théocratiques et va à l'encontre de l'aspiration profonde du peuple blanc qui ne cesse de s'auto-déchristianiser.

Le remplacement ethnique contribue à la tiers-mondisation de l'Europe en travestissant la notion de progrès et en faisant le jeu de toutes les religions totalitaires, mais aussi en détournant les débats et les ressources vers des préoccupations du tiers-monde. Le remplacement, source inévitable de violences raciales et religieuses, provoque la tiers-mondisation de notre actualité et de notre vie politique. La priorité civilisationnelle devient la lutte contre le racisme. On discute indéfiniment de comment convaincre les jeunes musulmans « français de quatrième génération » de ne pas aller des des camps militaires pour y apprendre à égorger les occidentaux mécréants, de comment éviter les guerres de gangs entre Tchétchènes et Algériens, de quels plots de béton installer devant nos monuments pour limiter les attaques par voiture-bélier, et du degré de responsabilité des autochtones dans les tabassages et les égorgements qui les visent. Pendant que les débats publics s'embourbent autour de ces questions sans jamais nommer le remplacement racial qui en est la cause, les grands enjeux de civilisation passent totalement à la trappe.

8.2 Le nouveau danger islamique

Le principal risque apporté par l'islam n'est pas que les gens se convertissent en masse, tout comme le principal danger avec les chrétiens n'est pas qu'ils rétablissent la théocratie. Non, le danger est que ces deux virus mentaux nous épuisent, nous sabotent, détraquent notre système immunitaire au point de nous affaiblir et de nous ralentir à l'extrême.

L'islam est une arme anti-occidentale utilisée par les deux grandes forces rétrogrades bourgeoises : l'islam est agité en épouvantail par les chrétiens conservateurs et protégé par la gauche.

Les chrétiens ont besoin de l'islam pour faire croire que tous nos maux viennent de la déchristianisation (« *Chassez le christianisme et vous aurez l'islam* », « *La nature a horreur du vide* ») et se présenter en sauveurs. Sans l'immigration ni l'islam, personne ne les écouterait plus. L'islam joue pour les chrétiens conservateurs à la fois le rôle d'épouvantail pour pousser la population légitimement apeurée dans ses bras de faux protecteurs, et un rôle de faire-valoir, pour relativiser l'arriération et l'obscurantisme du projet de société chrétien. Les chrétiens font la courte échelle à l'islam parce que celui-ci est pour eux le seul moyen de faire croire que l'Église au centre de l'État sauverait l'Occident. Les chrétiens conservateurs présentent le christianisme comme le remède à l'islamisation, tandis que toutes les églises d'Occident organisent l'islamisation. L'islam est l'élément central de la politique de pompiers pyromanes menée par les lobbies chrétiens en Europe.

La gauche a besoin des musulmans comme prolétariat de substitution, puisque le prolétariat blanc ne vote plus pour elle depuis qu'il a acquis un niveau de vie décent, et comme punition, pour démoraliser, humilier, épuiser le prolétariat blanc qui ne veut plus de la gauche comme tuteur moral. Inviter en masse des musulmans à s'installer en Europe dans les quartiers populaires blancs est une stratégie de punition raciale. Le versant gauchiste de la race bourgeoise veut punir la race prolétaire de sa désobéissance. La gauche recourt toujours à une rhétorique raciale quand elle défend les musulmans : elle présente l'afflux de populations musulmanes comme un « ensemencement », un « enrichissement » et l'attachement des peuples européens à la laïcité comme une lubie raciste. Estimant que la laïcité doit être détruite au motif que celle-ci serait trop vexante pour les nouveaux arrivants musulmans, la gauche accuse les défenseurs de la laïcité d'être le bras armé de la suprématie blanche et inflige un chantage au racisme à quiconque ne se soumet pas à l'islam.

Ainsi, l'islam permet aux lobbies conservateurs chrétiens de saboter les progrès de l'Occident par une emprise politique totalement disproportionnée par rapport à leur poids réel dans la population, tandis qu'il est utilisé par la gauche pour détruire la laïcité et punir le prolétariat blanc. L'islamisation de l'Occident crée une émulation des intégristes religieux et des ennemis de l'Occident. La principale menace apportée par l'islam, c'est celle d'un lent pourrissement, d'une longue régression, qui peut avoir des effets dramatiques quand on sait combien des puissances impérialistes comme la Chine pourraient nous asservir si nous nous enlisions dans le sous-développement, notamment dans le champ technologique.

Cela s'est déjà produit lors de la longue nuit chrétienne qui mit l'Occident à terre pendant 1500 ans, mais à l'époque les Européens avaient pu compter sur le fait qu'aucun autre peuple n'était parvenu à les dépasser de manière significative sur le plan technologique, économique, militaire et scientifique. Si une deuxième nuit, cette fois-ci sous la triple emprise islamique, gauchiste et chrétienne, plongeait de nouveau l'Occident dans les ténèbres, nous n'aurions pas une seconde fois la chance de n'avoir pas de concurrents sérieux. Les rivaux de l'Occident ont en effet pleinement assimilé tout l'héritage technologique, économique, militaire et scientifique qui leur permettrait de nous dépasser et de nous dominer.

L'islam est dangereux pour l'Occident non pas du fait d'un risque de conversion du peuple, mais par le même mécanisme qui a offert l'empire romain aux chrétiens. Les chrétiens étaient minoritaires, cantonnés aux élites, mais au fil des siècles, les ambitions politiques ont poussé les élites à se convertir, en raison du chantage religieux et de la victimisation chrétienne.

En effet, qui ne se convertit pas se voit toujours la cible du harcèlement, de l'ostracisation et du dénigrement par les croyants, de la désobéissance civile et militaire, du sabotage, voire de l'assassinat, et voit sa carrière détruite au profit de ceux qui prônent

« l'union » et finiront forcément par se convertir. Alors que celui qui se dit croyant et mène une politique favorable aux croyants sera vu comme rassembleur, et verra sa carrière propulsée dans un système encourageant le concours du plus zélé en broyant les non-zélés. Toute la littérature européenne, remplie de prêtres cupides, de prélats corrompus, de moines lubriques, de faux dévots, montre combien la folie chrétienne fut maintenue par des gens de pouvoir qui ne croyaient même pas sérieusement aux dogmes chrétiens.

La soumission commence par des marginaux et se poursuit par la tête, laissant le peuple écrasé par l'étau entre les marginaux violents et les élites ambitieuses.

C'est la tenaille islamiste : les islamistes d'un côté, avec leurs marginaux ultra-violents, et de l'autre, les élites qui vont cataloguer comme clivant quiconque s'oppose à l'islam. Dans ce système, toute personne ambitionnant de gravir les échelons parviendra à éjecter celui qui sera un détracteur ou un défenseur moins zélé de l'islam, pour avoir une chance de monter. Ce système crée un climat d'auto-censure généralisée et d'inflation des discours pro-islam, affectant même des gens qui n'y croient pas et n'ont pas forcément une ambition démesurée.

Ces religions de folie que sont l'islam et le christianisme n'influencent pas tant du fait des rares conversions qu'en ce qu'elles déteignent aussi sur les personnes sans religion.

Chaque personne a un système immunitaire, mais peut être affaiblie et adopter des lubies que les personnes contaminées lui transmettent. Le sabotage réactionnaire peut nous faire perdre 500 ans.

Aujourd'hui, nous avons pris civilisationnellement tellement d'altitude par rapport à l'obscurantisme musulman que le lobby chrétien conservateur représente le dernier pont culturel avec l'islam. La bourgeoisie chrétienne entretient des liens très étroits avec les musulmans du Proche-Orient et de l'Iran. Le Vatican et les autres mouvements chrétiens coopèrent dans un dialogue islamo-chrétien bien plus important que l'inexistant dialogue entre l'Église et les peuples européens. Les ONG pro-migrants, chrétiennes en très grande majorité, dépensent des millions dans l'islamisation et le remplacement ethnique de l'Europe. Des penseurs chrétiens ont même théorisé le « djihad œcuménique » ou le « front de la foi », que les autres appliquent naturellement dans une alliance culturelle avec les musulmans contre le progressisme social et le libéralisme sexuel de l'Occident.

Dans son obsession à déclarer notre civilisation décadente et notre peuple dégénéré, le christianisme fait la courte échelle à l'islam en Occident. C'est le plus direct et le plus large pont culturel entre l'islam et notre monde. Ménagez le christianisme et vous aurez l'islam.

8.3 L'immigration extra-européenne, armée de réserve de la Réaction

L'immigrationnisme décomplexé de la gauche nous fait souvent oublier combien le camp conservateur bénéficie du remplacement ethnique et l'organise. Le christianisme et les idées réactionnaires sont en chute libre chez les blancs partout en Occident. Seul l'afflux de populations extra-européennes permet au camp chrétien conservateur de se constituer une armée de réserve sans cesse renouvelée.

Même si les minorités ethniques extra-européennes votent généralement pour la gauche, elles n'en constituent pas moins un réservoir précieux de recrutement réactionnaire. À l'heure où ce sont les algorithmes des réseaux sociaux qui déterminent la visibilité publique de toute parole, les extra-européens sociétalement réactionnaires constituent un levier de clics crucial pour les conservateurs, dont le message ne séduit plus les Européens depuis longtemps.

Il y aurait une sévère pénurie de prêtres en France si les africains et les asiatiques n'étaient pas là pour compenser la fuite des blancs hors du christianisme. Les immigrés musulmans constituent une cible d'évangélisation bien plus rentable pour l'Église que les blancs. La conversion au christianisme est en effet un moyen simple d'ascension sociale et raciale pour les immigrés extra-européens. Dans les milieux bourgeois chrétiens conservateurs, les arabes chrétiens sont par exemple unanimement considérés comme plus blancs que les prolétaires blancs. En France, un bourgeois chrétien conservateur estime toujours qu'un arabe ou un africain qui se convertit au christianisme et qui déclame du Lamartine est « plus français » qu'un prolétaire blanc athée peu cultivé dont les ancêtres ont vécu sur le territoire de France depuis des temps immémoriaux. Ainsi, la bourgeoisie conservatrice censée dénoncer le remplacement ethnique a unanimement trouvé formidable que Jeanne d'Arc, l'icône des nationalistes chrétiens les plus hostiles à l'immigration, soit incarnée par une jeune métisse chrétienne d'origine béninoise lors des fêtes johanniques.

On observe avec une remarquable régularité les mêmes phénomènes dans la bourgeoisie chrétienne conservatrice de chaque pays occidental. Il y suffit qu'un africain débarqué depuis six mois déclare son amour du Christ et de la Patrie qui l'accueille, pour que la bourgeoisie conservatrice locale en fasse une mascotte, lui tende tous les micros, et l'adoube « plus français », « plus américain », « plus british » que vous.

En bons chrétiens, ils considèrent que l'appartenance à un peuple se fait par conversion. Ils ne comprennent pas que le peuple blanc puisse exister sans le christianisme. Le titre d'appartenance à telle ou telle nation européenne, ils le donnent à qui sera le larbin le plus zélé du christianisme. Ils se comportent exactement comme des parents qui décideraient que leur enfant n'est plus leur fils, et que tel enfant qu'ils viennent de croiser dans la rue est « davantage leur fils » parce qu'il aurait de meilleures notes à l'école.

Les chrétiens conservateurs sont profondément habités par le fantasme d'une élite chrétienne métisse œcu-

ménique. Ils se pensent les gardiens de l'identité nationale.

8.4 Le néocorporatisme bourgeois

L'accaparement des démocraties libérales et du capitalisme par la bourgeoisie n'a pas cessé, mais se manifeste désormais de manière plus subtile, plus sournoise
que par le passé. Cet accaparement bourgeois prend
aujourd'hui la forme du néocorporatisme, système de
connivence entre les institutions de l'État et les lobbies
bourgeois par lequel l'État confère de manière antidémocratique des monopoles ou des oligopoles à des
groupes privés, sous couvert tantôt de justice sociale,
tantôt de rationalité économique. Les lobbies prennent
des formes variées : ils peuvent être des entreprises ou
des groupes d'entreprises, des ONG ou des groupes
informels.

Le néocorporatisme crée un trompe-l'œil de plura-
lisme démocratique. En finançant et en favorisant des
lobbies, l'État se met en scène comme étant à l'écoute
de la « société civile », attentif à l'engagement des
citoyens dans diverses causes. Non seulement cela permet au gouvernement de redorer son blason, mais en
plus, le néocorporatisme permet à la bourgeoisie de
contrôler quelles revendications politiques ont droit de
cité. Les associations qui arrangent le pouvoir capteront
financements et validation institutionnelle, ce qui permet à quelques lobbies de prendre artificiellement de la
puissance et de la force de frappe médiatique, tandis
que des causes infiniment plus soutenues par la popula-

tion seront ignorées voire censurées, fabricant ainsi une vision totalement déformée de « l'opinion publique ».

Le système néocorporatiste permet également à l'État et aux lobbies bourgeois de donner un os à ronger aux militants de certaines causes, tout en les contrôlant par le chantage et la précarisation. Ce phénomène est particulièrement flagrant dans le cas du féminisme : les féministes n'obtiennent de subventions et de relais que dans la mesure où elles sacrifient les aspects les plus subversifs du féminisme. La bourgeoisie remplaciste fait un chantage permanent aux féministes : « *Nous vous aidons à condition que vous vous taisiez sur tout ce qui peut offenser la diversité et faire obstacle au vivre-ensemble, que vous donniez votre caution féministe à notre projet de société basé sur l'importation massive d'hommes misogynes, et que vous vous débarrassiez de toutes les féministes gênantes.* » À ce chantage s'ajoute la précarisation : sous couvert de soutien aux initiatives féministes, l'État maintient en position de sous-traitantes sociales des organisations féministes accomplissant un travail qui devrait relever d'un service public permanent. Les droits des femmes demeurent ainsi révocables à chaque instant, à la merci du moindre remaniement ministériel ou volte-face de subvention. Le Planning Familial, qui assure des missions essentielles de santé, d'information, d'accès à la contraception et à l'IVG, voit sa survie régulièrement compromise, au gré des aléas de la cuisine politique, alors qu'il fait le travail du service public.

D'une main, le système néocorporatiste précarise des causes qui devraient être intégrées de manière permanente au service public, et de l'autre main, il confère une validation institutionnelle et des financements publics à des lobbies qui court-circuitent la démocratie, quand ils ne sont pas carrément des organes de militantisme anti-démocratie.

C'est le système néocorporatiste qui permet à des associations et institutions d'organiser le remplacement ethnique pour lequel le peuple n'a jamais voté ni même été consulté. Avant, c'était la bourgeoisie qui payait pour faire venir sa main d'œuvre crève-la-faim. Aujourd'hui, la bourgeoisie fait payer le peuple et se fait subventionner pour importer la main d'œuvre pas chère. C'est aux prolétaires de financer leur propre dumping social. La bourgeoisie encaisse les bénéfices du remplacement ethnique, et les prolétaires se débrouillent avec le chômage, le dumping social, l'insécurité et le pourrissement de leur cadre de vie.

Le néocorporatisme fonctionne selon le principe « *privatisation des gains, socialisation des pertes* ». Le financement de quelques nobles causes (moyennant de sérieuses concessions, nous l'avons vu) sert de caution au système global des subventions néocorporatistes qui dans leur majorité financent des entreprises privées et des fausses associations plus ou moins militantes.

Les connivences bourgeoises permettent à des entreprises et des associations d'obtenir des financements publics en l'échange de promesses plus ou moins fumeuses de « sauvegarde de l'emploi » ou d'engagement dans diverses causes déclarées d'utilité publique (l'écologie, la diversité, l'égalité hommes-femmes, etc.). Les lobbies religieux profitent grassement de ce système, qui sape la laïcité de manière antidémocratique en octroyant des financements publics et une reconnaissance étatique des groupes religieux, et qui fait survivre artificiellement des religions liberticides contre la volonté des peuples occidentaux, lesquels ne cessent de se déchristianiser d'eux-mêmes.

Le néocorporatisme dépolitise la vie politique occidentale. Le néocorporatisme, c'est l'institutionnalisation des lobbies sous couvert de politique sociale. Il donne une coloration apolitique à des lobbies politiques et leur donne les moyens d'agir sans passer par l'épreuve de l'arène politique. Des myriades de projets et d'associations sont payées par l'État pour faire la propagande qui arrange l'État, et la validation institutionnelle, couplée à une rhétorique aseptisée mi-morale, mi-sociétale, déguise le militantisme politique en simple réponse à un besoin sociétal. Ce n'est pas le rôle de l'État que de financer de la propagande politique avec l'argent du contribuable, via, entre autres, les subventions et les crédits d'impôts aux associations. On assiste ainsi à une complexification extrême des ramifications étatiques et à la création de multiples corps intermédiaires entre le public et le privé. Encouragés par l'État et par la galaxie de groupes privés impliqués dans le système néocorporatiste, les lobbies développent une novlangue visant à faire passer leurs activités pour des œuvres d'utilité publique, comme des réponses à des besoins sociétaux, ce qui leur permet de s'assurer un monopole : se gaver tout en accroissant l'exclusion politique des groupes qui ne maîtrisent pas ces codes de la bourgeoisie hors-sol. Plus une « initiative citoyenne » est truffée de mots-clés tels que « inclusivité », « diversité », « vivre-ensemble », « mixité », « jeunes des quartiers populaires », plus vous pouvez être certain qu'elle exclut les prolétaires blancs. Cette complexification de l'action publique, cette prolifération de corps intermédiaires entre l'État et le privé et cette exclusion déguisée en inclusivité génèrent dans la population un sentiment légitime de dépossession et d'impuissance, et mène à la dépolitisation de masse.

Le néocorporatisme opère une double dépossession : il dépossède le peuple de l'État censé le servir, et il dépossède le peuple de sa capacité d'initiative privée. D'où un sentiment de dépossession aussi fort au sein du prolétariat de sensibilité gauchiste qu'au sein du prolétariat de sensibilité dextriste. Comment s'étonner ensuite de la prolifération de discours conspirationnistes articulés autour de la conviction qu' « on nous cache tout » ?

Le néocorporatisme est un système de double ingérence : ingérence de l'État dans la vie des entreprises, médias, partis et toutes sortes d'initiatives privées, et ingérence des lobbies privés dans les politiques publiques. Les grands gagnants de ce système sont les bourgeois, dont le carnet d'adresse et la maîtrise de la novlangue néocorporatiste leur permet d'accéder aux financements publics et privés et à la validation institutionnelle.

Des circuits économiques entiers ne sont que des bulles crées de toutes pièces par le système néocorporatiste. En distribuant des subventions et divers labels de validation institutionnelle, l'État empoisonne le marché libre en déversant un nombre incroyable de parasites économiques, de jolis concepts vides abreuvés de subventions, rivalisant pour être vus comme disruptifs et choisis dans l'écosystème de ce faux marché. Là où la libre compétition devait sélectionner les entreprises les plus efficaces par le juste darwinisme économique, le marché est pollué par un nombre croissant de structures dysgéniques mettant toute leur énergie à paraître innovantes et prometteuses. Ce favoritisme institutionnalisé matérialisé par les subventions, les validations institutionnelles, l'économie parallèle des startups et de l'économie sociale et solidaire ainsi que les marchés publics constitue un système de concurrence déloyale organisée.

Le néocorporatisme est un marché bourgeois déconnecté de la demande, qui se réfugie dans le conceptuel pour ne pas être jugé sur les résultats. Le concept au détriment de l'utilité, donc de la demande. Après avoir fait traverser des crises économiques catastrophiques en voulant produire sans donner aux prolétaires les moyens de consommer, face à des prolétaires qui aujourd'hui ont les moyens de consommer, le monde des startups trahit le mépris bourgeois pour la demande populaire en se déconnectant totalement de la demande, en remplaçant l'utilité par le conceptuel. Le but est de briller entre bourgeois et de donner aux prolétaires une fausse notion de ce qui marche, afin de recentrer l'économie sur le nombril de la bourgeoisie et non plus sur les consommateurs.

Le néocorporatisme n'est pas seulement un pillage de l'argent du contribuable par la bourgeoisie. Bien pire que ça, le néocorporatisme favorise des entreprises et des entrepreneurs qui ne devraient jamais l'être et brouille le marché, faisant croire à des entrepreneurs naïfs qu'il faudrait imiter ces startups qui n'ont pour seul but que d'avoir l'air de fonctionner. Le néocorporatisme, c'est l'argent du contribuable au service des passe-temps bourgeois pendant que le pays se tiers-mondise.

Le néocorporatisme est un moyen pour l'État d'offrir aux bourgeois un outil de domination sociale et sociétale, de corruption, de pillage d'État et de contournement népotique hors du contrôle des garde-fous législatifs. Le système néocorporatiste est une une sorte de créature monstrueuse qui rassemble le pire de l'étatisme et le pire du privativisme : il repose à la fois sur un État qui dépasse ses prérogatives et sur des lobbies privés qui acquièrent un pouvoir indu grâce à l'État.

En raison de cette nature hybride du néocorporatisme, la gauche est persuadée de vivre dans un enfer libéral, car tout va *in fine* dans la poche des intérêts privés, et les libéraux croient voir un étatisme tout puissant et très interventionniste qui détruit lc libre marché, un enfer socialiste. Les deux ont en quelque sorte « raison » d'y voir à la fois une inquiétante privatisation de la vie politique et un gargantuesque étatisme. La gauche a « raison » d'être en colère, parce que le néocorporatisme précarise et privatise des services qui devraient relever du service public, et stérilise des combats révolutionnaires pour en faire de simples gadgets de communication gouvernementale et corporatiste. La droite a « raison » de pointer l'ultra-étatisme de ce système, qui organise la gabegie d'argent public pour arroser une poignée de copains privilégiés et faire vivre artificiellement sous perfusion d'argent public toutes sortes de lobbies militants non-élus.

Parce que le néocorporatisme est à la fois le détournement de l'État et le parasitage du secteur privé par la bourgeoisie, il suscite à la fois des discours anticapitalistes dénonçant le libéralisme économique, et des discours libertariens tournés contre l'État. Aucun de ces deux discours ne mène à une solution. Les anticapitalistes tout comme les anti-étatistes sont les idiots utiles du système néocorporatiste, qui les laisse s'agiter sans jamais se sentir le moins du monde menacé, et qui instrumentalise même ces deux camps : le premier pour donner un vernis contestataire aux organisations gauchistes intégralement dépendantes du néocorporatisme, le second pour démanteler toujours plus le service public et offrir toujours plus de cadeaux fiscaux à la bourgeoisie.

L'anticapitalisme tout comme l'anti-étatisme ont le défaut commun de faire croire que la motivation de la bourgeoisie néocorporatiste est l'argent, alors qu'il s'agit bien plus d'un projet de violence symbolique que d'un simple projet pécunier : c'est la volonté de la bourgeoisie d'humilier le peuple, de faire tourner toute la société autour de ses lubies, de déposséder le prolétariat et de manifester sa domination symbolique.

L'anticapitalisme tout comme l'anti-étatisme mènent à la tiers-mondisation : le premier en sabotant la prospérité occidentale indispensable à tout développement, le second en empêchant les institutions d'assurer l'ordre et la justice.

Ce n'est ni en s'excitant contre le capitalisme, ni en hurlant à l'étatisme qu'on luttera contre le double accaparement bourgeois de l'État et du privé, mais en dénonçant le néocorporatisme, en mettant au jour ses rouages et ramifications, et en traquant ses organisateurs. L'anticapitalisme et l'anti-étatisme sont des utopies adolescentes qui amusent la bourgeoisie et ne font trembler personne. Ce système ne peut avancer que masqué. Seule la notion de néocorporatisme permet de comprendre l'ennemi, ses objectifs, ses méthodes et de réclamer des comptes à la bourgeoisie, ici et maintenant, pour chacune de ses trahisons.

8.5 L'écologie humaniste réparatrice contre la repentance éco-théologique

Ce que l'on observe aujourd'hui dans les organisations politiques se réclamant de l'écologie n'est qu'une forme sécularisée de christianisme gauchiste : la repentance éco-théologique. Le discours des organisations écologistes de gauche consiste exclusivement à culpabiliser les occidentaux d'être sortis de la misère. Ils doivent se repentir du péché de confort matériel et on leur promet une terrible apocalypse s'ils ne se soumettent pas à cet impératif de mortification rédemptrice. Les écologistes de gauche se servent de la peur d'une catastrophe écologique pour imposer un système autoritaire organisé autour du principe de décroissance, c'est-à-dire le devoir de saboter le développement technologique de l'Occident et de forcer le prolétariat à retourner courber l'échine dans les champs. C'est le plus sérieusement du monde que des organisations écologistes ont récemment proposé qu'on force 40 % de la population française à retourner aux champs, et qu'on punisse les récalcitrants. Les écologistes de gauche martèlent aux blancs que chaque enfant qu'ils font est un pas de plus vers la catastrophe écologique, alors même que les pays occidentaux sont déjà ceux où la natalité est la plus basse du monde. Le stade ultime de l'écologie de gauche est l'antispécisme. Selon le dogme antispéciste, qui mange un steack de bœuf ne vaut guère mieux que Marc Dutroux et attacher plus de prix à la vie d'un homme qu'à celle d'un lombric est un péché d'orgueil qu'il faut d'urgence expier.

L'énergie propre, la sauvegarde de la biodiversité et la limitation de l'impact de l'activité humaine sur l'environnement ne sont nullement ce que recherchent les écologistes de gauche. Leur quête est toute chrétienne, c'est une entreprise de purification morale : il faut expier nos péchés, tant individuels que civilisationnels, et faire collectivement vœu de pauvreté, quitte à mettre en place des mesures anti-écologiques. Les écologistes de gauche militent ainsi pour détruire le nucléaire et empêcher les scientifiques de faire des recherches pour le rendre plus propre. Or, le nucléaire est de loin l'énergie dont l'impact carbone est le plus faible et le démantèlement de la filière nucléaire provoque partout le recours à des énergies bien plus polluantes. En Allemagne, la sortie du nucléaire a fait exploser la consommation de charbon. Les éoliennes, outre leur rendement énergétique ridicule et leur absence de fiabilité, sont un désastre écologique : en plus de nuire aux oiseaux et aux chauves-souris, elle requièrent une bétonisation indécente de l'environnement. Pour chaque éolienne, il faut couler dans la nature en moyenne 1500 tonnes de béton, matériau non-recyclable obtenu en consommant du sable, dont l'exploitation aggrave l'érosion dans de nombreuses régions du monde. Dans le domaine de l'agriculture, le dogme décroissantiste contribue aussi à détériorer l'environnement. Les écologistes de gauche veulent que l'on sorte de l'agriculture intensive, or le contraire de l'agriculture intensive, c'est l'agriculture extensive, autrement dit : défricher toujours plus pour agrandir des parcelles de moins en moins productives. La phobie des OGM confine à la psychose et des militants écologistes de gauche n'hésitent pas à faire physiquement entrave à la recherche scientifique sur les OGM en arrachant des plants expérimentaux. Or les OGM ne sont que la version scientifiquement contrôlée du travail d'amélioration des variétés naturelles de fruits et légumes par sélection et croisement, et peuvent souvent permettre de cultiver des végétaux alimentaires en utilisant moins d'eau et moins de pesticides.

En somme, l'écologie de gauche consiste à saboter, dans un but d'expiation morale, toutes les recherches scientifiques occidentales qui visent à permettre à l'humanité toute entière de sortir de la misère tout en minimisant l'impact de l'activité humaine sur l'environnement. Nous n'avons jamais été aussi près de la mise au point des énergies propres et d'une agriculture respectueuse de l'environnement, or c'est précisément maintenant que les écologistes de gauche veulent que nous nous sabordions. Plutôt que de consacrer une partie de ses ressources humaines et financières à réparer les erreurs de la révolution industrielle, l'Occident devrait selon eux liquider ses ressources et s'autoflageller. L'écologie repentante est un crime contre l'humanité : entrer en décroissance et détruire la recherche scientifique comme le préconisent les écolo-repentants consisterait à fuir nos responsabilités en détruisant notre pouvoir de résoudre les problèmes que l'industrialisation a engendrés. Ce projet ne peut aboutir qu'à la tiersmondisation de l'Occident, empêchant ainsi le reste du monde en voie de développement de profiter de solutions écologiques occidentales.

Contre cette écologie repentante, l'occidentalisme propose une écologie réparatrice. L'intérêt grandissant des occidentaux pour l'écologie est un progrès civilisationnel et cette préoccupation ne doit pas être instrumentalisée pour saboter l'Occident, mais plutôt pour pousser les pays occidentaux à faire progresser la recherche scientifique, sans laquelle aucun bond écologique n'est possible. Les occidentaux sont à deux doigts de mettre au point la fusion nucléaire qui permettra de sortir de l'économie du pétrole, ainsi que d'approvisionner la planète entière en énergie avec un impact minime sur l'environnement et très peu de déchets radioactifs. L'écologie repentante préfère saboter ce travail de recherche ainsi que la puissance économique et politique de l'Occident, de manière à laisser tout loisir aux économies émergentes asiatiques de se développer dans le mépris total de toute préoccupation environnementale.

L'écologie occidentaliste est une écologie anthropocentrée assumée, qui défend une vision humaniste de l'écologie contre la vision antispéciste de l'écologie diffusée par la gauche. Nous ne devons pas mettre en place des mesures écologiques pour nous excuser d'exister, ni parce que toute vie en vaudrait une autre, mais parce que la Terre est la maison des hommes et parce que la protection de l'environnement est une aspiration profonde pour tout groupe humain évolué. La transformation de l'environnement naturel par l'homme n'est pas une mauvaise chose en soi. En Europe, la plupart des sites naturels remarquables par leur biodiversité, leur beauté, et le caractère unique des écosystèmes qu'ils constituent sont en large partie le fruit d'un travail de maîtrise humaine de l'environnement. L'entretien des prairies et forêts, la mise en place de haies, le drainage de l'eau, la lutte contre l'érosion, le dragage des cours d'eau, le modelage du paysage par les talus sont autant d'exemples d'interventions humaines bénéfiques. Les progrès de la recherche environnementale permettent d'optimiser les interventions humaines pour préserver la biodiversité, et l'application des mesures de protection de l'environnement est favorisée par une opinion publique de plus en plus sensible aux questions environnementales.

Les écologistes de gauche brandisseurs d'apocalypse manipulent l'aspiration populaire au respect de la nature pour désinformer le public et lui faire accepter des mesures faussement écologiques de pure repentance, comme le démantèlement du nucléaire qui accroît la part d'énergie carbonée, ou l'interdiction de certains pesticides entraînant un recours accru au traitement « bio » au cuivre, un métal lourd polluant. La désinformation massive occulte les pas de géant accomplis ces dernières décennies en Europe en matière de protection de l'environnement : l'agriculture française a drastiquement réduit son utilisation de pesticides et herbicides, elle a fait des progrès en matière de conservation des sols, le traitement de l'eau et des déchets s'améliorent sans cesse et les forêts sauvages prennent du terrain. Un autre effet néfaste de la désinformation du public par les écologistes de gauche est la gabegie financière des fausses solutions écologiques. Tirant parti des détournements néocorporatistes de nos démocraties libérales, de nombreuses associations et entreprises se réclamant de « l'économie sociale et solidaire » détournent de l'argent public au profit de leur business faussement écologique. On peut citer les subventions aux associations de lobbying anti-nucléaire et anti-OGM, le business des labels verts et du crédit-carbone, les subventions d'aide à l'achat de biens d'équipement faussement présentés comme écologiques, et la surfacturation de fausses solutions écologiques aux collectivités locales : audits fumeux par des cabinets de conseil hors-sol, mobilier urbain issu de produits recyclés vendu à prix d'or aux municipalités et qui s'avère n'être que du mobilier jetable, plans de végétalisation aussi coûteux que ratés, comme les urinoirs-bacs à fleurs.

Outre le développement de la science et de la technologie qui sont les piliers de l'écologie réparatrice, l'Occident doit mettre en œuvre des changements au niveau des pratiques, notamment en matière d'urbanisme (aménagements et règles visant à limiter la pollution atmosphérique et lumineuse, lutte contre l'étalement urbain), d'organisation du travail (dématérialisation, travail à distance), de construction et de normes industrielles. Il est à ce titre urgent de mettre en place un protectionnisme occidental visant à briser la concurrence déloyale de la Chine qui inonde la Terre entière de ses produits fabriqués sans la moindre considération pour l'écologie, ainsi que celle des divers gros producteurs agricoles du monde qui ne s'embarrassent pas des mêmes normes écologiques que nous. Quand les écologistes de gauche sabotent l'agriculture française dont l'efficience et la qualité environnementale sont mondialement reconnus, ils déroulent le tapis rouge aux agricultures ultra-polluantes et dévastatrices des pays peu soucieux de l'environnement.

8.6 La guerre économique de la Chine contre l'Occident

S'il est une guerre à sens unique, c'est bien la guerre économique que la Chine mène contre l'Occident. Nul besoin d'être le meilleur quand l'adversaire ne riposte jamais. La Chine utilise son État communiste totalitaire pour transformer ses industries et son économie en une arme de destruction et de sabotage économique dirigée contre les démocraties libérales occidentales. Pendant que ces derniers se livrent une concurrence naturelle dans la recherche de profits, la Chine garde sans ciller dans son viseur la domination économique du monde blanc.

La guerre économique menée par la Chine n'est rendue possible que par la bourgeoisie collaborationniste. Sans les ingénieurs blancs, les entreprises occidentales et le cortège des secrets industriels offerts sur des plateaux, la Chine n'inquièterait personne. La Chine ne serait riche que d'idées mythiques de grandeur passée et de velléités d'avenir. La délocalisation de masse, c'est l'anti-jeu des bourgeois, qui, plutôt que d'investir dans la robotisation de leurs chaînes de production, ont préféré courir vers la main-d'œuvre pas chère pour punir le peuple, retardant de quelques décennies les avancées techniques en robotique industrielle.

Avec la collaboration d'une partie non-négligeable de la bourgeoisie blanche, la Chine devient une menace sérieuse contre l'Occident. Toute entreprise occidentale implantée en Chine est de fait collaborationniste. Pour être autorisées à commercer en Chine, les entreprises occidentales ont l'obligation légale de se soumettre à l'espionnage industriel chinois. L'espionnage des entreprises occidentales est institutionnalisé de manière totalement décomplexée. Grâce aux formulations vagues des règles chinoises, il n'y a pas de limites à cette pratique. Les règles chinoises donnent aux entreprises chinoises des moyens très simples de s'accaparer la propriété intellectuelle occidentale, ce sans aucun recours possible pour les occidentaux. Ce pillage est renforcé par une culture qui valorise la rapine et qui voit dans la rapacité et l'arnaque des marques d'intelligence.

En matière de recherche industrielle, les investissements sont occidentaux et les gains sont chinois. L'Occident développe des technologies pour que ce soit finalement la Chine qui en profite grâce à son système de pillage intellectuel institutionnalisé et de contrefaçon de masse.

Le vol de propriété intellectuelle par la Chine représente une perte de 600 milliards de dollars pour les seuls États-Unis chaque année. Les Chinois sont les plus gros voleurs mondiaux et cela ne semble pas inquiéter grand monde au sein des élites occidentales.

Alors que les pays occidentaux s'échinent à libéraliser l'économie mondiale, la Chine profite du système libéral occidental pour tisser des liens économiques partout dans le monde afin d'écouler sa production et de piller les savoir-faire, les procédés et les plans, tout en imposant à quiconque veut commercer ou produire sur leur territoire des règles antilibérales. Pire, la Chine va jusqu'à subventionner à perte certains domaines industriels pour être la plus compétitive possible et obtenir des contrats avec des pays européens, ce qui a pour conséquence d'asphyxier des pans entiers de l'industrie occidentale. Ainsi, petit à petit, l'Extrême-Orient s'est accaparé le plus gros de la construction navale.

Le libéralisme ne devrait être pratiqué qu'entre occidentaux libéraux déterminés à bâtir une paix durable entre eux, et certainement pas avec la Chine qui est engagée dans une guerre économique totale contre nous. Le libéralisme n'a de sens que s'il est accompagné d'un protectionnisme occidental pour éviter ce genre de sabotage communiste mutant.

La Chine recolonise économiquement tous les pays que l'Occident a décolonisés. Mais la Chine est un impérialisme purement parasite : ainsi, la colonisation chinoise en Afrique n'apporte rien aux peuples africains. La Chine utilise sans retenue des pots-de-vin, des accords opaques et le levier de la dette pour tenir les pays africains captifs de ses souhaits et de ses demandes. Elle compte lier l'Occident de la même façon au moyen de la dette.

Les États occidentaux doivent démocratiser et systématiser la défense des brevets déposés par des occidentaux. Nous devons mener une politique de guerre juridique internationale contre les pays étrangers qui volent nos brevets. Un petit entrepreneur ou artisan n'a pas les moyens financiers ni mentaux de se lancer dans une bataille juridique avec la Chine, tandis qu'un ensemble d'États peut lancer des vagues géantes de procès et brandir la menace de sanctions économiques. Un État qui lance 2000 procès peut se permettre d'en perdre quelques-uns tandis qu'un individu ne peut pas se permettre un procès long, coûteux et hasardeux, tout seul face à l'État chinois et des grandes entreprises dotées de services juridiques.

Il faut donc un plan ambitieux de lutte contre le pillage de la créativité occidentale. Que chaque créateur européen puisse signaler le vol de son travail et que les États se chargent ensuite de la procédure. Non seulement cela rapportera de l'argent à court terme, de sorte que les coûts de la nouvelle institution créée seront vite couverts, mais de plus, sur le long terme, cela assurera le développement de la plus grande des richesses : le savoir. La création de ces organes de défense de la propriété intellectuelle occidentale développera une expertise pointue sur les obstacles juridiques à la protection des intérêts occidentaux, permettant ainsi à l'avenir de mieux négocier les divers traités internationaux.

8.7 Le revers de la sécularisation du christianisme

La sécularisation de l'Occident a permis de libérer la société et les individus de l'emprise du totalitarisme religieux. Mais l'anticléricalisme ne s'est attaqué qu'aux emprises évidentes et légales du christianisme sur nos sociétés, et non à l'idéologie profonde que ce christianisme nous a inoculée. Pendant le XIXe et le XXe siècle, les chefs du christianisme ont compris que le salut de leur religion résidait dans son abandon du pouvoir visible pour pivoter vers le contrôle sociétal, avec une branche socialiste et une branche conservatrice.

Historiquement, l'infection chrétienne s'est développée en plusieurs phases :

- Une époque d'incubation, où le christianisme des débuts a petit à petit parasité les élites romaines, en évinçant au fil des siècles les récalcitrants, transférant ainsi progressivement la totalité du pouvoir aux plus zélés agents de christianisation ;

- Une longue époque de règne, où le christianisme a le pouvoir sur toute la société, commençant par la pénitence de l'empereur Théodose Ier qui se soumet à l'évêque Ambroise de Milan, symbole marquant le début de la domination théocratique du divin sur le séculaire ;

- Une époque de sociétalisation, où le christianisme séparé de l'État et coupé du pouvoir par les révolutions libérales va concentrer toutes ses forces sur le sociétal et l'éducation ;

- Une époque de cellularisation, où le christianisme de plus en plus coupé de la société va reporter son effort de guerre sur le monde domestique, inventant notamment le mythe de la femme au foyer sans activité économique ;

- Une époque d'intimisation, où le christianisme séparé du matrimonial va mettre toute son énergie à se laïciser, s'intérioriser et se focaliser sur la sphère de l'intime, essayant de s'immiscer dans la vie des célibataires et des homosexuels sous des prétextes psychologiques.

La sécularisation a été une excellente chose pour l'Occident, mais le risque, c'est que la sécularisation du christianisme ne devienne une pérennisation du christianisme.

Quand le pouvoir religieux était incontestable et réprimait dans le sang ceux qui s'opposaient à sa domination, il était facile de comprendre d'où venaient nos problèmes et le pilonnage perpétuel de nos libertés, de la moindre de nos conquêtes libérales. Désormais, le christianisme fait le mort. Ses dirigeants nous paraissent tellement déconnectés et dépassés qu'il est très difficile de faire comprendre que leur pouvoir de nuisance est encore énorme.

Le christianisme continue pourtant d'empoisonner l'Occident. En utilisant le système néocorporatiste à son profit, une énorme galaxie d'organisations chrétiennes parvient à faire financer ses lieux de cultes, ses activités d'évangélisation et son lobbying théopolitique par les contribuables. Par leur maîtrise des codes bourgeois néocorporatistes, les organisations chrétiennes dépolitisent et laïcisent la rhétorique de leur propagande théopolitique et parviennent à bénéficier d'un pouvoir de décision indu au niveau de l'État. Les contribuables financent ainsi contre leur volonté la sape de la laïcité à laquelle ils sont attachés. En France, les « comités d'éthique » permettent à des prêtres chrétiens de peser sur les décisions de l'État relatives aux orientations de la recherche scientifique et aux droits reproductifs des femmes, obtenant par exemple l'interdiction de recherches en génétique et sur les cellules-souche.

De plus, le christianisme atavique de la bourgeoisie façonne intégralement le logiciel politique de tous les partis institutionnels. Tous les représentants politiques bourgeois répandent, qu'ils le veuillent ou non, du christianisme sécularisé à travers leur influence idéologique.

Il y a deux types de sécularisation : une naturelle et inconsciente, et l'autre volontaire.

La sécularisation naturelle provient du christianisme intériorisé, qui pousse même des personnes de bonne volonté à se comporter en idiots utiles de l'idéologie chrétienne, sans qu'ils ne prononcent le nom de dieu ni qu'ils ne parlent de foi.

La sécularisation volontaire, en revanche, est une *taqiya* chrétienne délibérée, consistant à cacher son allégeance religieuse pour mieux polluer l'esprit des incroyants. Ce sont des chrétiens qui ont compris que le peuple ne voulait pas de leur religion, et qui vont utiliser tous les moyens en leur possession pour diffuser le message de leur Christ sans nommer ce Christ.

La gauche bourgeoise, avec sa repentance, sa honte du plaisir, son injonction à tout partager, sa quête de la bonne conscience, son masochisme, son culte de l'amour forcé de l'autre, son désir d'autodestruction et d'humiliation pour se purger d'un péché imaginaire et obsessionnel, est le descendant direct du christianisme. Le gauchisme, c'est le résultat de la sécularisation du christianisme. Une part de la bourgeoisie est passée à gauche parce que la doctrine gauchiste lui est apparue comme étant un moyen bien plus efficace que le christianisme lui-même d'accomplir le projet humain chrétien.

Il s'opère depuis une cinquantaine d'années une graduelle fusion entre la gauche bourgeoise et le christianisme. Pour sauver le christianisme mourant, les chrétiens militants et le clergé se sont massivement investis dans la reconversion séculaire : l'humanitaire et l'associatif. Les blancs ne veulent plus du christianisme mais beaucoup d'africains en sont friands, notamment parce qu'il leur offre une alternative intéressante à l'islam, qui sème la terreur en Afrique. Les missions humanitaires en Afrique servent d'avant-poste d'évangélisation, et le soutien de l'Église à l'immigration de masse lui permet de remplir un peu ses églises vides en Europe. L'immigration africaine permet aussi à l'Église de pallier la pénurie de recrutement de prêtres et les prêtres extra-européens sont en passe de devenir majoritaires dans plusieurs pays d'Europe. La gauche fut longtemps anticléricale parce que l'Église était sa principale rivale, mais depuis que l'essentiel des actions de l'Église dans la société consiste à noyer l'Europe sous un flot de migrants africains, et que les prêches des curés et des évêques présentent le vivre-ensemble comme un devoir sacré, c'est l'amour fou entre la gauche et les organisations chrétiennes. Le christianisme est la plus grosse ONG pro-migrants d'Europe.

D'un autre côté, les conservateurs chrétiens ont renoncé à l'évangélisation directe par la foi pour se reconvertir dans l'évangélisation indirecte par la rhétorique identitaire. Tout comme Charles Maurras, leur père spirituel à tous, eux-mêmes le plus souvent ne croient pas en dieu : ils croient au pouvoir du christianisme. Ils savent qu'ils ne pourront jamais convaincre les blancs de retourner vers dieu, alors ils se déguisent en laïcs pour leur empoisonner l'esprit avec la notion très retorse d'identité chrétienne. Ne pouvant prêcher directement une foi qu'ils n'ont même pas eux-mêmes, les chrétiens conservateurs consacrent l'essentiel de leurs ressources à propager une apologétique morale, esthétique, civilisationnelle et même pseudo-scientifique.

Apprenez à parler le langage de la nouvelle apologétique chrétienne conservatrice :

Ne dites plus « *Retournez dans le giron du Christ* », dites « *La société est en mal de repères* », ou « *La nature a horreur du vide* ».

Ne dites plus « *Femmes, soyez soumises à vos maris, comme au Seigneur, car le mari est le chef de la femme, comme Christ est le chef de l'Église* » (Éphésiens 5:22), dites « *Toutes les études d'évopsy montrent que la délinquance, c'est à cause des mères célibataires* ».

Ne dites plus « *Que la femme se taise dans l'assemblée* » (Corinthiens 14:34), dites « *À cause des féministes hystériques, la société s'est féminisée et rien ne va plus* ».

Ne dites plus « *Dieu punit les sodomites* », dites « *Le mariage homosexuel menace nos fondamentaux anthropologiques et les plus grands psychologues ont démontré que sans un papa et une maman, les enfants risquent de se suicider plus tard* ».

Un des piliers de cette rhétorique chrétienne conservatrice sécularisée est l'esthétique de la cathédrale. Les cathédrales gothiques sont brandies pour prétendre que seule la religion chrétienne rendrait les Européens capables de produire de beaux monuments, que seule la volonté de servir Yahvé guiderait les blancs vers la beauté transcendante. Cette rhétorique a été élaborée au lendemain de la Révolution Française par Chateaubriand, qui avait bien compris que plus rien ne pourrait désormais marcher comme avant pour le christianisme, et qu'il allait falloir inventer une apologétique laïcisée pour ramener les peuples d'Europe auprès de la croix. Conscient désormais que le pouvoir politique de l'Église n'irait plus jamais de soi, et que dans le monde nouveau, l'adhésion à une idéologie ou une croyance dépendrait de sa capacité à être reconnue comme force de progrès, Chateaubriand prit le contrepied des révolutionnaires qui dépeignaient le christianisme comme force rétrograde, et entreprit de montrer que c'était le *Génie du christianisme* qui avait été le plus grand moteur de progrès esthétique, moral et politique dans l'histoire de l'Europe. Chateaubriand buta sur un problème de taille : pour ses contemporains imprégnés d'humanités classiques, l'Antiquité grecque et romaine préchrétienne fournissait tous les modèles inégalables de perfection esthétique, morale et politique. Pour contourner ce problème argumentatif majeur, il usa de la force suggestive de son style partout où défaillait la logique de son argumentation, c'est-à-dire partout. Il décréta que le christianisme, en imposant le dogme du péché originel, avait introduit une complexité inédite dans la psychologie des Européens et opposa, tant dans le champ littéraire qu'architectural, la supposée perfection simpliste et superficielle des œuvres païennes à la perfection complexe, foisonnante et profonde des œuvres chrétiennes. Ses pages de célébration de la beauté des cathédrales médiévales, qu'il compare à des forêts, sont le pilier de son apologétique. Et dans ces pages, il insiste sur l'omniprésence de plantes indigènes dans les ornementations sculptées des cathédrales, par opposition au minimalisme des trois ordres architecturaux des temples grecs et romains. Aujourd'hui encore, les cathédrales gothiques sont le seul support efficace de la propagande chrétienne réactionnaire. La seule phrase qui parvienne à retenir les blancs d'achever le christianisme est la question : « *Sans le christianisme, les Européens auraient-ils été capables de bâtir des monuments aussi beaux que les cathédrales ? *»

Personne ne prend jamais la peine de répondre à cette interrogation, parce que la réponse serait raciste. Cette réponse est simple : oui, parce que c'est le génie européen et non le prétendu génie du christianisme qui a créé ces œuvres. Ce n'est pas la religion du Christ qui a bâti les cathédrales gothiques, c'est un peuple d'artisans, de sculpteurs et d'ingénieurs talentueux. Le christianisme a conquis tous les continents mais il n'y a qu'en Europe qu'on a bâti les cathédrales gothiques. Sans le christianisme, les Européens auraient tout simplement employé leurs talents et leur sens esthétique à continuer de bâtir des temples dédiés aux divinités ancestrales européennes et des académies, comme ils le faisaient déjà dans l'Antiquité, avec des variations de style au gré des particularités locales et du cours de l'histoire. C'est le christianisme qui a eu besoin du génie européen, et non l'inverse.

Les cathédrales gothiques n'appartiennent qu'aux peuples qui les ont bâties, et non à l'église qui les a parasités. Il est temps que l'Église rende aux peuples d'Europe les monuments que ceux-ci ont créés et financés par leur travail et leur talent, avant que les chrétiens ne laissent leurs protégés du tiers-monde brûler les églises qui tiennent encore debout. Nous devons achever la déchristianisation de l'Europe pour préserver les monuments que le peuple blanc a édifiés durant l'ère chrétienne.

La sécularisation est une déchristianisation incomplète. On ne chasse le christianisme que dans les institutions et les lieux de pouvoir, mais les lois en sont imprégnées, les préoccupations tournent toujours autour d'idées chrétiennes. Les réactionnaires sont la version sécularisée des fous de Dieu d'autrefois et leur modération est précisément le problème : ils frappent en avançant masqués dans une permanente guérilla sociétale sous faux drapeau.

C'est pourquoi il faut aller beaucoup plus loin que la simple sécularisation : il faut une disparition totale du cancer chrétien qui paralyse l'Occident. Il ne suffit pas d'abolir la messe obligatoire, d'écarter les curés du pouvoir et de proclamer la laïcité comme une incantation pour que l'Occident se déchristianise. Les églises se vident, mais il faut à présent les rendre au peuple qui les a bâties, et liquider le christianisme qui parasite la vie politique et les avis sociétaux de la population sans même qu'elle en soit consciente.

Le christianisme intériorisé des prolétaires les pousse à agir comme des larbins des chrétiens et des bourgeois sans le savoir. Les siècles de domination chrétienne ont ancré l'idée chez les prolétaires que le mérite d'une personne se mesure à sa douleur, aux sacrifices qu'elle accomplit, aux souffrances qu'elle endure en silence. Ceux qui refusent les souffrances inutiles sont vus comme des fauteurs de trouble et ceux qui s'enrichissent sans souffrances sont soupçonnés d'immoralité. Cette croyance selon laquelle plus on en bave, plus on gagne son salut pousse de nombreux prolétaires à accepter l'inacceptable en terme de larbinisme, et à rejeter tout ce qui peut les sortir de cette condition avilissante.

Les chrétiens bourgeois ont déployé deux grandes stratégies pour survivre dans un peuple qui ne veut plus d'eux : la sécularisation — qui les rend indétectables — et la patrimonialisation — qui les rend intouchables.

Avec la rhétorique des « racines chrétiennes », les chrétiens conservateurs s'auto-muséifient pour se mettre hors d'atteinte. Cette méthode leur permet de toucher de l'argent public à titre de gardiens du patrimoine, d'être intouchables, et de se nimber d'une aura de défenseurs de l'identité, tendant ainsi à graver dans le marbre de l'identité européenne une composante religieuse chrétienne, qu'ils accolent toujours à l'identité raciale. Les militants de la laïcité eux-mêmes ont fini par croire à la fable des racines chrétiennes. Alors que les anticléricaux du début du XIXe siècle jusqu'au milieu du XXe siècle soulignaient volontiers le caractère parasitaire de la religion chrétienne et son statut d'idéologie orientale imposée de force aux Européens, ce thème n'est plus du tout abordé. Désormais, les militants de la laïcité, croyant s'opposer aux « catholiques fachos », tombent dans le piège chrétien en attaquant toujours en même temps l'identité chrétienne et l'identité blanche.

Sous bien des aspects, le gauchisme est un christianisme radical épuré de tout folklore, là où les conservateurs sont des chrétiens modérés attachés à leur folklore.

8.8 Le défi de l'allongement de l'espérance de vie

Le progrès technique, médical et social a provoqué un bouleversement anthropologique : en allongeant considérablement la durée de vie, il a modifié en profondeur les rapports entre générations.

Les retraites à 60 ans ont été un progrès social fonctionnel à une époque. Aujourd'hui, l'allongement de la durée de vie le rend absurde : on paie parfois davantage quelqu'un à la retraite que pendant sa vie active, et il faudrait un baby-boom permanent pour compenser cet écart. Il est donc nécessaire de remplacer les retraites par un revenu universel plus modeste et garanti à tout Européen quel que soit son âge ou ses revenus. L'urgence de réformer ce système qui ne pouvait marcher qu'à l'époque du baby-boom et du plein emploi est d'autant grande que le déséquilibre structurel du système sert d'alibi commode aux organisateurs du remplacement racial. Les partisans du remplacement racial n'ont de cesse de mettre en avant comme solution au déficit des caisses de retraites la stratégie de « l'immigration de peuplement ». Or, « l'immigration de peuplement » qu'on nous vend comme une « solution au problème démographique de l'Europe » a ravagé la qualité de vie des autochtones européens et n'a en rien résolu le problème des retraites. L'immigration de peuplement a aggravé le problème des retraites en grossissant les rangs des chômeurs et en saignant les finances publiques dans des domaines tellement nombreux que cette charge financière maquillée devient paradoxalement invisible dans la comptabilité nationale, et l'afflux toujours renouvelé de migrants extra-européens a permis aux politiques de retarder sans cesse les réformes nécessaires, en jouant la comédie d'un système qu'il suffirait de sauver par un petit coup de pouce à la démographie au moyen de l'immigration.

Ni l'immigration, ni aucune politique nataliste ne pourront jamais compenser les changements apportés par l'allongement de la durée de vie. Le revenu universel couplé à un système de retraite par capitalisation doit remplacer l'ancien système français de retraites qui saigne la jeunesse déjà fragilisée par le chômage de masse, les prêts étudiants et l'immobilier hors de prix. La recherche médicale doit permettre l'allongement de la durée de vie en bonne santé afin de juguler le problème de la dépendance de masse.

L'allongement de la durée de vie a également altéré la manière dont l'argent circule d'une génération à l'autre, ce qui modifie en profondeur la manière dont se crée la richesse. Jadis, nombreuses étaient les personnes qui touchaient un héritage entre 20 et 35 ans, c'est-à-dire durant les années les plus décisives dans l'existence des individus, les années où on se « lance » dans la vie, où on est le plus enclin à prendre des risques, à créer ou inventer des choses totalement nouvelles. Aujourd'hui, ce cas de figure ne concerne pratiquement plus personne et l'on touche généralement un héritage lorsqu'on a déjà une grande partie de sa vie derrière soi, vers 50 ou 60 ans. La précocité des héritages et l'absence de système de retraites dans l'ancien temps plaçait les parents dans une optique de transmission (des connaissances, des savoir-faire, des outils, du réseau, du patrimoine) et les jeunes dans une optique de création de richesse. C'est surtout dans la bourgeoisie que l'allongement de la durée de vie a provoqué une crise de la transmission et une déculturation. La bourgeoisie actuelle est aussi infecte que par le passé et méprise toujours autant le prolétariat, mais désormais, elle ne joue même plus le rôle de mécène et d'entrepreneur qu'elle avait jadis, car les jeunes bourgeois n'héritent plus à l'âge où on est créatif et téméraire.

Évidemment, il n'est pas question de voir l'allongement de la durée de vie de nos aînés et de nous-mêmes comme une chose négative. Seulement, cet état de fait modifie la structure de nos sociétés et nous place devant de nouveaux défis : améliorer la durée de vie en bonne santé pour remédier à la situation de dépendance massive dans laquelle se retrouvent nombre de nos aînés, modifier les modalités de transmission des richesses — notamment à travers la mise en place d'un revenu universel dès la naissance, provisionné sur un compte bancaire bloqué qui deviendrait accessible à la majorité de l'enfant — ou encore refondre entièrement le système de retraites, qui n'est aujourd'hui viable que dans le cas de figure irréaliste d'un baby-boom sans fin couplé à une croissance économique élevée et permanente.

8.9 La grande stagnation

Le peuple européen est responsable de 97 % des inventions et découvertes qui ont grandi l'humanité. Les autres peuples ont une dette technologique, et le fossé ne cesse de se creuser, tandis qu'on nous annonce depuis quasiment un siècle que les puissances émergentes d'Orient nous dépasseront un jour. Le seul grand risque avec ces puissances émergentes, c'est qu'elles nous parasitent à mort.

La dette technologique des non-blancs envers les blancs implique qu'aucun peuple ne doit entraver le progrès européen sous peine de régresser lui-même et de se placer de fait en position de peuple-enfant.

Toutes les guerres coloniales ont été des défaites militaires pour les colonisés. C'est l'opinion publique blanche qui a sifflé la fin de partie et le retrait. La présence massive des populations de nos ex-colonies sur notre territoire ne tient qu'à notre volonté.

Le poids de millions d'extra-européens en Occident ne va pas détruire l'Occident. En revanche, plus il y en a, plus l'Occident prend de retard. Des progrès qui auraient mis 50 ans à être accomplis risquent d'en prendre 500. L'Occident est comme un athlète qui court avec un âne mort sur le dos. Il va y arriver, mais dix fois plus lentement, et ce retard pourrait nous coûter cher, au vu du contexte de compétition mondiale.

Cependant, ces retards nous font nous éterniser dans la période la plus polluante de l'histoire de l'humanité, engendrant désastres écologiques, déforestations, réchauffement climatique... Plus nous mettrons notre énergie à garder les enfants des autres, plus on risque de détruire des écosystèmes et de faire disparaître des espèces. Nous ne sommes jamais à l'abri de grandes catastrophes telles qu'une grave pandémie ou une chute d'astéroïde, or, si nous n'atteignons pas un stade de développement technologique et scientifique suffisant pour y faire face, nous courrons littéralement le risque de voir l'humanité balayée de la surface du globe.

Le remplacement ethnique ne va pas détruire directement notre civilisation, mais contribue au ralentissement de son développement : il nous englue dans un cadre de vie dégradé, il tiers-mondise notre horizon mental, il nous épuise avec des débats d'arriérés, il crée un climat d'émulation entre intégristes qui nous fait relativiser toute la nuisance chrétienne, il plonge dans la paralysie le prolétariat sidéré par la violence quotidienne et sa dilution dans la masse, et en charriant continuellement des flots d'hommes issus de cultures violemment patriarcales, il fait du quotidien des femmes occidentales une guerre de chaque instant et transforme la tâche des féministes en véritable supplice de Sisyphe.

Le progrès moral et social ne nous met jamais à l'abri d'une régression. Or ce progrès, c'est l'Occident et uniquement l'Occident qui le génère dans l'humanité. Importer un flot continu et grandissant de populations rétrogrades met en péril nos acquis sociaux et notre capacité à faire constamment progresser les libertés et la connaissance.

La grande stagnation serait un crime contre l'humanité. Toute entrave au développement de l'Occident est un crime contre l'humanité toute entière.

9- Les fausses solutions

9.1 Les fausses solutions centristes

a) La modération centriste

Le paysage politique occidental est déjà saturé de centristes. On ne sait même plus vraiment de quoi ils sont le centre, tellement il y a peu de radicaux. La droite n'existe pas. Il y a seulement des conservateurs plus ou moins centristes. Le centrisme est toujours un conservatisme plus ou moins flasque.

Les groupes politiques radicaux sont essentiels au bon fonctionnement de la démocratie. Sans groupes radicaux, point de ligne politique cohérente, ni de cap clair, ni de colonne vertébrale idéologique, ni de vision d'avenir. Nous crevons du manque de radicalité, qui mène à l'hypertrophie d'un centre qui ne va nulle part, qui ne gouverne plus et se contente de « gérer » toutes sortes d'affaires en étant plus ou moins perméable à une foule de lobbies.

C'est la pensée radicale qui permet de s'abstraire des compromis immédiats pour penser loin. L'obsession centriste de ne froisser personne pousse à ménager excessivement des groupes ou entités responsables de blocages ou de crises ou d'enlisements. En privilégiant le *statu quo*, le centrisme entérine l'inacceptable et empêche les alternatives d'éclore. Le centrisme mène à l'à-plat-ventrisme face aux groupes radicaux malveillants qui ont réussi à s'implanter dans le paysage politique, et à la criminalisation de toute tentative politique de créer une force d'opposition radicale à ces groupes radicaux. La quête effrénée du consensus est le terreau du court-termisme, au détriment des projets de long terme. Les centristes adorent subventionner de petites « innovations » insignifiantes parce qu'ils ont peur des grandes inventions, qui amènent toujours des bouleversements.

Il ne faut jamais écouter le mensonge centriste selon lequel « les extrêmes » seraient par essence mauvais. Une idéologie positive est féconde, même radicalement. Prétendre qu'une idéologie est bonne si elle est modérée, mais mauvaise si elle est radicale, c'est avouer que cette idéologie est mauvaise en soi.

S'opposer aux extrémismes, c'est vouloir rester dans le marécage tiède des malentendus, où pataugent les crapauds du centre qui ne séduisent qu'en ne disant jamais vraiment ce qu'ils veulent. Ce n'est pas « l'extrémisme » qui a permis à la barbarie nazie de semer la terreur en Europe, c'est au contraire le centrisme de l'esprit munichois, cette peur aveugle du conflit, qui a conduit les grandes puissances à laisser Hitler envahir des pays en toute impunité, renforçant ainsi la puissance militaire de l'Allemagne nazie, ce qui lui permit ensuite de tout balayer sur son passage.

La politique occidentale est malade de la non-existence politique de la droite. Il n'y a comme pôles que la gauche et les conservateurs, et tout le reste se compose de centristes plus ou moins largués, plus ou moins cyniques, plus ou moins proches d'un des deux pôles, mais toujours assez conservateurs, puisque profondément désireux de ne pas bouleverser le *statu quo*.

Le droit de vote des femmes fut longtemps considéré comme une revendication extrémiste. Les congés payés pour la classe ouvrière furent longtemps perçus comme un dangereux délire extrémiste. Au début des années 2010, quand les féministes françaises ont commencé à parler de harcèlement de rue, les centristes les ont traitées d'hystériques, d'extrémistes, de paranoïaques. Quand les centristes ont compris que la notion de harcèlement de rue pouvait être détournée pour leurs propres intérêts, quand ils ont compris que pointer le harcèlement de rue commis dans son écrasante majorité par les populations afro-maghrébines pouvait être un excellent moyen rhétorique de nier le harcèlement misogyne dans les sphères où les bourgeois centristes dominent, ils se sont mis à revendiquer la notion de harcèlement de rue et à en parler comme d'une évidence absolue.

La radicalité est le seul moyen pour tout groupe politique sans argent ni relais d'avoir une influence significative dans la société. La communication centriste ne peut avoir d'utilité que si elle est employée par un groupe politique aux moyens financiers, humains et médiatiques considérables. Mais il ne faut pas perdre de vue que ces gros organes centristes portent des idées qui auraient fait hurler ces mêmes centristes 30 ans plus tôt. Ces idées proviennent toutes de groupes radicaux, qui ont tous débuté ainsi : choquer l'opinion publique, décaler la fenêtre d'Overton et provoquer des glissements de terrain idéologiques au point que les centristes finissent par intégrer des éléments de leur doctrine. On ne fait rien sans commencer par choquer.

Une idéologie qui ne choque pas est condamnée à l'impuissance, elle est factuellement déjà morte.

b) Le fétichisme de la République

Le républicanisme français a été un moteur de progrès en Occident tant qu'il fut un mouvement de conquête de libertés pour les peuples européens dans leur ensemble. Les hussards de la République ont été des libérateurs des peuples européens, notamment grâce à leur œuvre d'éducation populaire et à leur combat contre l'emprise de l'obscurantisme chrétien dans la société.

Mais en quelques décennies à peine, cette force progressiste s'est muée en lobby conservateur. Le républicanisme est devenu un combat purement défensif et non plus un mouvement de conquête. Le combat d'avant-garde s'est mué en combat d'arrière-garde. Ils ne sont plus des bâtisseurs de la République mais des fétichistes d'un âge d'or de la République. Pour les uns, cet âge d'or correspond aux années Mitterrand-Touche pas à mon pote, pour les autres, il se situe dans l'euphorie black-blanc-beur des années 90-2000. Pour d'autres encore, il est à chercher dans la France de De Gaulle, ou de Clemenceau, ou de Jaurès. Dans tous les cas, il s'agit de vouloir revenir au temps béni où, pensent-ils, toutes les races fraternisaient en France sans jamais exprimer de revendications communautaires, sous l'égide bienveillante d'une République garante de valeurs universelles.

Cet idéal républicain momifié porte un nom : le fétichisme de la République. Il s'agit de la croyance selon laquelle les violences raciales et religieuses commises par les populations extra-européennes en Europe seraient dues à des défaillances dans la diffusion de l'idéal républicain laïc français, et non à ces populations elles-mêmes. Les représentants de cette ligne politique se trouvent dans tous les grands partis politiques français. Les fétichistes de la République multiplient désespérément les déclarations incantatoires dans l'espoir de recharger en pouvoir magique l'amulette républicaine, en vain. Non pas que les Français soient devenus antirépublicains ou anti-laïques. Bien au contraire. Les militants du républicanisme laïc ont réussi à se ringardiser alors même que les Français sont toujours aussi attachés à la République et à la laïcité, et qu'ils continuent de se lever en masse contre l'intégrisme religieux criminel, comme on a pu le voir suite à l'attentat musulman de Charlie Hebdo et avec l'affaire Mila.

Les représentants de ce camp républicain refusent de regarder en face leur responsabilité écrasante dans l'explosion de l'islamisme et des violences racistes en France. Durant des décennies, ils ont été le pilier de la propagande immigrationniste et de la criminalisation des oppositions pacifiques au remplacement racial. Aveuglés par leur foi assimilationniste, ils ont martelé que la France n'était qu'une idée, que la composition de son peuple n'avait pas la moindre importance, et que la France pouvait très bien rester la France quand bien même on bouleverserait sa composition démographique. Ils ont milité pour qu'on importe en masse des personnes de pays racistes et islamistes, pour ensuite s'étonner que la haine raciale et l'islamisme ravagent la France. C'est au nom de leur idéal républicain qu'ils ont organisé le remplacement racial source de délinquance, de criminalité, de violences raciales, de recul des libertés des femmes, d'intégrisme islamiste et de terrorisme, mais ils continuent aujourd'hui à brandir l'idéal républicain comme une amulette pour remédier à ces problèmes et à réclamer la prison pour ceux qui suggèrent d'autres solutions pacifiques.

L'intensité du remplacement ethnique et de l'islamisme en Grande-Bretagne — monarchie où la laïcité n'existe pas — montre bien que ni la République, ni la laïcité ne sont la cause du remplacement ethnique en France, mais force est de constater que l'idéal républicain laïc a servi de caution idéologique au remplacement ethnique et à la criminalisation des militants anti-islam. Aucune tentative — aussi musclée soit-elle — de « *reconquérir les territoires perdus de la République* » ne suffira jamais à résoudre les problèmes apportés par le changement de peuple. Seule la remigration pacifique et la reconnaissance officielle de l'erreur historique du remplacement ethnique y parviendront.

c) L'État policier

En ouvrant les portes de l'Europe aux populations du tiers-monde, mécaniquement des comportements du tiers-monde se sont multipliés. Les gens ne sont pas des pages blanches et leurs croyances, leurs mœurs, leurs univers mentaux, leurs références, leurs rapports à l'autorité et à la collectivité les accompagnent. Cette arrivée massive de populations violentes s'est produite précisément lors d'une phase historique de pacification sans précédent des sociétés occidentales. Outre une éducation tribaliste violente transmise de génération en génération, les populations extra-européennes sont habitées par un profond ressentiment racial envers les blancs, qu'elles perçoivent comme des colons qui leur ont tout volé. Même ceux qui n'ont jamais colonisé personne, blancs pauvres ou immigrés récents issus des zones les plus pauvres d'Europe, sont vus comme des spoliateurs, et les fonctionnaires ayant dédié leur vie à porter secours à autrui comme les médecins et les pompiers sont les cibles prioritaires de violences, comme s'ils étaient le bras armé d'un État raciste. À cela s'ajoute l'islam, religion totalitaire jeune, encore en phase d'expansion violente. Tous ces éléments combinés donnent lieu à une violence insupportable pour les Européens : terrorisme musulman, tabassages « *pour un mauvais regard* », coups de couteau « *pour une cigarette* », harcèlement des femmes dans l'espace public, caillassages de pompiers et de médecins dans les cités, viols raciaux, vols avec violence, émeutes, agressions diverses, tensions diffuses...

Dans un contexte politique où toute remise en cause sérieuse de la présence de ces populations extra-européennes haineuses est exclue du champ de la politique institutionnelle, cette violence génère au sein d'une population poussée à bout toutes sortes de pulsions autoritaristes : « *L'armée dans les quartiers ! Tir à vue sur les racailles ! Perpétuité pour les délinquants, peine de mort pour les récidivistes ! Construisons plus de prisons ! Le kärcher dans les banlieues ! Laissons la police les traiter comme au bled, on verra s'ils font toujours autant les malins ! En Russie ils savent les calmer !* »

Cette pulsion autoritariste est parfaitement compréhensible, mais les rêves d'État policier sont un piège pour l'Occident. La surenchère autoritariste, c'est le piège de la tiers-mondisation gouvernementale : « *Pour faire face à la tiers-mondisation du peuple, tiers-mondisons le système !* »

Non seulement l'État policier est un piège qui ne peut que faire régresser l'Occident, mais en plus, la propagande autoritariste est une propagande anti-occidentale. Elle installe dans les esprits une hiérarchie où l'Occident serait inférieur au tiers-monde. Les dictateurs du tiers-monde comme Kadhafi ou Saddam Hussein sont érigés en modèles de virilité civilisationnelle par opposition à un Occident présenté comme une femelle lascive décadente.

Il s'agit de faire croire aux blancs qu'un Occident qui refuse de ressembler à la Libye de Kadhafi, à la Russie de Poutine, à l'Irak de Saddam Hussein, au Mexique ou à l'Angola serait un Occident décadent. Les autoritaristes veulent faire croire que les spécificités qui font la grandeur de l'Occident seraient en réalité des traits de féminisation spirituelle et de décadence morale. Le but des autoritaristes est de culpabiliser les Européens de vouloir bâtir un espace de paix, d'harmonie sociale et de prospérité économique. Un de leurs slogans sur les réseaux sociaux est « *Hard times create strong men, strong men create good times, good times create weak men, weak men create hard times* ». Autrement dit, pour eux, il faudrait faire en sorte que l'Occident renonce à la prospérité et soit en guerre permanente pour éviter d'engendrer des hommes faibles. Ils présentent en modèle les pays du tiers-monde ravagés en permanence par des guerres : *« Ils sont sous-développés, mais ils ont des couilles, eux ! »*

Sous les traits de l'Occident décadent, c'est en fait l'Occident civilisé qu'ils haïssent. L'idée même de décadence est un concept tiers-mondiste qui leur permet de combattre la civilisation en utilisant la rhétorique du moindre mal. Les autoritaristes n'ont de cesse de répéter que notre monde va s'effondrer si on ne rejette pas vite la civilisation qu'ils nomment décadence : plutôt le tiers-monde autoritaire que la chute dans le tiers-monde chaotique. Ils prétendent protéger la civilisation en mettant un terme à ce qui fait de nous un peuple civilisé et moralement supérieur : ils souhaitent la répression policière débridée, la peine de mort, l'incarcération de masse, les goulags...

Cette propagande autoritariste anti-occidentale est un puissant outil de démoralisation des occidentaux, et la surenchère sécuritaire est un moyen de faire diversion pour ne jamais aborder la solution simple et pacifique qu'est la remigration. Nous sommes dans une situation démente où les médias de la bourgeoisie tentent de faire croire au peuple que tirer sur des civils et multiplier les bavures policières sur des civils désarmés est une solution plus acceptable que d'aider des immigrés mécontents à rentrer dans leur pays d'origine.

La solution à la tiers-mondisation de l'Occident n'est pas la tiers-mondisation de la police et de nos institutions. La solution à la tiers-mondisation de l'Occident est l'expulsion du tiers-monde par la remigration des populations du tiers-monde et par la destruction de l'emprise morale des idéologies tiers-mondistes telles que le christianisme et le communisme.

d) L'assimilationnisme

La gauche fait le constat que l'hétérogénéité raciale conjuguée au libéralisme laisse les extra-européens en bas de l'échelle sociale. Par souci d'égalité, elle veut donc en finir avec le libéralisme et la culture dominante occidentale, qui favoriseraient structurellement les blancs.

Cette gauche est plus rationnelle que les assimilationnistes. Ces derniers ne peuvent expliquer cette stratification raciale. Ils produisent un discours d'égalité des chances qui ne se traduit pas en égalité réelle et prônent un antiracisme qui rend cette inégalité moralement inacceptable.

L'assimilationnisme est un système dépossédant les autochtones de la valeur ethnique de leur nationalité, tout en générant de grandes frustrations auprès des populations immigrées qui restent en bas de l'échelle sociale sans qu'on ne leur donne une autre explication de leur échec que le fait de ne pas être assez assimilés.

Quand les extra-européens naturalisés n'étaient que des exceptions, le problème ne se voyait pas. Quand des enclaves non-blanches se constituent et que les nouveaux-venus sont incapables de s'extraire de la précarité malgré les perfusions d'aides sociales et des plans nationaux successifs d'aide à l'intégration, ce problème devient impossible à ignorer.

L'assimilationnisme est une idéologie de colonialisme inversé, où le dominant racial fait venir le dominé racial pour prétendre en faire un autre lui-même. Raté, il se transforme en communautarisme subi. Réussi, il débouche sur un remplacement total et silencieux. L'idéologie pathologique consistant à vouloir transformer des millions d'étrangers raciaux pour en faire de petits blancs d'adoption peut aller jusqu'à de sinistres actes terroristes comme ceux de l'assimilationniste conservateur Anders Breivik, qui tua des dizaines d'Européens de gauche dans le but de lancer un ultimatum aux musulmans, sommés dans son manifeste de prendre des prénoms chrétiens et de se convertir au christianisme.

L'assimilationnisme, c'est la volonté de changer son peuple pour conserver des valeurs obsolètes rejetées en masse par les peuples blancs. L'assimilationnisme est une maladie mentale qui considère l'appartenance nationale comme une récompense et les étrangers comme des sauvages à évangéliser, à sauver de leur trou natal, quitte à leur demander de traverser la Méditerranée à la nage. Mais la nationalité n'est pas une religion, et les extra-européens n'ont pas à être arrachés de chez eux pour plaire à des conservateurs et des gauchistes en mal d'alchimie transethnique.

e) Le néo-décadentisme

La dégauchisation des esprits opérée conjointement par la qualité de vie capitaliste et la désillusion envers les extra-européens a créé un appel d'air vers le conservatisme. Après avoir passé une vie entière confortablement installés dans un gauchisme de bonne conscience, des influenceurs et des suiveurs sont perturbés par la vision de l'islam meurtrier et de l'hyperconflictualité raciale. Ne pouvant plus concilier leurs valeurs de gauche avec la réalité de plus en plus évidente de leur échec, mais étant trop lâches pour rejoindre le camp conservateur, ils établissent une sphère de confort à mi-chemin : celle du néo-décadentisme.

Issus des rangs de la gauche et du centre, les néo-dé-cadentistes sont ceux qui passent leur temps à radoter des constats qui tendent tous vers l'idée obsessionnelle qu'on est en décadence, proférant des constats amers et stériles sur le mode du « *c'est déjà trop tard* », « *il n'y a plus rien à sauver* ».

Ils ne se revendiquent jamais explicitement conserva-teurs, mais toute leur rhétorique est empreinte de conservatisme et sert uniquement à illustrer les dis-cours conservateurs.

Les néo-décadentistes ne proposent jamais aucune solution mais monopolisent le champ des solutions. Ils découragent. Ils mettent l'essentiel de leur énergie à nous convaincre qu'il n'y a plus rien à faire, que tout est foutu.

Enfermés dans le monde des constats et de l'analyse de la cause de la cause de la cause, ils raillent et diabo-lisent systématiquement toute personne qui propose des solutions. Le néo-décadentisme est intégralement une entreprise de fausse politique de démoralisation et le seul horizon vers lequel tend leur discours est de choisir la mort la plus digne possible.

Alors que la plupart d'entre eux se prétendent laïcs, les néo-décadentistes se lamentent en permanence de la déchristianisation, par des chemins rhétoriques détournés, comme les faux constats pseudo-philosophiques du genre : « le désenchantement du monde » ou « *depuis que Dieu est mort, nous ne sommes plus guidés par la transcendance* ».

Lier le destin des peuples européens à celui du christianisme, c'est condamner à mort les peuples européens. Et c'est exactement ce que font des « intellectuels » comme Michel Onfray, Michel Houellebecq et les décadentistes en général. Ils refusent aux Européens le droit de vivre sans le christianisme, décidant qu'ils doivent mourir s'ils ne remettent pas la charia chrétienne au centre de la société. Et comme ces faux intellectuels n'ont même pas le courage d'affirmer une quelconque conviction, leur discours consiste à expliquer aux Européens qu'ils vont mourir parce qu'ils se sont écartés de la voie du Christ, mais qu'au fond ce n'est pas si mal, parce que de toute manière, on méritait déjà de crever.

Si on considère que le destin des Européens est lié au christianisme, autant leur mettre une ancre autour du cou et les jeter à l'eau car leur déchristianisation est rapide et irréversible. Elle l'est car le christianisme est une religion bancale, invraisemblable, pleine de failles structurelles, un parasite étranger. Dès qu'elle n'a plus été imposée par la force, son déclin a été inéluctable. Les Européens ont un très bel avenir qui n'est pas chrétien. Le christianisme a un très bel avenir qui n'est pas européen.

Là où le prédicateur intégriste religieux pointe « la décadence moderne » pour exhorter les gens à se convertir et à rejoindre une foi militante, le néo-décadentiste, lui, préfère le radotage ultime, un discours parfaitement clos qui enferme son auditoire dans une logique circulaire : « *Regardez, nous sommes en train de mourir, et si nous sommes en train de mourir, c'est parce que nous sommes mourants, signe que de toute façon nous devions mourir, donc autant continuer à mourir, et comme nous nous enfonçons dans la mort, ce sera bien le signe que de toute manière nous devions mourir* ». L'idée, ou plutôt la non-idée centrale de leur discours est : « *Nous méritons de mourir donc nous mourons donc cela signifie que nous méritons de mourir.* » Cette circularité du discours n'est rien d'autre que la voix de leur lâcheté. Ces faux intellectuels ont besoin de marteler qu'il n'y a plus rien à sauver, qu'il n'y a plus de raison de se battre, qu'on doit accepter la mort, parce que tout leur discours vise tout simplement à justifier leur propre lâcheté. La seule chose pour laquelle les néo-décadentistes se battent, c'est leur confort intellectuel. À deux doigts d'admettre qu'ils ont passé toute leur vie de bourgeois à ne rien faire pour leur peuple et à collaborer avec les saboteurs de l'Occident, ils préfèrent dire que de toute manière, il n'y avait rien à faire.

Le remplacisme gauchiste, c'est remplacer physiquement le peuple tout en lui disant que tout se passe bien. Le décadentisme conservateur, c'est persuader le peuple que c'est son avenir inéluctable d'être remplacé. Le remplacisme remplace pendant que le décadentisme persuade que ce remplacement est inéluctable voire nécessaire.

Les néo-décadentistes sont les pires ordures du paysage politique occidental.

9.2 Les fausses solutions de gauche

a) Le bourbier de l'anticapitalisme

La dénonciation du capitalisme est devenue l'un des principaux lieux communs politiques en Occident. Par automatisme, par paresse intellectuelle et par récupération politique, tout ce qui ne fonctionne pas dans la société et tout ce qui génère des mécontents est taxé de capitaliste, même quand il s'agit de cas flagrants de dérive étatiste ou de mesures antilibérales. Les diverses organisations anticapitalistes furent jadis un moteur de progrès social et économique dans les pays occidentaux, en permettant aux prolétaires de s'unir et de s'organiser politiquement face à la bourgeoisie. Sans les grèves, les syndicats, les partis de gauche, la menace de révolution, les bourgeois auraient continué d'esclavagiser les prolétaires jusqu'à l'absurde. Sans contre-pouvoir prolétaire, non seulement le progrès économique généré par le capitalisme n'aurait eu aucun sens ni utilité civilisationnelle, mais l'économie elle-même se serait effondrée faute de marché. Il se serait produit ce que Marx avait prédit dans le *Manifeste du Parti Communiste* : l'effondrement de l'économie capitaliste à cause des crises de surproduction dues à un écart trop grand entre la masse de biens produits à des coûts toujours plus faibles par une main d'œuvre exploitée et la fai-

blesse de la consommation à cause de la sous-rémuné-
ration du peuple.

Mais l'anticapitalisme n'a été une force progressiste
en Occident que tant qu'il fut la forme principale d'organisation de l'opposition des prolétaires européens à la
bourgeoisie occidentale. Désormais, l'anticapitalisme
est une force bourgeoise et une arme d'incapacitation
massive des prolétaires européens.

Les anticapitalistes sont les plus sûrs alliés du système néocorporatiste. L'État et des entreprises privées
sont ravis de financer toutes sortes de groupes anticapitalistes pour se donner une image « verte » ou « inclu-
sive ». Mieux vaut pour eux un carnaval multicolore de
clowns aux revendications aussi virulentes qu'abs-
traites, plutôt que des personnes qui leur demandent
des comptes ici et maintenant.

Qu'ils soient proférés par des communistes, des anar-
chistes, des déconstructivistes *woke* ou des écologistes
de gauche, les discours anticapitalistes aboutissent tous
aux mêmes résultats : diversion carnavalesque, désarmement des prolétaires blancs, stérilisation de leurs
luttes et renforcement du pouvoir de la bourgeoisie
conservatrice.

La stérilisation des luttes prolétaires par l'anticapitalisme consiste à détourner la haine légitime antibourgeoise vers des rêveries éthérées pour empêcher les
prolétaires de formuler des revendications précises,
concrètes, immédiatement applicables. La bourgeoisie
anticapitaliste hameçonne le peuple en titillant sa fibre
antibourgeoise pour détourner les ressources humaines,
financières et médiatiques vers des combats condamnés

à l'échec. *« Ne réclamez pas le revenu universel, venez dans nos manifs de punks à chien beugler contre le Grand Capital ! N'exigez pas l'expulsion des clandestins, des délinquants et criminels étrangers, ne vous battez pas contre le remplacement racial que les grands patrons vous ont imposé pour vous pourrir la vie et détruire vos salaires, luttez plutôt contre le racisme et réclamez avec nous toujours plus de remplacement ! Ne protestez pas contre la tiers-mondisation de votre pays, devenez plutôt les carpettes du tiers-monde, c'est une étape indispensable de la Révolution ! »*

Le renforcement de pouvoir de la bourgeoisie réactionnaire par l'anticapitalisme se produit de plusieurs manières. La rhétorique antiblanche des anticapitalistes est un moyen de diluer la responsabilité bourgeoise par culpabilisation de l'entièreté de la race blanche, empêchant ainsi de réclamer des comptes aux membres de la race bourgeoise. La culpabilisation raciale des prolétaires blancs tue dans l'œuf toute structuration politique de l'opposition au remplacement racial et permet donc aux bourgeois de continuer en toute impunité à faire venir toujours plus d'immigrés extra-européens, autrement dit, à intensifier le processus permettant à la bourgeoisie de disposer d'un peuple toujours plus atomisé et malléable. Entretenir la psychose médiatique sur le racisme en Occident permet à des associations de se gaver de subventions pour persécuter judiciairement les opposants au remplacement ethnique. Outre les persécutions judiciaires, la chasse aux prolétaires blancs racistes passe par des rituels d'humiliation publique dans les médias pour leur interdire tout espoir de réussite professionnelle et inspirer un sentiment collectif de terreur paralysante. Enfin, le projet anticapitaliste de détruire la civilisation occidentale, le peuple blanc et la prospérité économique de l'Occident pousse le peuple qui ne veut pas de ce suicide à se réfugier électoralement dans les partis bourgeois chrétiens conservateurs. Ainsi, le militantisme anticapitaliste permet d'asseoir le monopole bourgeois de la parole médiatique, que se partagent entre eux bourgeois de gauche plus ou moins anticapitalistes et bourgeois conservateurs.

Le désarmement du peuple européen par l'anticapitalisme s'opère par la culpabilisation permanente des prolétaires blancs. La rhétorique anticapitaliste diffusée par les partis politiques officiels, les syndicats institutionnalisés, les associations subventionnées et les médias s'accompagne en effet systématiquement de rhétorique anti-occidentale. Le capitalisme étant une création occidentale, les blancs dans leur ensemble, y compris les plus pauvres, sont culpabilisés en tant qu'oppresseurs du prolétariat non-blanc. En France, la plupart des professionnels de l'anticapitalisme sont rémunérés directement ou indirectement par l'État lui-même pour traiter les prolétaires blancs de privilégiés racistes destructeurs de la planète. La culpabilisation raciale est un puissant outil de désarmement psychologique.

L'anticapitalisme ne fait pas trembler d'un millimètre le système néocorporatiste. Bien au contraire, il le renforce. Au lieu d'utiliser leur connaissance des milieux de pouvoir pour démanteler le système néocorporatiste, les bourgeois anticapitalistes préfèrent convier le prolétariat au spectacle obscène d'une bourgeoisie narcissique jouant au défenseur ultime des pauvres en prêchant la destruction du seul régime économique apte à offrir aux pauvres des conditions de vie décentes. Le militantisme anticapitaliste exprime la peur bourgeoise de voir les prolétaires accéder au confort matériel.

Enfin, le capitalisme libéral est l'essence de l'Occident contemporain. Par conséquent, il serait tout simplement absurde d'être anticapitaliste dès lors qu'on entend défendre l'Occident.

Toutes les mesures radicales que nous proposons dans le présent manifeste pour apporter la paix, la liberté et le bonheur aux prolétaires européens sont réalisables immédiatement sans qu'aucune révolution anticapitaliste ne soit requise. Ceux qui disent aux prolétaires « *commençons par renverser le capitalisme* » ne font qu'envoyer les prolétaires vers une quête irréalisable pour les condamner à l'impuissance politique.

b) L'implantation dans la gauche

Les déchirements entre la gauche traditionnelle et les militants progressistes de la justice sociale donnent un faux espoir à ceux qui se croient de droite. Comme beaucoup de gens se pensent de droite pour la seule raison qu'ils sont opposés à certaines émanations de la gauche, ils pensent naïvement que tout gauchiste déçu par la gauche va venir rejoindre leurs positions. Mais cette union attendue n'a pas lieu, et un certain nombre de conservateurs de la fausse droite se mettent à gauchiser leur discours pour séduire la gauche rebutée par les militants de la justice sociale. Constatant que les gauchistes conservateurs ne viennent pas davantage à droite, ce sont des gens qui occupaient la droite qui commencent alors à envisager de déménager à gauche. Même dans les milieux qualifiés d'extrême droite, partout grandit cette idée qu'il faut évangéliser une gauche qui semble se réveiller, et sceller une alliance des antiprogressistes de tous les bords politiques.

Cependant, si les militants de gauche se radicalisent dans le réactionnarisme en combattant la frange la plus progressiste, ils n'en deviennent pas pour autant de droite. Cette guerre interne à la gauche n'a pas pour enjeu une opposition philosophique profonde, elle n'est rien qu'une guerre de succession entre deux groupes ayant la ferme intention de rester à gauche. Ceux qui n'y tenaient pas ont déjà quitté la gauche.

Pourtant, les partis conservateurs s'échinent à paraître plus gauchistes que la gauche. L'essentiel de leur stratégie médiatique consiste à vouloir prouver que *« ce sont les gauchistes qui sont les vrais racistes, alors que nous, nous sommes les vrais antiracistes »*. Un nombre grandissant de figures conservatrices étiquetées à droite proclame même : *« La vraie gauche, c'est nous. »*

Cette stratégie d'implantation dans la gauche ne convainc personne à gauche et ne fait que renforcer l'hégémonie idéologique de la gauche.

c) La gauche réac

Une part croissante de la gauche est sincèrement horrifiée face aux effets lamentables de la déconstruction gauchiste et du remplacement ethnique orchestré par la gauche elle-même.

Une partie de la gauche a bien compris que la gauche institutionnelle avait trahi le prolétariat qu'elle prétendait défendre, et que le relativisme culturel institué par la gauche *woke* menace gravement la laïcité et le progrès social.

Cette gauche partiellement lucide se réfugie donc dans l'incantation nostalgique de telle ou telle époque « *où la gauche était encore vraiment de gauche* ». Ce sont carrément des gauchistes réactionnaires. Prenant la reconversion sociétale de la gauche pour la cause de la crise de la gauche au lieu d'admettre qu'elle en est la conséquence, ils s'imaginent que la solution serait de revenir à une gauche ne se préoccupant que de lutte des classes et renonçant à tout progrès sociétal.

La gauche réac veut restaurer l'Occident des années 60, quand il y avait le plein emploi et une vaste classe ouvrière, que les femmes avaient acquis de nouveaux droits mais pas encore trop à son goût, et que la gauche faisait rêver une part importante de la population.

La gauche réac européenne préfère accuser les États-Unis d'avoir perverti la gauche plutôt que d'accepter que c'est le logiciel gauchiste qui a mené à l'état actuel de la gauche. La gauche réac américaine accuse de son côté les Français (la *French theory*) de la même chose.

Les gauchistes réacs, ce sont des gens qui ont milité toute leur vie pour que les pays d'Europe accueillent toujours plus d'immigrés extra-européens et pour criminaliser toute opposition au remplacement ethnique, qui ont toujours pensé que la lutte contre le racisme devait être une priorité de notre civilisation. Puis, lorsque les populations qu'ils ont invitées s'organisent politiquement contre ce qu'elles estiment être du racisme contre elles, les gauchistes réacs sont tout ébaubis et hurlent au complot américain.

La gauche réac ne marchera pas, pour la simple raison que rien de réactionnaire n'a jamais marché sur le long terme en Occident. Si le progressisme gauchiste vous horrifie, alors ce n'est pas la lutte pour ralentir ce progressisme qui vous épanouira, mais un progressisme de droite que ce manifeste est le seul à spécifier de façon complète et cohérente.

La gauche réac, c'est traîner du pied avec dix ans de retard derrière chaque avancée de la gauche. C'est toujours ce qui est arrivé et ça n'a jamais abouti à rien, hormis à donner de la force aux conservateurs. La gauche réac jouit de nombreux relais médiatiques mais n'est le moteur d'aucune évolution politique. Elle est un poids mort servant surtout de caution morale au camp conservateur, qui les invite avec enthousiasme pour se donner un supplément d'âme.

d) La réconciliation prolétarienne interraciale et le mythe de la diversion raciste

Un des mythes mensongers les plus pernicieux diffusé par la gauche dans les cerveaux prolétaires est le discours suivant : « *Le racisme est un piège, tant que les pauvres s'entredéchirent pour une histoire de couleur de peau, ils ne s'allient pas contre ceux qui monopolisent les richesses mondiales.* »

Le remplacement ethnique est une arme bourgeoise contre le prolétariat. Accuser les prolétaires de racisme quand ils ne font que lutter contre les armes de leurs oppresseurs est aussi indécent que reprocher à une personne victime d'attentat de tenter d'arracher le couteau des mains d'un terroriste. Fustiger le racisme des prolétaires blancs est aussi stupide et obscène que d'exiger, lorsqu'un homme malveillant met le feu à votre maison, que vous vous consacriez d'abord à « *rechercher le vrai coupable de l'incendie* » au lieu de commencer par éteindre le feu.

Quand la gauche bourgeoise prétend que s'opposer au remplacement ethnique serait « *ne pas s'attaquer aux vrais coupables* », elle veut en fait faire oublier qu'elle fait partie de ces *vrais coupables*.

Le fait que les bourgeois du camp conservateur utilisent effectivement les immigrés extra-européens comme diversion médiatique pour cacher leurs propres méfaits ne change rien au fait que le remplacement racial constitue objectivement une arme de la bourgeoisie conservatrice et de la bourgeoisie de gauche contre les prolétaires blancs. D'ailleurs, le mythe de la fausse diversion raciste, les ultra-conservateurs y ont autant recours que l'extrême gauche. La seule différence est que dans leur discours, les ultra-conservateurs remplacent « les riches » par « les juifs » et « les francs-maçons », ou toute autre périphrase plus ou moins absconse.

Le remplacement racial est le glaive et le bouclier de la bourgeoisie. Par le glaive du remplacement, la bourgeoisie place le prolétariat des zones remplacées en état de siège permanent, elle épuise nerveusement les prolétaires qui gaspillent une énergie considérable à se défendre face aux agressions et à se demander s'ils ne sont pas fous, et elle brise toutes les solidarités prolétaires en introduisant chez eux des populations violemment racistes entre elles et envers les prolétaires blancs. Par le bouclier de l'antiracisme, la bourgeoisie criminalise toute opposition au remplacement ethnique et empêche de pointer du doigt la cohésion raciale de la bourgeoisie haineuse du peuple blanc.

Ne vous inquiétez pas, ô bourgeois de gauche, nous ne comptons pas seulement nous opposer à vos glaives et à vos boucliers que sont les immigrés extra-européens : nous avons la ferme intention de nous attaquer aux « vrais coupables », c'est-à-dire à vous. À vous, bourgeois de gauche, et à vos frères jumeaux, vos complices en toutes choses, les bourgeois conservateurs. Nous sommes déterminés à vous traquer, à vous assigner en justice pour actes de trahison, et à vous faire payer les réparations des violences migratoires que vous avez organisées. Une étape indispensable de ce combat sera de vous confisquer votre arme principale de guerre au prolétariat blanc : le remplacement racial.

9.3 Les fausses solutions libérales

a) L'austérité amputatoire

Les conservateurs prétendent souvent que le seul moyen d'enrayer le remplacement ethnique, c'est de ne plus verser d'allocations et de casser la sécurité sociale. Ils proposent de détruire ce qui permet au peuple autochtone de vivre dans le confort, sous prétexte que cela aurait un effet repoussant pour les immigrés. À ce compte-là, autant interdire l'oxygène pour tous puisque les immigrés le respirent.

De même que l'État policier, c'est tiers-mondiser le système de gouvernement et les institutions pour s'adapter à la tiers-mondisation de la population, l'austérité amputatoire, c'est tiers-mondiser l'économie en espérant faire fuir les habitants du tiers-monde. C'est vouloir faire ressembler l'Europe à leur pays d'origine dans l'espoir qu'ils retournent dans leur pays d'origine.

On ne refuse pas la tiers-mondisation en détruisant son système social et en devenant plus vite un pays du tiers-monde.

Les extra-européens ont fortement recours aux aides sociales des pays occidentaux, mais ils n'en ont même pas besoin, et resteraient même sans ces aides. Ils ont des communautés établies qui leur permettent de trouver du travail partout en Occident, même dans les pays avec le moins d'aides. On met souvent les migrants dans le même sac que les prolétaires blancs, mais beaucoup d'entre eux ont un capital social et un réseau professionnel bien plus développé que ceux des prolétaires blancs, et même s'ils nous paraissent relativement pauvres, beaucoup sont issus de la petite et moyenne bourgeoisie de leur pays d'origine. La Grande-Bretagne a un système social bien moins généreux que celui de la France, pourtant le remplacement racial y est aussi très fort. Un certain nombre de migrants ne viennent d'ailleurs en France que dans l'espoir de traverser la Manche pour aller en Angleterre.

Couper les aides est un délire de bourgeois qui profite de l'immigration pour saigner le prolétariat blanc après l'avoir jeté à la rue en délocalisant vers la Chine et en organisant la submersion migratoire « de travail ».

Il n'y a aucune autre solution que la remigration. Tout le reste, ce sont des impasses et des épouvantails.

b) Le libre-échangisme pseudo-libéral

Le régime profondément antilibéral de la Chine utilise les subventions massives comme une arme économique pour détruire le marché mondial de la libre concurrence loyale. Les échanges industriels se font systématiquement en leur faveur parce que leur loi prévoit le pillage légal des technologies de toute entreprise occidentale qui viendrait s'installer chez eux. L'exemple de la Chine suffit à démontrer que le libéralisme sans protectionnisme face aux régimes antilibéraux est une ineptie.

Les libre-échangistes s'échinent à présenter le libéralisme comme un ordre nécessairement mondialiste et sans aucun contrôle. Pourtant, un système peut parfaitement être protectionniste et libéral. Un monde sans frontières, c'est un monde avec des barbelés autour de chaque maison. L'économie n'échappe pas à la règle.

Les conditions d'existence du libéralisme sont la sécurité et la stabilité politique. Le libéralisme est incapable de faire d'une Mogadiscio un Monaco sans en passer par les armes.

Le libéralisme est trop souvent confondu avec le laisser-faire et un État démissionnaire. Cette méprise est le fruit d'une observation exacte et d'un raisonnement faux. Constatant que certains États agissent au détriment des libertés individuelles et cherchent à régenter l'économie aussi bien que les vies privées, les libre-échangistes croient pouvoir en déduire que moins d'État aboutirait mécaniquement à plus de libéralisme. Or c'est un raisonnement dépourvu de logique, puisqu'un État libéral sera toujours meilleur garant du libéralisme qu'un *no man's land* où l'État est défaillant et le territoire, plongé dans des guerres de gangs.

Le libéralisme sans le protectionnisme, c'est le libéralisme sans le peuple. Il est absurde de défendre les libertés individuelles si on ne se préoccupe pas de la survie de ce peuple. Le système libéral de la libre concurrence et le darwinisme économique ne survivent pas au sabotage du marché par des régimes antilibéraux qui nous livrent une guerre économique.

De même que les sociétés tolérantes se doivent d'être intolérantes envers l'intolérance, le libéralisme se doit d'être intolérant avec les régimes liberticides.

c) Le libéralisme économique négationniste des sciences sociales

Le libéralisme doit impérativement être mis à jour par les découvertes de la sociologie et de l'analyse des rapports de domination dans la société. La plus grave faute commise par la plupart des « libéraux », c'est qu'ils se focalisent exclusivement sur les dérives liberticides de l'étatisme, et, ce faisant, ils nient que des groupes informels sont souvent bien plus oppressifs que l'État, et qu'il n'y a pas plus liberticide et anti-individualiste que d'abandonner l'individu à son sort, sans aide ni garantie face à de puissants groupes organisés pour l'opprimer et l'exploiter.

Rien n'est plus ridicule qu'un libéralisme négationniste de la sociologie et de l'étude des rapports de domination au XXIe siècle. Au nom de quoi devrions-nous nous priver d'outils d'analyse aiguisés permettant d'étudier rationnellement des phénomènes sociaux ? Le fait que des idéologues d'extrême gauche aient fait des sciences sociales leur chasse gardée pour donner une consistance pseudo-scientifique à leurs élucubrations ne disqualifie pas les sciences sociales. Cela rend au contraire plus impardonnable encore la démission des libéraux, qui ont laissé les ennemis des libertés s'approprier intégralement cet outil de compréhension du réel.

Les libéraux sont trop souvent tentés par le fantasme minarchiste consistant à s'imaginer que moins d'État et moins de réglementation conduirait toujours à une augmentation des libertés, parce qu'ils sont des négationnistes des sciences sociales qui refusent de voir combien tout groupe humain autre qu'un État peut tout aussi bien générer des oppressions.

C'est grâce aux sciences sociales qu'on a pu comprendre que même des institutions censées être des havres de bienveillance pouvaient se constituer en cadre d'oppression, et ce, même quand les individus qui composent ces groupes ne sont pas malveillants. Les maltraitances médicales ou les violences obstétricales en sont de bons exemples. Si l'État ne met pas en place une culture du consentement dans les hôpitaux, ne promulgue pas de loi qui caractérise en délit le fait de pratiquer un acte médical quand un patient s'y oppose, et qu'un personnel médical dysfonctionnel, malveillant ou incompétent vous fait subir des actes préjudiciables contre votre volonté, comment allez-vous faire ? Quels sont vos recours ?

Le libéralisme trahit la cause des libertés individuelles quand il s'échine à réduire tout constat d'une atteinte à l'individu par une institution ou un groupe informel à de simples problèmes interpersonnels que chacun devrait s'efforcer de régler à sa seule échelle individuelle.

d) Le privativisme minarchiste

La liberté n'est pas un état naturel. L'homme n'a jamais vécu au jardin d'Éden. Il est d'une grande naïveté de croire que l'individu est naturellement libre et que c'est par la construction sociale qu'il s'est lié les poings.

L'homme est d'emblée un animal social. Les formes archaïques d'humanité ressemblent beaucoup plus à une secte qu'à une bienheureuse anarchie paradisiaque. L'individu n'a jamais autant existé que sous la protection des État libéraux forts. En l'absence d'État, le groupe est tout-puissant et la notion même d'individu perd son sens.

Le privativisme, c'est le luxe de vivre dans un État libéral et de penser qu'avec un État atrophié et démissionnaire de sa mission libérale, tout serait encore mieux et encore plus libéral. Mais un État libéral ne peut pas être un État faible, puisque pour arriver à préserver la liberté de ses citoyens, il faut justement être fort.

Le libéralisme exige un pouvoir fort et vigilant pour s'assurer qu'aucun groupe humain n'écrase les individus. Le désengagement minarchiste consistant à se limiter aux seuls pouvoirs régaliens aboutirait à un effondrement des libertés de tous pour augmenter l'impunité de quelques-uns.

Il n'y a pas de libéralisme possible avec un État démissionnaire. Le libéralisme anarchiste et le minarchisme sont soit des idées de plaisantins, soit des rêves de mafieux.

Sans aucun contrôle pour s'opposer aux délits d'initiés, à la concurrence déloyale et aux monopoles, très vite c'est tout le système libéral qui devient corrompu. Le libéralisme fonctionnel est une main de fer dans un gant de velours, si bien qu'on ne se rend plus compte des dangers dont la fermeté discrète des démocraties libérales nous préserve.

Il n'y a pas de liberté sans État, même si un étatisme antilibéral est évidemment une menace sérieuse à toujours prendre en compte. Mais un monde sans État dégénère en féodalisme privativiste et en guerres de cartels.

Dans une société d'abondance matérielle où il ne coûte pas grand-chose de fournir une assurance maladie minimale et des subsides sociaux de base, l'obsession de réduire l'État à « ses strictes fonctions régaliennes », voire à encore moins, la position du « toujours moins d'État » est ridicule. Il faut être d'une totale mauvaise foi pour instrumentaliser les fraudes au système social et réclamer la destruction de toute aide aux individus.

Les lobbyistes bourgeois se repèrent à leur façon de prôner le libéralisme économique sans jamais évoquer le revenu universel ni le libéralisme des mœurs. Ils veulent la liberté pour eux et leur caste, mais pas pour le peuple. Ils ne veulent payer aucun impôt sur leur héritage, mais ils veulent confisquer l'héritage des pauvres en supprimant les aides sociales.

Il est plus compliqué, coûteux et dangereux pour les États de supprimer toutes les aides sociales et de laisser des gens crever dans la rue, renforcer les mafias et multiplier les émeutes plutôt que de simplement donner aux gens de quoi vivre. Les chrétiens ont diabolisé la politique du « pain et des jeux », alors que cette recherche de paix sociale est la préoccupation de tout pouvoir exécutif qui ne voudrait pas avoir à régner par la violence et la terreur. Le pain et les jeux, c'est la civilisation.

9.4 Les fausses solutions apolitiques

a) L'apolitisme de renonciation

Les prolétaires blancs se croient souvent apolitisés pour la seule raison qu'ils ne s'identifient à aucune offre politique existante. Une proportion élevée d'apolitiques est le symptôme flagrant d'une vie politique malade à force de tourner en vase clos.

L'apolitique se croit électron libre et éclectique alors qu'il n'est rien d'autre que le produit de lobbyings et de propagandes intensives. Le but ultime de n'importe quel propagandiste politique est de donner l'apparence d'une évidence absolue à l'idéologie qu'il veut promouvoir. Son but, c'est de transformer sa vision politique du monde en opinion par défaut chez le citoyen lambda. L'apolitisme, c'est consentir à être manipulé par tous les propagandistes. C'est le refus des efforts, l'abandon de l'esprit critique, et la renonciation à assumer des opinions controversées en public, pour, à la place, présenter sa tête comme un réceptacle ouvert et offrir son cerveau sur un plateau à tous les dominants et à tous les idéologues.

L'apolitique se laisse charrier par les courants politiques comme un poisson mort. Les opinions « apolitiques » qu'il énonce sont en fait toujours une expression de l'opinion politique dominante du moment. Si la domination est gauchiste, l'apolitique est gauchiste sans même le savoir. Il est le pantin des professionnels de la politique, celui que les sphères d'influence s'arrachent, parce qu'il sert à normaliser l'idéologie qu'il recrache.

La plupart du temps, les gens ne se rendent même pas compte qu'ils recrachent des éléments de langage préfabriqués, qu'ils répètent un discours activiste très huilé qu'ils ont maintes fois entendu à la radio, à la télévision, sur les réseaux sociaux, dans la presse, dans la bouche de leurs amis, collègues, connaissances, qui répètent eux aussi le discours dominant sans davantage s'en rendre compte. Les discours répétés par les « apolitiques » sont le bout de la chaîne de propagande des plus grosses organisations politiques en place : fabrication d'un paradigme et d'un lexique par un organe idéologique, élaboration d'une stratégie de propagande, conception de rhétoriques variées à destination de publics divers, recrutement de porte-voix, mise en place de chambres d'échos et de relais médiatiques importants.

Il arrive même souvent que des groupuscules radicaux sans moyens ni relais parviennent à déverser leur credo dans la tête des apolitiques, pourvu qu'ils campent sur un sujet marginal dont ils sont les seuls à parler.

L'homme est un animal politique, et la politique dépasse très largement le fait électoral. L'apolitisme est un leurre, une fausse indépendance et une vraie lâcheté.

b) Le mythe du soulèvement populaire

Rien n'est plus triste à observer que le folklore pathétique construit autour du mythe des soulèvements populaires spontanés. Aucune révolte populaire de rue ne peut fonctionner contre une démocratie, aussi corrompue soit-elle. Les révolutions ne fonctionnent que contre des tyrannies, avec des révolutionnaires prêts à tuer et à mourir.

Exalter le soulèvement populaire ne sert qu'à s'offrir un frisson bas-de-gamme à l'idée d'une grande communion collective pour mieux éviter de se poser les questions cruciales : se soulever et conquérir les lieux de pouvoir pour les offrir à qui ? Et pour quel projet ? Une révolution au service de qui ? Destituer une démocratie pour mettre quoi à la place ? Les insurgés comptent-ils inventer un projet sur place en écoutant la sagesse populaire ?

Dans une démocratie libérale, aussi imparfaite soit-elle, non seulement un grand soulèvement populaire n'a pratiquement aucune chance de faire un tant soit peu trembler le pouvoir en place, mais en plus, ce serait encore pire s'il y parvenait. À chaque soulèvement populaire, ce sont les lobbyistes bourgeois, qui savent gérer la foule et évincer la concurrence, qui sortent vainqueurs. Et lors d'une révolution, ce sont les groupes armés et organisés qui ont le pouvoir de décider de la politique.

Les propagateurs du mythe du soulèvement populaire sont des bourgeois pervers, pleutres et fainéants qui tentent de maquiller leur soif de sang prolétaire en théorie politique. Englués dans l'ennui de leur vie confortable et trop lâches pour s'engager sérieusement dans la lutte politique, ils jouissent du spectacle excitant de prolétaires perdant un œil ou la vie dans des manifestations insurrectionnelles violentes qui ne déboucheront jamais sur aucune révolution réussie, mais qui parviennent toujours à détruire un peu plus le cadre de vie et la sécurité des prolétaires. La masturbation intellectuelle autour des insurrections populaires permet aux bourgeois de ne pas passer pour les salauds qu'ils sont, lorsqu'ils se réjouissent que des prolétaires soient tabassés, aient leur voiture ou leur commerce incendiés et voient leur quartier, leurs écoles et leurs bibliothèques dévastés.

c) Le collapsisme messianique

Le collapsisme désigne l'idéologie qui place en priorité absolue la préparation individuelle à un effondrement éventuel. Le collapsisme est une forme de refus infantile de toute solution politique. Ce collapsisme prend le plus souvent racine dans la croyance que la seule issue possible à une crise (bulle économique, « décadence », monde politique sclérosé...) est l'effondrement général de la société. Le collapsiste croit qu'une société recréée sur les cendres du système qu'il dénonce aura toujours des bases plus saines du simple fait que ses fondateurs auront connu l'effondrement, telle une illumination. Les collapsistes se réclament de manière obsessionnelle de la « dure réalité », du pragmatisme, du « retour au réel », ils accumulent les chiffres, les raisonnements, les documents censés démontrer que l'effondrement est imminent, pour donner une consistance hyper-rationnelle à leur fantasme. Mais ce fantasme est une croyance d'ordre religieux : l'effondrement qu'ils attendent, c'est le rêve d'une apocalypse, c'est-à-dire d'une révélation, au sens étymologique grec du mot. C'est littéralement croire qu'une grande catastrophe meurtrière permettra un grand moment de vérité. L'effondrement dont ils prétendent seulement nous avertir est finalement leur plus grand désir.

Le collapsisme peut mener à une posture de préparation passive et individualiste (le survivalisme), ou à un esprit de sabotage actif voire sacrificiel (l'accélérationnisme). Les survivalistes vivent dans l'envie de faire partie d'une petite élite de citoyens malins qui se seront discrètement préparés à l'effondrement, qui seront parmi les rares à survivre ou qui feront partie d'un monde aux cartes rebattues, dans lequel la hiérarchie sociale aura été bousculée par la révélation de l'effondrement. Les accélérationnistes se plaisent à penser que plus tôt le système explosera, mieux ce sera, ce qui leur permet de se sentir utiles en commettant des actes de sabotage insignifiants, ou de donner un vernis altruiste et sacrificiel à un attentat, dans la version la plus rare et la plus radicale de l'idéologie collapsiste.

Les collapsistes sont donc des gens qui ont choisi de ne rien faire au service des autres, voire de leur nuire, et de se sentir supérieurs pour ça.

d) La confiance passive en l'amélioration des choses

Tandis que le collapsiste justifie son inaction et son dédain à servir la société par le postulat que celle-ci est bancale et va bientôt s'effondrer, le confiant béat, lui, justifie son inaction en décidant de croire que tout va s'améliorer sans qu'aucune action ne soit nécessaire.

C'est surtout sur la question du remplacement ethnique que la fausse solution de la confiance passive est massivement promue à des fins de propagande. Cela fait plus de cinquante ans que la bourgeoisie répète aux Européens que tout se passera bien, que les populations extra-européennes vont gentiment s'assimiler et s'adoucir avec le temps, et que le développement de l'Afrique diminuera peu à peu les flux migratoires. Ce qu'on constate, c'est que la réalité a dépassé les prévisions les plus alarmistes, que des quartiers puis des villes entières ont été racialement sinistrées, que la troisième ou quatrième génération est souvent encore pire que la première, que les cultures arriérées du tiers-monde déteignent de plus en plus sur la population autochtone, que les flux migratoires ne diminuent en aucune manière, et qu'on ne peut plus en Europe faire de dessins de Mahomet sans risquer de recevoir une balle dans la tête.

La fausse solution de la confiance passive en l'amélioration des choses n'a qu'une seule fonction : endormir le peuple autochtone d'Europe.

Collapsistes et confiants béats ont ceci en commun d'être des fainéants et des égoïstes qui ne s'assument pas, et qui se cachent derrière des prédictions d'apocalypse pour les uns, et d'amélioration automatique pour les autres.

Au lieu de dire qu'ils préfèrent ne penser qu'à eux et laisser le travail à d'autres, ils veulent se sentir supérieurs dans leur démission sociale et politique.

e) L'attente de l'homme providentiel

Rien n'est plus ridicule que les discours politiques qui offrent comme seul espoir la venue d'un homme providentiel, d'un nouveau Charles Martel, De Gaulle, Napoléon, Charlemagne...

Les veilleurs attentistes de l'homme providentiel ont une vision infantile de la politique. Ils s'imaginent que le summum de l'accomplissement politique consiste à ce qu'une figure paternelle d'autorité bienveillante prenne en main un peuple passif et le protège ainsi des méchants. Ils en viennent parfois à réclamer une invasion de leur propre pays, appelant de leurs vœux une annexion par Vladimir Poutine parce qu'ils ont aimé quelques-unes de ses citations.

Cette fiction pétrie de nostalgie stérile leur permet de se complaire de l'immaturité et de ne jamais rien inventer, ne jamais concevoir de projet ni faire évoluer leur ligne. L'attente de l'homme providentiel vient tout droit du providentialisme chrétien, chez un peuple habitué à se faire dire qu'il faut prier à chaque fois qu'il traverse une épreuve difficile.

Chercher un nouveau De Gaulle ou un nouveau Churchill n'est pas de la politique, c'est une prière d'impuissant. Les grands hommes de l'histoire n'ont pas été invoqués par de pieuses incantations en mettant en suspens toute lutte politique dans l'attente de l'homme de la situation. Ils se sont imposés parce qu'ils avaient été inspirés par un état d'esprit, une philosophie, une idéologie, un mouvement. Les grands hommes sont le produit de mécanismes de groupes, et à l'origine de ces mécanismes, il ne peut y avoir que l'idéologie. Il faut une idéologie remarquable pour inspirer des hommes d'État remarquables.

Un homme providentiel n'apparaît pas tout seul. Il ne va pas inventer une solution à lui seul et être écouté en portant un message totalement inédit.

L'homme providentiel est attendu par des gens qui ne se remettent pas en question, et qui ne veulent pas remettre en question des environnements politiques qui étouffent toute vocation. Ce sont précisément ceux qui attendent l'homme providentiel qui sont le moins susceptibles de le reconnaître s'il arrivait.

f) Le populisme démagogique

Le problème du populisme, c'est que lorsqu'on cherche le dénominateur commun d'une foule, on finit toujours avec une bouillie mi-gauchiste, mi-conservatrice.

Les bourgeois conservateurs sont fascinés par l'idée d'un « grand mouvement populaire », ils se rêvent à la tête du même peuple qui les a renversés de son dos dès qu'il a pu le faire. Les bourgeois conservateurs se persuadent que des élites malveillantes les auraient coupés de leur peuple et du « pays réel », parce qu'ils ne veulent pas croire que les Européens les ont abandonnés dès qu'ils en ont eu l'occasion.

C'est ainsi qu'on finit avec une bourgeoisie conservatrice qui rêve encore plus au grand soir que les communistes, en décalage complet avec son époque et les préoccupations du peuple.

Le populisme est par essence une forme de malhonnê-
teté intellectuelle : les populistes prétendent n'être que
« la voix du peuple », de manière à faire de la politique
en se prétendant apolitiques, à mettre en œuvre une
idéologie sans jamais la nommer. Il n'existe pas de
« volonté populaire » totalement spontanée. Les « aspirations du peuple », comme les slogans de manifestation, sont toujours façonnées par diverses idéologies et
il existe toujours des antagonismes politiques au sein
d'une même population.

Il est profondément malhonnête, quand on exerce la
politique pour métier, quand on fait partie de l'élite qui
dispose de l'argent, du temps et d'un niveau culturel qui
permettent de se consacrer à la politique, de ne pas
proposer de projet novateur aux électeurs, de les laisser
croupir dans les mêmes radotages, pour ensuite venir
prétendre que la synthèse de ces radotages constitue-
rait « la volonté populaire ».

L'avis populaire change. S'adapter à cet avis passager
sans le guider, c'est se laisser entraîner par l'inertie de
l'avis populaire. L'idéologie consiste à guider le peuple,
à lui proposer un projet digne de ce nom, là où le parasitage démagogique consiste à instrumentaliser l'avis
du peuple pour faire du surplace.

Le populisme démagogique permet aux bourgeois de
s'assurer que le prolétariat reste bien bête en flattant
chacune de ses mauvaises intuitions, chacun de ses
combats stériles, chacun de ses caprices et chacun de
ses mirages. Rien de grand n'aurait été accompli en
Occident si l'on avait écouté exclusivement les réticences et les besoins immédiats du peuple.

Ceux qui prétendent que la solution à nos problèmes est de gouverner par référendum veulent se faire élire sans avoir à assumer un programme clair, sans défendre un projet tranché, sans offrir une vision cohérente pour l'avenir.

g) Le communautarisme racial apolitique

Face à la tiers-mondisation croissante et la montée des communautarismes importés, des Européens peuvent être tentés de se protéger par la pratique du communautarisme blanc. Ceux-là comprennent que leur survie et leur épanouissement reposeront sur l'appartenance à une communauté soudée. Afin de toucher un maximum de monde, les influenceurs communautaristes peuvent être tentés par une posture apolitique naïve, en s'en tenant aux constats et à l'idée générale de la solution communautaire entre Européens de tous horizons.

Mais dans les faits, le communautarisme blanc apolitique conduit mécaniquement à s'enfermer dans une chambre d'écho ultra-conservatrice et dépressive, n'ayant pour seul liant que la rancœur stérile en réaction au remplacement ethnique. C'est alors se couper de l'état d'esprit nécessaire pour attirer des éléments de qualité, pour créer un climat agréable, stimulant et attractif, et pour conquérir du pouvoir. Insister sur la communautarisation dans un esprit séparatiste, et sur l'expatriation, c'est viser le déclassement et le repli sur soi.

La plupart des Européens sont largement favorables à la remigration. Mais penser qu'il est possible de les attirer en renonçant à un projet politique exaltant, c'est se tromper sur toute la ligne, et n'attirer que les marginaux et les cas sociaux dépressifs.

Compte tenu de la faune de dépressifs conservateurs plus ou moins déséquilibrés qui compose toujours la totalité du recrutement dans toute initiative de communautarisme blanc apolitique, on aboutit systématiquement à une diabolisation maximale pour une ligne politique inexistante, siphonnable par le premier propagandiste chrétien conservateur venu. Quand on réunit des personnes sur les constats et non sur les projets, on aura beau s'échiner à maintenir un cap « apolitique », on aura beau appeler au « rassemblement transpartisan », à l'arrivée, c'est toujours le plus petit dénominateur commun qui finit par l'emporter. Dans le cas présent, c'est le conservatisme chrétien dépressif qui l'emporte toujours, même quand la plupart des membres ne sont pas de très zélés chrétiens. Et les conservateurs chrétiens finissent toujours par imposer une ligne réactionnaire misogyne et antiraciste, consistant à rabâcher que les ennemies à abattre sont les femmes blanches (destructrices de civilisation, pécheresses fauteuses de trouble, traîtresses éternelles) et qu'il faut plus ou moins tendre la main aux africains et aux arabes pour en faire nos « frères en Christ ».

Les propagandistes chrétiens réactionnaires mettent toute leur énergie à évangéliser les racistes, tandis qu'ils ne consacrent jamais une seconde de leur temps à conscientiser les chrétiens sur le péril du remplacement racial. Les groupes communautaristes blancs apolitiques servent de vivier de recrutement aux paroisses mais les paroisses ne servent à l'inverse jamais au recrutement pour le communautarisme blanc. Tout projet communautariste blanc apolitique est voué à l'échec et sert toujours à grossir les rangs du christianisme, premier lobby pro-migrants d'Occident.

9.5 Les fausses solutions patriotes

a) Le conservatisme identitaire

Rien n'est plus faux que l'affirmation selon laquelle vouloir sauver l'Occident, ce serait être conservateur, parce qu'on voudrait supposément « conserver le peuple », « conserver notre identité ».

La volonté de survie n'a pas à être cataloguée politiquement comme un « conservatisme ». C'est la condition préalable de toute politique. Les homosexuels victimes de persécutions en Tchétchénie sont-ils des conservateurs parce qu'ils réclament de conserver leur vie ? Va-t-on à ce compte-là qualifier les féministes en lutte contre les féminicides de « conservatrices » parce qu'elles veulent que la société les protège quand un homme les menace de mort ?

Sauver l'Occident, c'est avant tout défendre ce qui fait sa force, sa singularité et le fil conducteur de son histoire : sa capacité à progresser. Mettre la focale sur l'identité, c'est figer ce progrès au moyen de l'ambiguïté d'un mot qui évoque à la fois la nature raciale et le folklore. C'est défendre l'Europe dans un bocal de formol.

Croire qu'on sauve l'Occident en le « conservant » est aussi fou que de croire que momifier un corps lui rendra la vie. Si quelqu'un vous promet l'immortalité en

échange que vous le laissiez vous ouvrir les tripes, retirer les organes et bourrer le corps de produits conservateurs, fuyez : cette personne ne vous offre pas l'immortalité, elle essaye juste de vous pousser au suicide.

Le mot *identitaire* est un piège conservateur qui fonctionne de la même manière que le « *bait and switch* »,
technique de vente consistant à appâter le client avec
quelque chose de séduisant, pour le rediriger vers un
produit bas-de-gamme qui n'a plus rien à voir. Se réclamer de la notion vague d'« identité » permet aux
conservateurs de hameçonner un public avec la défense
du peuple occidental pour lui refourguer ensuite leur
propagande chrétienne, via la notion fallacieuse de
« racines chrétiennes », idée qui consiste à travestir la
colonisation parasitaire opérée contre nos ancêtres en
prétendues « racines ».

Le cul-de-sac idéologique identitaire permet aux militants religieux d'instrumentaliser des militants ethniques. Dans l'esprit identitaire, on évangélise les militants ethniques mais personne ne va jamais dans les
paroisses convertir des croyants au racisme. Le conservatisme identitaire est une pompe aspirante à sens
unique qui transforme des énergies raciales pour les
broyer en une bouillie religieuse réactionnaire.

b) L'union des patriotes

Une idée centrale hante les faux espoirs patriotiques :
l'union transpartisane des patriotes.

Or le patriotisme n'est pas une ligne politique. C'est un
sentiment d'appartenance à un peuple et de loyauté à sa

patrie, et ce sentiment est très connu pour sa facile instrumentalisation.

L'injonction à l'union patriote pousse à se sentir le devoir d'être solidaire et de s'allier au moindre rejet de la gauche. Ce qu'on appelle « extrême droite » est en fait le dépotoir patriote de la gauche. La gauche y jette tous ceux dont elle ne veut pas. Être rejeté de la gauche fait de vous un mauvais gauchiste, mais vous n'en devenez pas une personne de droite pour autant. Il n'y a aucune colonne vertébrale patriote, et la chose tombe rapidement dans le gouffre sans fond du souverainisme.

L'union des patriotes est toujours un piège conservateur qui fait le jeu du gauchisme.

c) Le souverainisme bourgeois nationaliste

La ligne souverainiste, qui mêle figures conservatrices et gauchistes, se présente comme l'antidote à tout un fatras de problèmes divers désignés comme autant d'« effets délétères de la mondialisation débridée », parmi lesquels l'immigration, l'insécurité et le chômage. Mais de quel souverainisme parle-t-on ? Le souverainisme de qui ? Derrière les formules vagues sur la souveraineté des États, sur la « nécessité de rétablir des frontières », qui doit pour eux être souverain ? Qui est censé gouverner selon eux, en lieu et place des « technocrates de Bruxelles » ou de « l'oligarchie » ? La réponse est évidente : les bourgeoisies nationales.

Les souverainistes exploitent le sentiment patriotique pour servir leurs intérêts bourgeois nationaux, tout comme les gouvernements en ont abusé pour envoyer leurs citoyens à la boucherie la fleur au fusil. C'est le chantage patriotique : les bourgeois se drapent dans les couleurs de la nation, et vont qualifier de traîtres et de mondialistes tous ceux qui ne les suivent pas.

Les souverainistes prétendent défendre « la souveraineté du peuple » tout en œuvrant activement à la criminalisation des opposants au remplacement ethnique.

Le localisme, qu'il soit à l'échelle départementale, régionale, nationale ou internationale, est toujours porté par des bourgeois qui se savent bien placés à cette échelle-là. Le bourgeois dont le réseau se limite à une région sera un régionaliste plus ou moins indépendantiste. Le bourgeois dont le réseau se limite au national sera un nationaliste. Le bourgeois dont le réseau est mondial sera un mondialiste.

Le prolétaire ne doit jamais écouter les arguments de bourgeois qui sont simplement frustrés de ne pas monopoliser avec leur réseau personnel la planche à billets et les avantages énormes que les réseaux de pouvoir leur procurent quand la souveraineté est exercée à leur échelle.

Le souverainisme consiste à dire que tous nos problèmes proviennent de Bruxelles, de la BCE, du FMI, de l'OTAN ou toute autre organisation supranationale, et que tout irait mieux si toutes les décisions se prenaient uniquement au niveau des États.

Le prolétariat, lui, a tout intérêt à ne pas rester enfermé dans des sphères étroites de pouvoir. Généralement, en-dehors des cas d'occupation par un autre peuple, plus le pouvoir est local, plus l'individu est

opprimé et humilié. En témoigne le sous-peuple médié-
val des cagots, qui a trouvé comme libérateur le pouvoir
royal là où les dominants locaux avaient un intérêt certain à l'opprimer pour asseoir leur pouvoir local.

En éloignant le pouvoir des bourgeoisies locales nationales, le prolétariat doit faire mourir ces bourgeoisies
de leur soif de privilèges. Plutôt les États-Unis d'Europe
que l'Europe des nations bourgeoises.

d) La fascination pour le fascisme

À force d'invoquer le fascisme et le nazisme pour criminaliser toute opposition à l'immigration de peuplement, la gauche a poussé dans les bras du néofascisme
toute une partie de la jeunesse occidentale. Il ne s'agit
nullement d'une sincère et complète adhésion aux
dogmes fascistes, mais plutôt d'une fascination ambiva-
lente, entre humour trollesque et idéalisation par
réflexe d'opposition.

Les jeunes blancs exaspérés par l'immigration le sont
avant tout par écœurement face à l'insécurité, au pourrissement de leur cadre de vie, à la mièvrerie des déclarations officielles à chaque attentat de la fameuse
« religion d'amour et de paix », à l'écart abyssal entre
les sermons antiracistes exhortant à l'amour des minorités et le constat quotidien qu'il n'y a pas plus raciste,
sexiste et homophobe que lesdites minorités. Les jeunes
blancs qui se rapprochent des mouvements dits d'extrême droite ne sont pas des graines de nazis. Ce sont
des enfants de la démocratie et de la tolérance exaspérés de voir la démocratie et la tolérance utilisées

conjointement par les élites occidentales et les immi-grés extra-européens comme des armes pour détruire l'Occident démocratique et tolérant. Les plus vieux, qui tiennent les rênes de la politique et des médias, n'ont pas conscience du quotidien de la plupart des jeunes blancs des zones remplacées. La majorité des jeunes filles blanches ont déjà été traitées de « raciste », de « facho » ou d'« islamophobe » pour avoir simplement tenté de se dépêtrer d'une agression dans l'espace public. Un homme arabe vous agresse, vous traite de pute et vous menace de viol parce que vous n'avez pas répondu à son « bonjour », puis, lorsque vous tentez de fuir ou d'appeler à l'aide, il se met à hurler que vous êtes une sale raciste. Ce ne sont pas des cas isolés, c'est un phénomène massif qui affecte profondément le quo-tidien de la plupart des jeunes blancs dans les zones d'Europe exposées au remplacement racial.

La génération Bataclan n'a jamais vu le moindre skin-head tabasser des étrangers. En revanche, cette généra-tion a vu les Français mitraillés et égorgés au nom de l'islam, et elle a vu ses petits camarades de classe maghrébins en rire sur les réseaux sociaux.

Dans ce contexte, la jeunesse se met à assimiler les références au fascisme et au nazisme à un folklore clownesque invoqué uniquement par des arabes racistes, misogynes et homophobes, et par des vieux profs d'éducation civique à la ramasse. Le bruit des bottes est devenu pour eux une bringue de carnaval, une source inépuisable de plaisanteries.

Cette jeunesse est tellement habituée à ce que le fas-cisme soit une farce, que lorsqu'elle est exposée à de la propagande néofasciste, elle n'est plus en mesure de la détecter et elle se laisse bourrer le crâne par des influenceurs réactionnaires. Tout un pan de la jeunesse européenne se rapproche de mouvements dits d'extrême droite par ras-le-bol de l'immigration. Les milices fascistes, les ratonnades, les crânes rasés et les chemises brunes que la gauche agite en permanence, ces jeunes n'en voient pas l'ombre lorsqu'ils se rapprochent de ces mouvements. Persuadés à bon droit que la menace fasciste qu'on leur avait brandie n'était qu'un fantasme ridicule, ils accordent leur confiance à ces mouvements. Certains de ces mouvements ont une image très lisse, tandis que d'autres sont beaucoup plus sulfureux, mais toujours sur le ton de l'humour. On joue au facho pour rigoler, on donne dans la surenchère de blagues *hardcore*, c'est le concours du montage le plus politiquement incorrect. Il se produit un phénomène de confirmation rôlistique : par bravade envers l'adversaire politique, on se met à endosser le rôle qu'il nous a assigné, on revêt tous les attributs que notre ennemi nous prête. Puis les frontières du jeu de rôle se brouillent et certains se laissent convaincre par les influenceurs qui leur expliquent que le fascisme n'est pas du tout ce que les médias et l'histoire officielle en disent, et qu'en fait, c'était une belle idée qui a « *juste été mal appliquée* », que le génocide des juifs n'a « *jamais existé* » mais que c'est « *dommage que tonton Adolf n'ait pas fini le boulot* ».

Seule une minorité va aussi loin. La plupart se retrouvent seulement noyés dans un flot de propagande et une bulle d'information qui les poussent peu à peu à endosser des valeurs, préoccupations, symboles, références, croyances et causes en totale opposition avec ce qui les avait initialement poussés à se rapprocher des mouvements dits d'extrême droite. Beaucoup se retrouvent alors dans une schizophrénie politique. D'un côté ils continuent à chérir les libertés occidentales, ils rejettent l'immigration et l'islam avant tout parce que ceux-ci menacent le mode de vie occidental, ils sont attachés à la démocratie et à la laïcité et ne se rattachent aux mouvement dits d'extrême droite uniquement parce qu'ils s'imaginent que ceux-ci ne sont pas réellement antidémocratiques. D'un autre côté, rendus perméables à la propagande néofasciste réactionnaire, ils en viennent à être fascinés par toutes sortes de dictateurs, à prendre la défense de militants conservateurs qui veulent remettre l'Église au centre de l'État et réhabiliter la mémoire du Maréchal Pétain, et à fantasmer la destruction des démocraties libérales d'Occident.

Si ce public n'est pas fondamentalement fasciste, il est guidé par des influenceurs qui, eux, le sont profondément, même quand ils évitent les références explicites au fascisme et au nazisme. Leur présence et le fait qu'ils soient relativement tolérés n'a rien de surprenant : la totalité de l'offre politique de droite actuelle est dictée par la bourgeoisie conservatrice. Or le fascisme n'est que la version extrémiste et exaltée du militantisme bourgeois conservateur.

À cause de la monopolisation bourgeoise de la parole politique, les fascistes ne sont attaqués que sur le point séduisant pour la jeunesse exaspérée par l'immigration : le racisme. À force de répéter que le fascisme, c'est mal parce que c'est raciste, on finit par oublier que le fascisme est une idéologie profondément anti-occidentale, et que le fascisme, c'est la haine de tout ce qui fait la grandeur de l'Occident, et la destruction de tout ce qui fait sa singularité :

Haine de la science et glorification de l'obscurantisme chrétien. Les scientifiques ne sont tolérés que dans la mesure où ils servent de caution aux dogmes fascistes. Tout scientifique trop indépendant d'esprit est éliminé. Le régime de Mussolini a même interdit l'évocation de la mémoire de Giordano Bruno, scientifique italien brûlé par l'Inquisition pour avoir affirmé que la Terre tournait autour du Soleil et que l'univers était infini ;

Obsession maniaque de la dégénérescence, exaltation de la foule uniforme et unanime contre la démocratie pluraliste, projet de destruction de l'individu au profit de la masse, haine de la création artistique dès qu'elle ne sert pas la propagande du régime, rage contre la modernité et la douceur de vivre.

Le fétichisme fasciste de la virilité confine à un homoérotisme grotesque. Structuré par une phobie irrationnelle du féminin, il confine strictement la femme au rôle d'unité de production de chair à canon et de chair à usine. Le fascisme, c'est un fantasme homosexuel misogyne à l'échelle d'une société toute entière. Les fascistes ont persécuté les homosexuels « efféminés » parce que leur part féminine représentait une menace pour le projet de société homoviriliste fasciste.

Le fascisme, c'est le pire du socialisme couplé au pire de la soumission à la bourgeoisie. Les masses prolétaires furent aguichées par des promesses de réformes sociales, pour se voir illico confisquer tout droit de grève.

Le fascisme, c'est le spectacle obscène de moyens modernes mis au service d'un idéal d'arriération civilisationnelle.

e) La fausse radicalité et le fantasme de guerre civile

Outrance n'est pas radicalité. L'outrance n'a d'ailleurs souvent pas de ligne politique, ce qui fait qu'elle est stérile. Elle vient souvent d'un désœuvrement idéologique, de la faiblesse d'une ligne qui a besoin d'être compensée par des discours qui font du bruit.

La fausse radicalité pullule au sein de la fausse droite. En l'absence de projet politique radical et cohérent, les politiciens et influenceurs de la fausse droite n'ont plus que les déclarations énervées et crétines pour se donner une image musclée.

Dans la fausse droite, la radicalité est confondue avec l'agressivité stérile, qui ressert le même contenu tiède. Quand ils veulent se radicaliser, ils prennent les mêmes idées complètement tièdes avec un langage excité, des codes paramilitaires, des tirades grandiloquentes et des caricatures qui ne ridiculisent que leurs auteurs.

La déshumanisation des étrangers et leur hyper-diabolisation, en plus d'être stupide, cultivent des lignes fragiles qui s'effondrent au premier non-blanc sympa venu, et il y en a énormément.

La rhétorique de la « guerre civile » fait partie de cette outrance stérile. Ceux qui agitent le spectre de la guerre civile ne proposent aucun projet cohérent et fort pour relever l'Occident. Ils ne font que se vautrer dans la mythomanie paramilitaire et desservir la cause de la remigration. Agiter la menace de guerre civile aboutit systématiquement aux effets inverses aux objectifs annoncés :

Au lieu de lutter contre l'islam, la rhétorique de la guerre civile fait le jeu des islamistes, en dépeignant — dans une imagerie qui frôle l'homoérotisme — les musulmans comme des guerriers invincibles toujours prêts à brandir le glaive ;

Au lieu de « réveiller le peuple », de lui ouvrir les yeux sur « les dangers qui le guettent », la rhétorique de la guerre civile pousse les gens à ne pas prendre au sérieux les avertissements de ceux qui tentent d'alerter sur l'islamisation et le remplacement ethnique. Celui qui s'amuse chaque jour à crier au loup s'assure que plus personne ne l'écoute le jour où le loup se présente réellement.

Personne de sain d'esprit n'aime macérer avec des cinglés paranoïaques animés d'une telle fascination morbide pour la violence qu'on a l'impression qu'ils désirent au fond d'eux le bain de sang. Personne de sensé ne prend au sérieux l'excité qui dit que la guerre civile est pour demain, quand ce même excité se plante chaque année depuis 30 ans en annonçant à chaque fois la guerre civile pour l'année suivante.

Au lieu de motiver le peuple à se battre pour l'Occident, la rhétorique de la guerre civile est une arme de démoralisation qui pousse à vivre comme un rat terré dans un bunker, tandis que nos ennemis, eux, marchent tête haute, font des affaires, réussissent professionnellement, s'expriment à travers l'art, dans les médias et les sciences sociales, et pèsent dans la société. L'obsession de la guerre civile pousse à perdre tout espoir, tandis que nos ennemis, forts de leur insouciance, avancent parce qu'ils sont persuadés que l'avenir leur appartient.

f) Le cirque antisémite

L'antisémitisme est une tactique de la bourgeoisie chrétienne réactionnaire pour cacher ses propres méfaits et se protéger de la vindicte populaire. La bourgeoisie chrétienne réactionnaire brandit la bourgeoisie juive comme coupable de tous nos maux pour servir de leurre. Tout ce que la bourgeoisie chrétienne accuse les juifs d'avoir fait, elle l'a fait elle-même au centuple. Les bourgeois chrétiens ne sont innocents de rien de ce dont ils accusent les juifs. L'antisémitisme est un chiffon rouge que la bourgeoisie chrétienne présente aux cornes du peuple en colère.

La bourgeoisie réactionnaire a le culot d'accuser les juifs d'avoir organisé le remplacement ethnique, alors même que c'était la bourgeoisie chrétienne qui tenait intégralement les rênes du pays lorsque les décisions politiques cruciales furent prises pour organiser le remplacement. Valéry Giscard d'Estaing a ainsi accusé les juifs d'être responsables des lois favorisant le regroupement familial et a prétendu que c'était à cause des juifs qu'il avait renoncé à organiser un retour massif au pays de travailleurs nord-africains lors du premier pic de chômage dans les années 70. En accusant les juifs, et plus particulièrement Simone Veil, il tente de faire oublier que c'était lui qui était le Président de la République à ce moment-là, que c'était lui qui avait le pouvoir, et que c'est lui et ses amis bourgeois chrétiens qui ont sacrifié leur peuple, par lâcheté, par indifférence pour le sort du prolétariat blanc, et par servilité à l'égard de leurs frères les grands patrons de l'industrie et du BTP.

Depuis le Moyen Âge au moins, la classe dirigeante chrétienne utilise les juifs comme fusibles, en choisissant des juifs pour leur confier des responsabilités piégées, afin de pouvoir ensuite les brûler quand un problème se présente. Au cours de l'histoire de l'Europe, les juifs n'ont eu que les places que les élites chrétiennes ont bien voulu leur donner. Les élites chrétiennes ont interdit les prêts avec intérêt, pour ensuite faire des juifs (et des lombards) leurs banquiers ; et quand ils peinaient à rembourser leurs dettes, ils tuaient ou expulsaient les juifs, et en profitaient pour annuler les créances. De même, les élites chrétiennes réactionnaires qui ont diffusé l'antisémitisme de la Belle Époque à la fin de la Seconde Guerre mondiale, avec le résultat sanglant que l'on sait, avaient précisément coutume de se marier avec de riches membres de la bourgeoisie juive pour renflouer leurs caisses. Ils donnent délibérément du pouvoir à une fraction de la bourgeoisie juive pour pouvoir ensuite disposer de boucs émissaires quand ils ont besoin d'accuser quelqu'un des fautes qu'ils ont eux-mêmes commises. Les élites chrétiennes octroient des privilèges à quelques bourgeois juifs qu'ils invitent dans leur club, puis, au gré de leurs besoins du moment, ils dépeignent les juifs en privilégiés détenteurs d'un pouvoir occulte. C'est ainsi que furent massacrés quantités de bourgeois juifs, mais aussi une masse plus grande encore de juifs pauvres, ainsi qu'une foule immense de prolétaires non-juifs.

Accuser les juifs permet à la bourgeoisie chrétienne réactionnaire de ne jamais se regarder dans un miroir. Même quand leur propre Église milite pour le remplacement, même quand leur pape, leurs cardinaux, leurs évêques — tous issus de la bourgeoisie chrétienne conservatrice — brandissent l'Évangile pour présenter à leurs fidèles l'accueil des migrants comme un devoir sacré, ils arrivent à accuser les juifs.

L'antisémitisme est un piège pour le peuple : diffusé par le lobby chrétien réactionnaire au sein du public populaire de sensibilité dextriste, il sert ensuite à la gauche pour accuser ses opposants de complotisme et de fricotage avec l'apologie du génocide. L'infiltration quasi-systématique de toute tentative de mouvement anti-immigration par les chrétiens antisémites transforme un combat juste et raisonnable en un cirque monstrueux, un barnum de la bêtise humaine, un asile psychiatrique à ciel ouvert.

g) La fausse droite

Les conservateurs occupent illégitimement la droite et font tout ce qui est en leur pouvoir pour l'empêcher d'exister. Tout ce qui se présente sous l'étiquette « de droite » n'est rien d'autre qu'une coterie de conservateurs bourgeois qui veulent hameçonner l'électorat dextriste. Le conservatisme, c'est la quête du contrôle par-dessus tout, tandis que la droite, c'est la quête de la liberté avant tout, et la gauche, la priorité absolue à l'égalité en toutes choses. Les conservateurs savent que dans un Occident déchristianisé, ils ne peuvent gagner s'ils se présentent à visage découvert. Ne pouvant se faire accepter à gauche, ils ont fait main basse sur la droite. Grâce aux financements de la bourgeoisie chrétienne conservatrice, ils arrivent à survivre et à se faire élire dans des pays où la population ne veut plus d'eux, parce qu'ils se déguisent en hommes de droite pour capter l'électorat de droite ainsi que les écœurés de la gauche. Cette fausse droite a deux fonctions : faire survivre artificiellement le conservatisme chrétien, et tuer dans l'œuf toute tentative de faire naître une droite authentique. Une droite authentique est forcément libérale et progressiste, ce qui menace directement les intérêts conservateurs et les intérêts bourgeois.

Si la gauche a gagné et continue de régner, c'est parce qu'elle n'avait rien en face à part cette fausse droite. La gauche a une forte colonne vertébrale idéologique et une forte influence sur tout (ce sont les seuls qui ont gagné du terrain partout dans l'associatif) et elle est devenue la référence, la valeur par défaut de tout apolitique.

Si les gauchistes traquent autant la fausse gauche, c'est parce qu'ils ont une idée très précise de ce qu'est la vraie gauche. Si personne ne traque la fausse droite, c'est que personne ne sait ce qu'est la droite. Il n'y a aucune armature idéologique, pas d'horizon commun, pas de mouvement notable, aucune grande réforme de droite, aucune grande création de droite... Et sa place politique n'est occupée que par un conservatisme qui n'est rien d'autre que l'immobilisme, le refus, la négation.

La droite n'existe pas en Occident. Elle n'est même pas définie comme contraire de la gauche, mais uniquement comme le frein réactionnaire qui ralentit la gauche. Elle n'existe qu'à l'état de sensibilité embryonnaire au sein de l'électorat des partis de la fausse droite. Pire encore, toute une partie de la fausse droite est engluée dans une rhétorique ayant pour but de revendiquer qu'ils sont la vraie gauche. En Occident, la fausse droite ne se réclame généralement même plus de la droite depuis longtemps. La fausse droite ne se dit de droite que lorsqu'elle appelle à « l'union des droites », c'est-à-dire lorsqu'elle exige, sous prétexte de « ne pas diviser », que tous se soumettent à l'agenda chrétien et se taisent au sujet de l'absence totale d'agenda de droite dans cette fausse droite.

La fausse droite repose entièrement sur la dissimulation de son véritable agenda. La fausse droite surfe sur les préoccupations dextristes (immigration, sécurité, libéralisme, baisses d'impôts) pour refourguer de la propagande chrétienne à l'électorat de droite. La fausse droite passe son temps à proposer toutes sortes de mesures liberticides, autoritaristes et chrétiennes et déploie une énergie considérable à empêcher toute proposition politique sérieuse contre le remplacement ethnique. La fausse droite prétend que dans un pays où seuls 3 % des jeunes sont chrétiens pratiquants, où les deux tiers de la population trouvent qu'il y a trop d'immigrés, et où 98% de l'opinion publique est favorable à l'avortement, il serait « trop clivant » de proposer la remigration, tandis qu'il ne serait pas du tout clivant de s'opposer au mariage homosexuel, d'agiter des croix à la moindre occasion, et de traiter de criminelles les femmes ayant recours à l'avortement. La fausse droite, ce sont des personnes qui trouvent beaucoup plus réalisable d'abolir le libéralisme, le capitalisme et la mondialisation que de faire rentrer chez eux quelques millions de personnes alors même que nous sommes en position de force vis-à-vis de tous les pays concernés.

La fausse droite, c'est la gauche réactionnaire, parfois agrémentée de quelques micro-velléités de droite pour mieux maquiller leur profond tropisme de gauche. Ce qui s'est appelé *alt-right* à l'échelle américaine et mondiale, est bien plus une gauche alternative qu'une droite alternative.

Certaines fausses droites sont des négatifs parfaits de ce qu'est la vraie droite : chaque fois que l'une souffle le chaud, l'autre souffle le froid. La fausse droite est l'ennemi à écraser en premier pour bâtir la droite.

h) L'obsession de la victoire des urnes

Aucun parti se présentant comme « de droite » ne s'approche un tant soit peu de la droite. Ce ne sont que des partis conservateurs qui font plus ou moins de concessions à la gauche.

Dans l'état actuel du paysage politique occidental, la notion de « vote utile » peut parfois avoir du sens pour la gauche, mais n'a aucun sens à droite. Quand on est de gauche, le vote utile est mieux que rien, mais quand on est de droite, le « vote utile » est pire que tout, car c'est donner sa validation à la mainmise conservatrice empêchant toute droite d'exister.

Depuis plus de cinquante ans, les conservateurs arnaquent les électeurs de droite en utilisant toujours la même ficelle marketing : la fausse urgence. Tout comme les vendeurs de camelote poussent le consommateur à acheter des biens dont il ne veut pas en le bombardant de messages visant à créer de l'affolement (« *Vite ! Plus que 24h pour bénéficier de la super promo exclusive !* »), les conservateurs s'excitent, s'étranglent d'indignation, braillent qu'il sera bientôt trop tard, que nous sommes au bord du gouffre, pour pousser les électeurs de droite à s'affoler, à se rabattre en urgence vers la première solution qu'on lui vend. Sauf que cela fait plus de cinquante ans que les conservateurs jouent le même tour aux électeurs de droite : « *Vite ! Votez tout de suite pour nous même si on ne propose rien de ce que vous réclamez et que nous n'avons aucune vraie solution ! Vite, donnez votre vote sinon dans un an il sera trop tard !* »

C'est ainsi qu'on se retrouve en France (et partout ailleurs en Occident) avec très exactement zéro grand parti étiqueté à droite proposant la remigration, alors que les deux tiers de la population française sont favorables à la remigration.

L'électorat de droite doit apprendre à se respecter. Il doit cesser de laisser les arnaqueurs conservateurs lui refourguer de la mauvaise camelote sous prétexte d'urgence. La seule urgence est de bâtir une droite authentique, apte à porter le projet de la remigration, et ce défi, on ne le relève pas par l'affolement. Ce défi, on le

relève par le travail, la persévérance et l'intransigeance.

10- La tripartition du monde politique

10.1 Sinistrisme et dextrisme : les deux philosophies à la base de la politique

Ce qu'on appelle couramment la gauche et la droite est une opposition entre deux sensibilités philosophiques et manières d'aborder le monde diamétralement opposées.

La droite philosophique, c'est le dextrisme. *Dexter* signifie en latin adroit, favorable, faste, ce qui renvoie à une sensibilité générale portée sur la pensée positive, l'incitation, la conquête, le progrès technologique perpétuel et la culture du perfectionnement : eugénisme, transhumanisme. Le dextriste veut avant tout permettre aux meilleurs de s'accomplir sans entrave.

La gauche philosophique, c'est le sinistrisme. *Sinister* signifie en latin maladroit, défavorable, non faste, ce qui correspond à une inclination portée sur la pensée négative, défensive, l'interdiction, la limitation, l'obsession des injustices et des combats en faveur des infirmes et des marginaux, la défense des opprimés et la répression des dominants même quand ils n'exercent aucune exploitation.

À droite, c'est l'exaltation de l'excellence, à gauche, c'est le ressentiment envers tout ce qui peut renvoyer à une supériorité. Ceci se vérifie très simplement : pour jeter la honte sur quelqu'un à droite, on dit qu'il est nul, alors qu'à gauche, on dit qu'il est un dominant.

La gauche donne la priorité au plus lointain sur le plus proche, la droite consacre la primauté du plus proche sur le plus lointain. Là où la gauche fait passer l'humanité avant le peuple, le peuple avant la famille et la famille avant soi, la droite fait passer l'individu avant la famille, la famille avant le peuple, et le peuple avant l'humanité.

La gauche pense que pour que les individus aillent mieux, il faut que la société aille mieux. À l'inverse, la droite pense que pour que la société aille mieux, il faut que les individus aillent mieux.

La gauche, c'est la lutte contre les inégalités et le progrès au rythme du plus lent. La droite, c'est la lutte pour s'assurer que les meilleurs ne soient pas entravés par les plus mauvais, aussi bien à l'échelle des individus que des peuples.

La gauche désire la sortie de l'histoire, la droite vise le progrès et l'adaptation constante, en considérant toute forme de stagnation comme une régression.

Quand il s'agit de légiférer, la gauche multiplie les limitations alors que la droite met en place des contre-pouvoirs.

Pour la gauche, l'individu n'est responsable de rien tant qu'il est opprimé, ni lui vis-à-vis de sa communauté, ni sa communauté vis-à-vis de lui. Pour la droite, l'individu est responsable de lui-même et de sa communauté, dont chaque membre est un ambassadeur.

La gauche, c'est croire qu'en combattant une oppression, on combat toutes les oppressions, et qu'on doit combattre toutes les oppressions pour combattre une oppression spécifique. La droite, c'est savoir que toutes les oppressions ne sont pas liées et que les problèmes se traitent séparément.

La gauche croit que toutes les inégalités sont des oppressions alors que la droite dit qu'il y a des inégalités naturelles qui dressent une hiérarchie légitime, que ce soit entre les individus ou les peuples. Là où la gauche cherche à supprimer ces inégalités, la droite cherche à tendre vers un idéal où seules les inégalités naturelles différencient les hommes, idéal qu'elle tend à appeler « le mérite ».

La gauche, c'est croire qu'il n'y a d'opposition que dans les malentendus, là où la droite, c'est admettre qu'il y a des oppositions naturelles et indépassables même quand on se comprend, et ce, même quand on éprouve de la sympathie pour son adversaire. La gauche, c'est le postulat que tout le monde aspire au fond à la grande communion universelle et que tout se résout par le dialogue. La droite, c'est l'acceptation du fait que tout le monde ne partage pas les mêmes rêves, que ce soit individuellement ou collectivement. Quand le dialogue ne fonctionne pas, on utilise la négociation, et quand la négociation est vaine, on emploie la force.

La gauche, c'est croire que se désarmer va pousser l'ennemi à se désarmer, et que s'armer va pousser l'ennemi à se surarmer. La droite, c'est la foi en le pouvoir de la dissuasion, c'est préparer la guerre pour avoir la paix. La gauche est ainsi fondamentalement anti-port d'arme et pacifiste là où la droite est fondamentalement pro-port d'arme et militariste. Quand la gauche s'arme, c'est pour faire la guerre. Quand la droite veut faire la paix, elle s'arme.

Être de gauche consiste à déplorer les dominations et à reprocher à autrui d'avoir du pouvoir, tandis qu'être de droite conduit à rechercher la réussite et le pouvoir pour égaler et renverser ceux que l'on considère comme des usurpateurs.

Le gauchiste modéré estime qu'un peuple n'est pas chez lui dans son pays, mais qu'il n'est chez lui qu'en tant qu'individu dans sa maison. Le gauchiste radical estime que personne n'est jamais chez lui nulle part, ni en tant qu'individu, ni en tant que peuple, et que la notion même de chez-soi est un concept oppressif. Le gauchiste modéré n'est qu'une étape, un compromis, mais l'ultime horizon de la gauche est l'abolition totale de la propriété privée.

Être de droite, c'est déclarer qu'on est chez soi dans sa maison en tant qu'individu, et chez soi dans son pays en tant que peuple. C'est défendre la propriété privée individuelle et la propriété privée collective. Être de droite, c'est ne voir aucune incompatibilité entre le protectionnisme et l'ouverture sur le monde, entre les frontières et l'hospitalité. On ne peut être ouvert sur le monde et hospitalier que si on est le maître chez soi.

Ce qui est tragique pour les modérés qui pensent se retrouver dans la gauche, c'est que le projet de la gauche est auto-prophétique : pour se réaliser, il a besoin que tout le monde soit fanatiquement gauchiste. Le projet gauchiste est incomplet tant que tout le monde n'est pas gauchiste. Le projet gauchiste du vivre-ensemble requiert que chacun croie au vivre-ensemble. L'égalitarisme ne « fonctionne » que si personne ne triche et que chacun accepte de s'auto-limiter dans tous les aspects de son existence. Tant que l'endoctrinement général ne soumet pas intégralement la nature humaine, le projet gauchiste n'advient pas. C'est de cette source que découle toute la haine de la gauche envers le reste du monde qui ne pense pas exactement comme elle.

La droite, de son côté, se moque que tout le monde fonctionne comme elle. Elle gagne à partir du moment où un système lui permet d'exister, même à l'échelle d'une communauté, et n'a pas besoin que tout le monde soit de droite pour être en mesure de triompher. Elle est confiante envers le darwinisme social et politique, et veut seulement vivre selon ses valeurs. Il n'a fallu aucune bombe pour que l'URSS s'effondre, ni aucun camp de rééducation pour que les citoyens des pays communistes désirent rejoindre le capitalisme.

Là où l'idéalisme gauchiste dit « *l'individu devrait être comme ça* » et où le totalitarisme gauchiste décide « *l'individu doit être forcé à être comme ça* », la droite, de son côté, cherche à légiférer pour tenir compte de l'individu tel qu'il est. La droite fait des lois pour gouverner les hommes là où la gauche fait des lois pour changer les hommes. Voilà pourquoi l'essence de la gauche est liberticide, là où l'essence de la droite est libérale.

Pour convaincre, la gauche fait appel à la morale là où la droite fait appel à l'intérêt des gens. La droite veut qu'il soit plus intéressant de faire le bien que de faire le mal. La gauche, elle, veut tester et sonder l'âme des gens, croire en la rédemption de chaque criminel, quitte à faire courir des risques aux autres personnes autour.

Elle est finalement plus préoccupée par la rédemption des cas les plus désespérés de la société ou du monde que par le bien-être général du plus grand nombre dans le peuple, quitte à envoyer la moitié du peuple au goulag s'il s'oppose à ce système purgatif. L'idéal de droite est une civilisation puissante et libre, là où l'idéal de gauche est un purgatoire chrétien sans dieu.

Depuis l'effondrement du communisme et de ses émules, on constate partout une dextrisation massive de la population sans toutefois apercevoir une offre politique de droite. Les candidats se présentant comme étant de droite inspirent la méfiance auprès de leur propre électorat, et leur exercice du pouvoir est à chaque fois une déception. L'électorat dextriste végète alors dans les faux espoirs, le centrisme ou l'apolitisme, finissant souvent par douter de son positionnement politique ou même de l'existence de la gauche et de la droite. Ce n'est pas que la gauche et la droite n'existent pas, c'est que la droite tout court n'existe pas.

Les dextristes erreront politiquement aussi longtemps qu'aucune droite n'existera. C'est pourquoi il y a nécessité absolue de créer cette droite.

10.2 Le conservatisme, antimatière politique

Le monde des idées politiques se divise en trois parties :

- La gauche, qui désigne la pensée politique sinistriste de ceux qui font passer l'égalité avant la liberté ;

- La droite, qui désigne la pensée politique dextriste de ceux qui font passer la liberté avant l'égalité ;

- Le conservatisme, qui désigne la pensée politique réactionnaire de ceux pour qui l'ordre social doit primer sur l'égalité et sur la liberté.

Le centrisme n'est pas une partie de la politique à proprement parler. Les centristes sont un agrégat de conservateurs plus ou moins gauchistes et de gauchistes plus ou moins conservateurs. Le centrisme n'est jamais défini que par des fils tendus aux trois extrêmes. Le centre évolue au gré des victoires de chaque camp mais n'a aucune position absolue. Parce qu'il est toujours l'expression du *statu quo,* le centrisme, qu'il penche plutôt à gauche ou plutôt à droite, sert toujours d'antichambre du conservatisme.

Le conservatisme, c'est la négation du progrès comme cœur de l'identité occidentale. C'est l'opposition de principe à tout progrès en instrumentalisant la peur des dérives pour diffuser l'idée que tout changement est une potentielle catastrophe.

Le conservatisme est l'obsession d'établir un ordre moral et de régénérer le christianisme rétrograde par tous les moyens, y compris l'importation massive de populations réactionnaires du tiers-monde.

Le conservatisme est le cancer de la politique occidentale car il est une arme de dépolitisation massive. La part la plus importante de la propagande des conservateurs consiste à dépolitiser les questions politiques pour prétendre que leur idéologie politique n'en est pas une, qu'elle est simplement l'ordre naturel. Ce sont les conservateurs qui martèlent que droite et gauche n'existent pas. Ils cachent toujours leur vrai projet politique en se cachant derrière l'invocation du « bon sens », du « sens commun », du « retour au réel » ou du « pragmatisme ».

Le conservatisme se fonde sur le sentiment que toute tentative de modifier l'ordre social chrétien est une dégénérescence et que tout progrès est une menace. La gauche, c'est la croyance selon laquelle notre ordre social, notre culture, sont responsables de tous nos maux et doivent être détruits pour apporter le progrès. La droite, c'est la confiance dans la capacité de notre civilisation et de notre race à progresser par elles-mêmes.

Le conservatisme est la prolongation politique de la revendication d'un système de valeurs chrétien construit à partir d'un amalgame grossier constitué de divers anachronismes historiques sélectionnés arbitrairement selon des goûts d'ignorants et complètement sortis du contexte historique qui leur donnait leur signification.

Les conservateurs chrétiens aiment pointer du doigt « l'ethnomasochisme » occidental contemporain, osant prétendre que la repentance et la pénitence sont des valeurs modernes qui leur sont totalement étrangères. La dénonciation de l'ethnomasochisme comme un mal général frappant l'Occident, c'est la négation des rapports de classe et de race, des dominations et des responsabilités : c'est faire passer le travail christo-bourgeois de sape de l'Occident pour un phénomène spontané, diffus, sans cause et sans responsable.

En présentant l'ethnomasochisme comme la création du peuple occidental déchristianisé, la race bourgeoise chrétienne veut restaurer son pouvoir en utilisant un ressort chrétien bien connu : exiger la repentance publique pour asseoir son autorité, afin que personne n'ose lui demander des comptes sur sa responsabilité écrasante. À la différence qu'aujourd'hui, les bourgeois conservateurs pointent cette repentance en prétendant la combattre. Toute la sournoiserie de la bourgeoisie conservatrice réside en ce qu'elle exige que le peuple blanc se repente... d'être repentant. Le but de la dénonciation sournoise de « l'ethnomasochisme occidental moderne » par les conservateurs n'est pas seulement de cacher les responsabilités bourgeoises chrétiennes dans la crise que nous vivons, d'occulter le fait que l'Église est le plus gros lobby pro-immigration d'Occident et de faire oublier l'écrasante responsabilité des grandes fortunes patronales de la bourgeoisie chrétienne dans l'organisation du remplacement ethnique. Le but est également de réinsuffler du christianisme sans se présenter comme des militants du christianisme : exiger que le blanc fasse pénitence en acceptant de renier tous les progrès sociaux pour « soigner » la société par une nouvelle restauration conservatrice.

En prétendant que l'Occident est frappé par la maladie de l'ethnomasochisme, les bourgeois conservateurs instrumentalisent la capacité essentielle du peuple blanc à se remettre en question. Si les blancs ont généré autant de progrès dans tous les domaines, c'est en large part grâce à leur capacité d'autocritique constructive. Prétendre que l'ethnomasochisme n'aurait rien à voir avec les siècles de dressage chrétien à la repentance revient à dire que c'est le peuple blanc qui sécrète de lui-même ce poison spontanément dès qu'on lui laisse un peu de liberté. Agiter la notion d'ethnomasochisme sans pointer la responsabilité chrétienne revient donc à instrumentaliser la propension des blancs à l'autocritique pour les pousser à se haïr eux-mêmes d'être repentants. La bourgeoisie conservatrice qui joue cette comédie consistant à s'étonner et à s'indigner de l'ethnomasochisme fait d'une pierre trois coups : cacher la responsabilité de toute la bourgeoisie dans le remplacement ethnique, aggraver le phénomène de repentance raciale et faire avancer son agenda chrétien anti-occidental.

Les professionnels de la politique conservateurs utilisent abondamment la rhétorique de l'ethnomasochisme car cela leur permet de mystifier autour du problème, de faire croire qu'il n'y a pas de solution simple et immédiate au remplacement ethnique, que le problème vient de causes spirituelles alambiquées et diffuses. Les politiciens bourgeois conservateurs n'ont strictement aucun intérêt à combattre réellement l'immigration, car sans les immigrés, ils n'auraient plus rien à dire et plus personne ne les écouterait. C'est leur seule façon de hameçonner les électeurs pour les rediriger vers le conservatisme et leurs préoccupations sociétales.

Les conservateurs se présentent en hérauts de l'identité des nations européennes, en gardiens de la civilisation, mais tout leur projet consiste à détruire le cœur de notre identité et la force de notre civilisation : sa capacité à progresser. Ils prétendent nous sauver mais tout ce qu'ils sont capables de faire, c'est nous tuer en nous noyant dans le formol.

La plupart des débats conservateurs consistent à se demander depuis combien de temps nous sommes morts, ou depuis combien de temps nous méritons de mourir : la guerre du Vietnam ? Celle d'Algérie ? Mai 68 ? 1789 ? Le couronnement de Louis XIV ? L'invention de l'imprimerie ? La Réforme de Luther ? Ils ne s'intéressent à l'histoire que pour tenter de savoir à quelle époque a commencé la fin des haricots. Quelle que soit la date retenue par telle ou telle des nombreuses chapelles conservatrices, à chaque fois, la date correspond à un moment de vacillement de la bourgeoisie chrétienne.

Pour les conservateurs, le peuple blanc est un apostat du christianisme qu'il faut tuer.

10.3 Créer la droite occidentale

La droite existe uniquement à l'état de sensibilité et de philosophie parmi les individus, mais ne possède aucune colonne vertébrale idéologique. Les partis et les auteurs qui se réclament de la droite sont tous, sans exception, des agents du conservatisme. Les agents du conservatisme sont tous des ennemis de la droite, car la droite est le camp de la liberté par-dessus tout, tandis que le conservatisme est le camp du contrôle et de l'ordre moral par-dessus tout, contre la liberté.

L'existence même de la droite est impossible tant qu'on nie que la politique se divise en trois parties adverses : la droite, la gauche, le conservatisme.

La gauche, c'est la guerre au conservatisme et à la droite. Le conservatisme, c'est la guerre à la gauche et à la droite. On ne peut pas être de droite sans être en guerre contre la gauche et le conservatisme. Il va de soi que la droite est forcément progressiste : il n'existe pas de droite conservatrice, réactionnaire ou rétrograde. Le progrès apporte de nouvelles libertés et définit l'Occident que toute droite défend forcément. La conquête d'une liberté est toujours un progrès. Ce qu'on appelle « droite conservatrice » n'est rien d'autre qu'une coterie conservatrice déguisée en droite, et le terme de « droite réactionnaire » désigne les membres les plus fanatisés de cette coterie.

La droite est obligatoirement libérale : la quête des libertés individuelles est sa boussole. Cette droite libérale doit nécessairement être radicale. La radicalité, c'est la racine d'une idéologie, sa pureté. Nul mouvement ne peut être créé s'il est dilué dès l'origine. De même que l'arbre ne peut pousser sans ses racines, il ne peut exister de droite modérée sans créer au préalable une droite radicale.

Cette radicalité implique une honnêteté politique sans faille : contrairement aux conservateurs qui ne recrutent qu'en dissimulant leurs vraies idées chrétiennes réactionnaires et rétrogrades sous un fatras hétéroclite de fausses préoccupations, la droite assume pleinement son projet consistant à faire primer la liberté sur toute autre considération.

Là où la gauche radicale veut abolir la propriété privée, la droite se doit d'en faire son cheval de bataille : il n'y a pas de liberté qui vaille sans la liberté de posséder et de transmettre. Or il n'y a pas de propriété privée individuelle sans respect de la propriété privée commune, qui va des copropriétés immobilières jusqu'à la copropriété de l'Europe par nos descendants à naître. Héritage appartenant à nos descendants, les terres d'Europe ne peuvent en aucun cas être cédées à des extra-européens. Prétendre le contraire est une attaque contre la propriété privée et l'héritage, et de fait, une ligne étrangère à la pensée de droite.

La responsabilité individuelle est une base de la conquête de la liberté par toute droite qui se respecte. Le principal argument liberticide que braient en chœur conservateurs et gauchistes, c'est de brandir les dérives et prétendre que telle liberté ne serait pas possible parce que les citoyens actuels ne seraient pas assez responsables. Or la droite consiste à affirmer que la responsabilité se développe en faisant confiance à ses citoyens et en les traitant comme des majeurs en pleine possession de leurs moyens. La conquête et la sauvegarde de nos libertés s'obtiennent en responsabilisant les citoyens.

La droite consiste toujours à faire passer son propre peuple avant tout autre, dans un ethnocentrisme assumé. Assumer son ethnocentrisme permet d'ailleurs d'avoir des relations beaucoup plus saines avec les cultures étrangères que n'entretiennent les gauchistes xénophiles qui nient leur propre ethnocentrisme et sont, de ce fait, incapables de s'intéresser à une culture étrangère autrement que sur un malentendu, en projetant sur elle leur idéologie, leurs fantasmes et croyances, et en n'aimant ce qui leur est étranger que parce qu'ils s'imaginent que l'autre est au fond identique à eux-mêmes.

La droite ne peut être que féministe parce qu'il n'y a pas d'homme libre sans femme libre, et parce que le féminisme permet aux femmes d'accéder à un libre arbitre plus éclairé, la culture du consentement étant l'un des piliers de la liberté, tant pour les femmes que pour les hommes.

L'occidentalisme est antinomique du fascisme comme du communisme. Le racial-progressisme est philosophiquement et politiquement antifasciste. Le fascisme, c'est un autoritarisme réactionnaire. Le communisme, c'est un autoritarisme égalitariste. Nous sommes le contraire : progressistes et libéraux. L'occidentalisme est l'ennemi de toutes les idéologies totalitaires, liberticides et autoritaristes.

La droite ne peut être que capitaliste et libérale. Capitalisme et libéralisme sont respectivement le régime économique et le régime politique les plus résilients. Le libéralisme est le seul système politique qui offre des solutions à ses propres dérives. Le capitalisme est le seul système économique qui offre des solutions à ses propres dérives. Quand une idéologie est saine, elle peut être radicale, elle peut être pure, sans avoir pour monde idéal un enfer totalitaire.

Le libéralisme ne consiste pas à décréter la liberté mais à la rendre possible. La droite doit se tenir éloignée des utopies laissez-fairistes et bâtir un État fort guidé par le libéralisme, sans quoi les tyrannies des groupes l'emporteront toujours sur les droits individuels.

La droite a besoin d'un noyau idéologique radical pour cesser d'être le satellite d'autres groupes comme les conservateurs et la gauche. La droite a été jusqu'à présent un organe de bait-and-switch pour les conservateurs, le paradigme restant de gauche.

La gauche idéologique a une lecture uniquement marchande du monde et des rapports humains : classe, argent, inégalités et dominations économiques. Être de droite, c'est compléter la lecture économique du monde par une lecture raciale, charnelle, sexuelle des choses. Les hommes ne sont jamais exclusivement motivés par l'argent. Il faut toujours s'intéresser à ce qu'ils ont dans les tripes : la race, le sang, la procréation, la volonté de stérilisation de l'ennemi, la vision des femmes comme enjeu des affrontements masculins, ou encore le plaisir de la destruction.

La droite doit avoir un paradigme de droite et des allégeances de droite. Elle ne peut exister que si elle établit un cordon sanitaire idéologique autour de la gauche et des conservateurs.

10.4 On ne peut créer la droite sans déclarer la guerre aux parasites conservateurs

La droite n'existe pas sur la scène politique, parce que les bourgeois conservateurs se déguisent en droite pour capter l'électorat dextriste et le rediriger vers le conservatisme. Pour bâtir la droite, il est indispensable de ne plus accepter qu'un seul parasite conservateur ne se prétende de droite.

L'inexistence de la droite en Occident se constate aisément quand on observe, dans toutes les organisations se présentant comme « de droite », l'unanimité anti-féministe, anti-progressiste, couplée à l'absence totale de discours clairement anti-remplacement, en décalage complet avec l'électorat dextriste.

On trouve dans l'offre politique mille nuances d'anti-progressisme, tandis que l'opposition au remplacement ethnique n'est même pas formulée clairement dans le débat public. Cet état du paysage politique est exactement l'image inversée de l'opinion publique occidentale, massivement opposée au remplacement ethnique et favorable aux progrès sociaux et technologiques.

Croire que la droite puisse naître dans les milieux conservateurs qui nous sont présentés comme la droite est aussi absurde que de s'imaginer pouvoir faire pousser un champ de blé en semant des graines à la volée au milieu d'une forêt dense.

Pour que les grains puissent germer, il faut que la terre soit à nu et non encombrée de feuilles, de mousses et de ronces ; pour que les tiges puissent pousser, il faut que l'eau ne soit pas absorbée par les arbres ; pour que les épis mûrissent, il faut que le soleil les atteigne, chose impossible dans un sous-bois obscurci ; et pour récolter les blés, il faut pouvoir se mouvoir en ligne droite avec aisance, sans avoir à se cogner partout ni à contourner troncs et racines.

De même, la droite ne peut pas germer sur un terrain encombré d'un épais fatras gauchiste et chrétien ; elle ne peut pas pousser quand les arbres, ronces et herbes de la bourgeoisie conservatrice boivent toute son eau, absorbent voracement tous les nutriments dont elle a besoin ; elle ne peut tendre vers aucun horizon si cet horizon est constamment obscurci par des prophéties menteresses de curés vexés et par des préoccupations de tiers-mondistes anti-Occident ; et si par miracle un épi parvenait à percer dans cette jungle hostile, il serait vite piétiné ou pourrirait sur place sans que personne ne s'en rende compte. Pour que la droite puisse enfin naître, il faut défricher comme l'ont toujours fait nos ancêtres à chaque étape de leur développement, puis brûler les résidus pour que les cendres fertilisent la terre, et enfin désherber sans relâche les adventices indésirables qui tentent toujours de revenir.

Les conservateurs ont créé avec la gauche un écosystème politique rendant toute droite impossible. À nous de façonner un nouvel écosystème favorable à l'épanouissement d'une droite authentique.

Tout groupe menaçant le confort bourgeois est systématiquement taxé d'extrémisme. Les bourgeois sont ceux qui ont le droit de normaliser leur intégrisme. L'intégrisme communiste bourgeois est vu comme parfaitement normal tout en ayant fait plus de cent millions de mort, et l'intégrisme chrétien bourgeois est toléré alors qu'il est responsable de la déculturation de l'Europe par la destruction — par édit impérial chrétien — de tous les temples païens du continent, et par la mort de millions d'Européens à travers les guerres de conversion ainsi que des guerres civiles religieuses entre sectes chrétiennes.

Personne ne demande des comptes à un chrétien ou à un communiste sur son idéologie de mort. Ces camps politiques sont acceptés avec leurs piles de cadavres. En revanche, il est considéré comme extrêmement grave de commettre le crime moral de proclamer que les Européens sont chez eux en Europe, et d'assumer la supériorité des accomplissements des Européens sur ceux de tous les autres peuples de la planète.

La mission de l'occidentalisme est de créer une vraie droite, et la première étape de ce travail est de mettre fin au sabotage de la droite par le lobby conservateur.

À gauche, il y a eu au cours de l'histoire de nombreux mouvements de gauche véritable avec de simples divergences quant aux moyens. À droite, en revanche, la pensée politique est asphyxiée par le conservatisme. Les conservateurs mènent un travail constant de vampirisation pour étouffer dans l'œuf toute tentative de création d'une vraie droite. Les ressources sont détournées, l'attention est détournée. Les thèmes et la sensibilité de droite ne sont tolérés dans les organisations prétendument de droite que dans la mesure où ils permettent de hameçonner des électeurs de droite pour les rediriger vers le conservatisme chrétien.

Un fait simple prouve que la droite n'existe pas, du fait du sabotage conservateur : à gauche, personne ne se fait griller parce qu'il est trop gauchiste, tandis qu'à droite, on est automatiquement « grillé à vie » quand on est trop de droite. C'est l'allégeance au christianisme, religion officielle des bourgeois d'Occident, qui prime sur tout.

Il y a un travail d'écartement social et politique de tout prolétaire de droite qui serait trop authentiquement de droite. L'explication pour justifier cette auto-inquisition, c'est l'excuse de la diabolisation et la promesse par les bourgeois conservateurs qu'ils « n'en pensent pas moins » mais que la seule solution serait de commencer par un militantisme réactionnaire plus ou moins subtil. Comme si ça allait faire avancer la cause de la remigration.

En vérité, c'est la bannière réactionnaire qui fait fuir les prolétaires, qui pourtant, selon toutes les statistiques, sont massivement opposés à l'immigration et en faveur de la remigration.

Les centristes sont des agents particulièrement retors de subversion conservatrice de la droite. Les centristes comptent parmi les principaux responsables de la non-existence de la droite car ce sont les centristes qui font une intense propagande auprès du public de droite pour leur faire croire qu'il ne faut surtout pas froisser le lobby chrétien, qu'il faut s'aligner sur la gauche au sujet de l'immigration, ne pas proposer d'alternative forte à la gauche, et que la remigration, « *c'est trop clivant, ça diabolise* ». Leur principale « contribution » à la vie politique française consiste à diffuser l'idée qu'il faut accepter en traînant les pieds le « progrès » tel que défini par la gauche, tout en louvoyant pour « conserver » le plus de boulets chrétiens rétrogrades possible. Ils laissent ainsi aux gauchistes les pleins pouvoirs pour définir le progrès, et assurent en même temps aux chrétiens conservateurs la mainmise sur l'électorat dextriste ainsi qu'un pouvoir indu, totalement disproportionné par rapport à leur poids réel dans la société.

10.5 Personne ne bâtira la droite à notre place

Les situations peuvent différer d'un pays à l'autre, mais nous prendrons le cas de la France où nous commencerons notre première implantation. Faisons l'état des lieux en observant les partis français qui monopolisent la scène de la fausse politique.

Aucun parti ne propose une politique de droite radicale et progressiste. Actuellement, ce qu'on appelle la droite est une extension de la gauche réactionnaire et rétrograde. Ce qu'on appelle l'extrême droite n'étant pour sa part rien d'autre que le dépotoir humain de l'extrême gauche réactionnaire et rétrograde, un vaste asile à ciel ouvert sans médecins ni infirmiers.

Aucun parti ne garantit un champ d'action libre et une liberté totale au progrès scientifique, en demandant la criminalisation des entraves à la science.

Aucun parti ne présente une volonté d'écraser les religions totalitaires et leur emprise sur la société, de les traiter comme des idéologies liberticides et des organisations criminelles, le summum de laïcité pour tous les partis existants consistant seulement à ne pas reconnaître de religion d'État.

Aucun parti ne réclame la remigration ni le droit des peuples blancs à s'autodéterminer, alors que la majorité des Européens dans les pays occupés désirent le retour de la majorité des étrangers naturalisés ou non vers leur pays respectifs.

Aucun parti ne défend le droit sacré de posséder et de porter des armes, qui est pourtant essentiel dans une société de liberté, la première des libertés étant celle de pouvoir défendre et sauver sa vie ainsi que celle des gens qui nous sont chers, au lieu d'être à la merci de criminels armés et d'une police qui ne peut pas être derrière chaque citoyen à moins de se transformer en un État policier.

Aucun parti n'est radicalement féministe, pensé, dirigé et fondé par une féministe. Les partis de gauche utilisent le féminisme pour redorer leur blason, mais les féministes n'y ont aucun pouvoir décisionnaire. Jusqu'à présent, le féminisme politique n'aura avancé que péniblement via des soumissions à des partis pour leur donner une image moderne et progressiste.

Aucun parti ne réclame l'abolition des impôts et autres prélèvements obligatoires. Tous propagent l'idée que le parasitage est la seule façon pour un État de gagner de l'argent. Un État n'est pas obligé d'avoir le comportement mafieux de la taxe obligatoire, de la facturation obligatoire de services non réclamés et non utilisés. Les États disposent de nombreuses autres façons de gagner l'argent nécessaire à leur fonctionnement et de limiter les dépenses catastrophiques actuelles. La remigration libérera à elle seule plusieurs centaines de milliards d'euros de dépenses annuelles dans les pays étouffés par la démographie étrangère.

Aucun parti ne défend la liberté de regroupement : le droit inaliénable de se regrouper sur la base qu'on veut et de créer des communautés sur ce qu'on veut, sans être criminalisé au nom de la chasse aux discriminations et au communautarisme. Rien ne s'oppose clairement au grand mélangisme interracial et multiculturel qui nous étouffe et nous entasse les uns sur les autres, avec les tragédies qu'on connaît. Tout être humain à qui on reconnaît la conscience et le libre arbitre a le droit de ne pas vivre enchaîné à des gens qu'il ne supporte pas ou qui l'ennuient, a le droit de jouir de la liberté de préférer vivre parmi d'autres, d'avoir des espaces saufs... Être libre de choisir son groupe, c'est la différence entre l'homme libre et l'esclave. Jusqu'ici, il n'y a tellement pas de parti libéral, qu'aucun parti n'a jugé utile de remettre en question cette condition d'esclave.

Personne ne bâtira la droite à notre place. Les lobbies bourgeois gauchistes et conservateurs n'ont aucun intérêt à laisser apparaître une droite véritable et à mettre fin à la fausse politique. Des montants colossaux sont dépensés pour s'assurer qu'aucune droite ne puisse voir le jour, et à entretenir l'opposition contrôlée entre la gauche et les conservateurs. Un nombre incalculable de lobbyistes, journalistes et politiciens ont voué leur existence entière à entretenir cette scène politique lamentable, et feront tout pour boycotter ou étouffer la naissance d'une vraie droite raciale et libérale, moderne et progressiste. Le destin de l'Occident restera suspendu tant que régnera le spectre de la fausse droite et des fausses alternatives. Nous devons poursuivre l'histoire en débloquant cette situation par la création d'une droite occidentaliste. Il n'y aura personne d'autre que nous pour accomplir le travail nécessaire à la fondation de la droite en Occident.

357

11- Les piliers de la droite occidentale

11.1 Revalorisation de l'acte de parole

La liberté de penser est intimement liée à la liberté d'expression, sans laquelle aucun système libéral n'est possible. En effet, même si on conçoit qu'il y ait des choses qu'on peut penser sans les dire, l'esprit humain est ainsi fait qu'il assure sa survie sociale en refoulant inconsciemment toute parole qu'il ne peut pas prononcer sans s'attirer des problèmes. Une liberté d'expression bafouée a donc une conséquence directe sur la liberté de penser, et c'est donc là une atteinte liberticide au plus profond de l'intimité morale d'une personne.

La liberté d'expression doit cesser d'être une incantation vague. Elle doit être institutionnalisée comme un des piliers de la séparation des pouvoirs nécessaire au bon fonctionnement de toute démocratie, au même titre que le pouvoir législatif, exécutif et judiciaire. Partout en Occident, les gouvernements doivent se doter d'un organe indépendant dédié au droit à la parole publique.

Ce nouveau pouvoir indépendant serait chargé de mettre en place une agora publique, à la fois par la télévision et par un réseau social public sur internet. Ce réseau social garantirait la pleine liberté d'expression face aux réseaux sociaux détenus par des organismes privés qui la bafouent. Toutes les déclarations officielles et la communication des élus se trouveraient sur cette agora virtuelle.

En fonction de la popularité réelle des citoyens sur le réseau social ainsi créé, l'organe indépendant dédié au droit à la parole publique mettrait à disposition des plateaux de télévision pour accueillir les intervenants élus par le peuple. Le débat bourgeois, qui est une fausse opposition bourgeoise de la gauche face aux réactionnaires, doit céder la place à ces nouveaux intervenants, ces nouvelles têtes, prolétaires de tous bords politiques, dont la participation serait validée par des sondages du public afin d'estimer la proportion de la population qui se sentirait représentée par eux. Il faut mettre fin à la mascarade médiatique qui réserve les plateaux subventionnés aux politiciens professionnels, aux lobbies et aux seuls bourgeois détenteurs d'un carnet d'adresse. L'argent public du peuple n'a pas vocation à porter la voix de la bourgeoisie.

Par ailleurs, si l'on veut revaloriser la parole publique, celle-ci doit redevenir un acte et engager la responsabilité de ceux qui s'expriment. Il n'est pas acceptable dans une démocratie que seuls les plus riches et les plus savants parviennent à porter plainte et à aller au bout de la procédure judiciaire lorsqu'ils sont victimes de harcèlement. Les États ne doivent plus tolérer que les réseaux sociaux entravent le travail de la justice de sorte qu'une victime de harcèlement doive se lancer dans un processus long et coûteux pour obtenir le nom du harceleur.

La revalorisation de la parole publique ne concerne pas seulement le domaine légal, mais aussi les règles et hiérarchies morales qui structurent la vie en société. L'honneur, c'est-à-dire le respect de la parole donnée, doit redevenir un critère important pour juger de la valeur d'un individu, pour déterminer quelle considération on lui porte, quel crédit on lui accorde.

Ne pas tenir ses promesses, qu'on soit un citoyen lambda ou un politicien, c'est grave. De même, douter de la parole d'une personne qui a toujours respecté ses engagements et qui n'a jamais menti, doit être vu comme une offense. Il faut briser ce tabou : il y a des hommes et des femmes de parole, et des êtres humains déloyaux. On ne peut pas douter d'une personne qui a toujours tenu ses engagements autant que d'une personne qui n'a fait que trahir et tromper la confiance de son peuple.

La liberté d'expression ne peut fonctionner que si tout le monde est pleinement responsable de sa parole et que la libre parole est garantie par l'État. La liberté d'expression est un contre-pouvoir essentiel à la vie de toute démocratie en bonne santé.

11.2 Le droit de porter une arme

Tout homme libre doit pouvoir être en mesure de défendre sa vie et celle de ses proches. Anciennement, seuls les esclaves n'avaient pas le droit de porter des armes. Un individu qui doit remettre entièrement sa défense personnelle entre les mains de l'État intègre l'idée qu'il appartient à l'État.

Il n'est pas de libéralisme sans le droit inconditionnel de posséder et de porter des armes. La première des libertés est de défendre sa vie ainsi que celle des gens qui nous sont chers, au lieu d'être à la merci de criminels armés, et de dépendre d'une police qui ne peut pas être derrière chaque citoyen à moins d'instaurer un État policier.

La prohibition des armes à feux offre sur un plateau le privilège des armes aux hors-la-loi et ne désarme que les individus non-violents respectueux des lois.

En France, le droit de porter une arme devait être inscrit en tant qu'article 10 de la Déclaration des droits de l'homme et du citoyen, selon l'initiative de Mirabeau, comme suit : « *Tout citoyen a le droit d'avoir chez lui des armes et de s'en servir, soit pour la défense commune, soit pour sa propre défense, contre toute agression illégale qui mettrait en péril la vie, les membres ou la liberté d'un ou plusieurs citoyens* ». Mais cet article ne fut pas retenu car jugé tellement évident par le Comité des Cinq qu'on ne crut pas nécessaire de l'inscrire.

En France, le port d'arme fut interdit en 1939. Cette interdiction fut renforcée sous le régime de Vichy, et le droit de porter des armes n'a jamais été rétabli à ce jour. La confiscation des armes marque la différence entre une société liberticide et un État libéral digne de ce nom. Aucune droite occidentale crédible ne se formera sans demander le renforcement ou le rétablissement du port d'arme citoyen.

11.3 L'inaliénable notion de chez-soi

Le bourgeois est chez lui partout, le prolétaire n'a qu'un seul chez-soi.

Les frontières permettent au prolétaire d'être chez lui et briment la nature cosmopolite du bourgeois, que ce cosmopolitisme se nomme christianisme ou gauchisme. Le « païen », c'est le sobriquet que les chrétiens donnèrent dès les premiers temps de la christianisation forcée de l'Europe au peuple blanc de la campagne récalcitrant à leur religion sans frontières. *Païen* signifiait en effet homme du pays, indigène. Le païen, c'était celui qui refusait de vénérer un dieu abstrait venu d'Orient, qui pratiquait le culte de ses ancêtres et qui considérait comme sacrés certaines sources, certaines montagnes, certains arbres de son territoire.

La bourgeoisie chrétienne, c'est-à-dire la caste dominante cosmopolite des centres urbains, en forçant les indigènes païens à se convertir au christianisme, fit d'eux des sujets de la Jérusalem terrestre et leur interdit sous peine de mort de vénérer leurs ancêtres et leurs lieux sacrés. Les prolétaires n'étaient plus chez eux, ils étaient dans le royaume de Dieu-Yahvé.

La déchristianisation, parce qu'elle a détrôné sur le plan symbolique la bourgeoisie en Occident, a réveillé la haine bourgeoise envers le prolétaire qui veut se sentir chez lui. Comme le bourgeois est chez lui partout, il peut toujours s'enfuir et habiter loin du chaos qu'il a semé. Le prolétaire, lui, est lié à son territoire, qui relève de sa propriété privée collective. Le prolétaire qui perd son chez-soi territorial se retrouve exclu partout, il devient une particule balayée par les vents, vulnérable à tout. Les bourgeois détruisent la dimension collective de la notion de chez-soi car c'est la seule chose qui appartienne vraiment au peuple. Dans tous les domaines, ils s'assurent de faire sentir au prolétaire qu'il est remplaçable, déplaçable à merci.

Sous le nom de xénophobie, on criminalise la revendication de la propriété privée exprimée par le peuple. La bourgeoisie punit le peuple occidental en proclamant qu'il n'est chez lui nulle part, tout en se gardant elle-même une place dans l'arche de Noé cosmopolite assurée par sa fortune.

Toute droite occidentale doit impérativement s'opposer au remplacement ethnique, proposer la remigration et sacraliser la propriété privée individuelle et collective, la notion de chez-soi que le christianisme a bafouée. Les pays occidentaux doivent cesser d'être la terre promise des peuples migrants selon un christianisme qui prétend que tout le monde est migrant, que personne n'est chez lui et que tout le monde est chez lui partout.

11.4 La Grande Simplification

Un système libéral qui accumule au fil des années un nombre excessif de lois, règlements, exceptions, formant un millefeuille épais et complexe, finit par devenir de fait antilibéral. Quand les règles sont nombreuses et intriquées, elles deviennent illisibles, ce qui institue le règne de l'arbitraire et des passe-droits.

Un système en apparence moins juste mais concrètement plus simple est préférable à un système opaque bourré de bonnes intentions. La plus grande injustice, c'est quand tout est tellement complexe qu'on ne connaît ni ses droits, ni ses opportunités, ni les limites à ne pas enfreindre. L'hypercomplexité d'un État théoriquement libéral crée des résurgences de féodalité avec le retour des chasses gardées, des privilèges et de l'arbitraire. Tout citoyen n'a pas le loisir ni les ressources pour consulter un juriste à chaque opération administrative. Seules les grosses entreprises et organisations détiennent le privilège de l'information juridique et de la pleine capacité d'ester en justice pour faire valoir leurs droits.

Les révolutionnaires de 1789 ne s'y sont pas trompés quand ils ont procédé à un grand chantier de simplification unificatrice sur le plan légal, fiscal, commercial, métrique. Toute révolution libérale requiert une grande simplification.

Les innombrables cas particuliers ont été créés pour répondre à des besoins spécifiques. Mais à l'arrivée, cette prolifération crée un labyrinthe incompréhensible, rempli de sens interdits et d'impasses, dont nul ne possède la carte. Cela aboutit à l'effet inverse de ce qui était souhaité. En voulant satisfaire tout le monde, on ne satisfait personne, et on restreint les libertés de tous en compliquant tout pour tout le monde.

Le citoyen ne peut plus faire de choix éclairés puisqu'il découvre toujours de nouvelles règles, exceptions et dérogations, sans même parler de l'évolution constante des règles et de la jurisprudence. Un tel système favorise les fraudeurs, les improductifs et les bourgeois.

Il faut aussi une simplification drastique du dédale fiscal et social. En simplifiant, on éclaircit la visibilité des acteurs économiques et on leur offre des garanties, ce qui leur permet de mieux prendre de décisions et favorise la création de richesses.

La droite, c'est mettre en place des règles simples, parce que la lisibilité des règles est une garantie contre l'arbitraire. La droite combat les abus en instituant des contre-pouvoirs et des instances de recours, et non en empilant les exceptions et les législations pour poser des limitations de liberté. Un libéralisme qui fonctionne bien est une recherche d'épure et de minimalisme étatique dans le nombre de ses interventions et de ses règles. Il faut donc réaliser une refonte totale du système en remplaçant les limitations par des contre-pouvoirs.

En matière d'aides sociales, on ne peut pas passer à côté de la grande simplification de l'assurance-chômage, des aides sociales et des retraites que représente le revenu universel, unique et inconditionnel. Devant l'infinie diversité des situations, chercher à rendre une justice égalitariste exacte en recalculant de façon personnalisée ce que chaque citoyen mérite en étant un bon pauvre est une ineptie phénoménale. Le système d'aides complexe qui devait rendre la dignité aux pauvres les a transformés en mendiants. Les dépenses administratives et les fraudes sont colossales, les non-recours se multiplient et au final, ce sont les personnes les plus créatives et travailleuses qui ne vont pas demander les aides qui leur permettraient de rebondir plus vite.

L'instauration du revenu universel est une nécessité car le système actuel repose sur la chasse aux assistés, qui pénalise le prolétariat honnête et travailleur tandis que les tricheurs professionnels se frayent toujours un chemin, étant donné qu'ils déploient une énergie considérable à identifier les bonnes combines, trouver les failles, mettre au point des techniques de triche.

La complexité d'un système est démoralisant pour le prolétaire qui ne peut pas prévoir quelles aides il perd, quels impôts et taxes il se rajoute, et il a vite l'insupportable impression de travailler plus pour gagner moins. De plus, il est difficile de créer sereinement de la richesse quand on doit en même temps jouer la comédie du bon pauvre, du mendiant vertueux, pour obtenir les subsides auxquels on a théoriquement droit. Un système simple évite cette démoralisation. La simplicité est préférable à la fausse justice des cas particuliers. Elle permet aussi de faire de grandes économies de personnel administratif.

Point de liberté sans garantir l'égalité de tous devant la loi, qui porte le nom d'isonomie. Le grand défi juridique du XXIe siècle est l'isonomie augmentée : garantir l'égalité de tous les citoyens devant la loi en améliorant l'accès à la justice et à l'information juridique. Presque aucun progrès significatif n'a été accompli en matière d'isonomie depuis 150 ans. L'information juridique est le plus souvent déléguée à des associations spécialisées dans diverses thématiques, ce qui crée un biais politique partisan dans l'accès à l'information juridique, morcelle l'information et crée des angles morts. L'égalité de tous devant la loi est une mission essentielle de service public qui n'a pas à être déléguée à des associations ni à des entreprises privées. Le système néocorporatiste fait obstacle à l'isonomie augmentée, c'est-à-dire à l'égalité non seulement face à la loi, mais aussi face à l'information juridique.

Plusieurs pays occidentaux ont mis en place des aides juridiques censées aider les citoyens les plus pauvres dans leurs démarches, mais ces aides sont illisibles, difficiles à anticiper, souvent partielles, et dépendent de dispositifs qui peuvent très bien passer à la trappe lors d'une quelconque crise budgétaire. De plus, nombreux sont les citoyens qui préfèrent renoncer à faire valoir leurs droits plutôt que de devoir monter un dossier pour quémander une aide. Beaucoup de pauvres sont tétanisés à l'idée de passer un examen pour savoir s'ils sont de bons pauvres qui méritent d'être aidés.

Le principe selon lequel « *nul n'est censé ignorer la loi* » n'est appliqué que lorsqu'il est question qu'on subisse une sanction, jamais quand il s'agit de faire valoir nos droits. L'intelligibilité et l'accessibilité des lois doivent être assurés par l'État qui fait les lois et les applique.

On nous parle tout le temps d'égalité, mais la plus importante des égalités, à savoir l'égalité devant la loi, c'est celle qu'on assure le moins.

La droite doit accomplir la Grande Simplification pour détruire le système néocorporatiste liberticide :

- Simplification et refonte de tous les textes de loi ;

- Simplification et refonte du système d'aides sociales par le revenu universel inconditionnel ;

- Isonomie augmentée par l'amélioration de l'information juridique des citoyens ;

- Suppression de toute subvention aux entreprises et associations. Si une entreprise ou une association est à ce point d'utilité publique ou d'importance nationale qu'elle mériterait d'être subventionnée, alors, que l'État investisse pour en faire un service public ;

- Fin de la privatisation des services publics ;

- Fin du fonctionnariat à vie, obligation d'efficacité ou de rentabilité du service public, fin du social mélangé à la fonction publique, le social étant déjà assuré par le revenu universel ;

- Lutte anti-corruption et anti-négligence. Criminalisation du gaspillage des fonds publics par négligence, et de tout type de détournement direct ou indirect, avec inemployabilité à vie des élus ou fonctionnaires condamnés. La responsabilité personnelle des représentants de l'État doit être engagée.

11.5 Pour un racisme humaniste

L'antiracisme tend à ériger la lutte contre le racisme comme priorité mondiale, mais n'a jamais réussi à prouver que le racisme tuait. De son côté, l'antiracisme mélangiste tue déjà depuis fort longtemps. Forcer des gens qui ne se supportent pas à vivre ensemble a toujours conduit à des guerres civiles et à la balkanisation de grands ensembles. Seules les dictatures et leurs exactions sont reconnues comme capables d'accomplir le projet mélangiste, du moins jusqu'à ce que le régime autoritaire s'effondre. Le mélangisme racial, c'est le marchepied vers la dictature ou vers l'explosion d'un pays.

Les adultes responsables qui ne se supportent plus divorcent. Les peuples responsables qui ne se supportent plus doivent recourir à la sécession ou à la remigration. Dans le premier cas, on sépare le pays pour que chaque peuple obtienne son autonomie, si ces peuples sont légitimement présents depuis des siècles et des siècles. Dans le second cas, on fait retourner les peuples migrants chez eux.

L'antiracisme crée le mélangisme, et le mélangisme entraîne des massacres et des génocides. Qu'il parte ou non d'un bon sentiment, l'antiracisme est un crime contre l'humanité, une machine à broyer les peuples et les cultures.

Aucun prêche antiraciste n'a jamais empêché un génocide, tandis que de nombreux génocides ou tentatives de génocides furent enrayés par des forcées armées déployées par des pays défenseurs des droits de l'homme. Les génocidaires nazis n'ont pas été arrêtés par des ateliers « *Je déconstruis mon privilège aryen* », mais en envoyant de puissantes armées les écraser.

L'antiracisme institutionnalisé ne fait que rendre le racisme subversif et participe au sentiment d'humiliation du peuple accusé de racisme. Or c'est le sentiment d'humiliation du peuple allemand et non le racisme qui a fourni de la chair à canon au nazisme. L'antiracisme n'a donc aucune raison d'exister si ce n'est d'écraser le prolétariat blanc sous un ordre moral bourgeois.

L'humanisme implique déjà de traiter les êtres humains sans discrimination, de garantir à chacun le respect de ses droits fondamentaux, quelle que soit sa race. L'antiracisme est un dogme extrémiste d'inspiration totalitaire poussant les peuples au mélange forcé tout en criminalisant leurs réticences.

Nous avons le devoir d'accepter la réalité raciale. Nous ne sommes pas tous strictement pareils et nous sommes tous racistes de manière plus ou moins consciente. Il y a deux types d'humains : les racistes et les hypocrites.

Les négationnistes raciaux doivent apprendre à accepter les différences des autres au lieu de traquer ces différences comme autant d'injustices insupportables. Réduire les différences raciales à de simples variations cosmétiques et s'efforcer de croire que tous les humains sont strictement pareils, ça n'est pas de l'humanisme mais un aveuglement volontaire très suspect. Celui qui a besoin de s'imaginer que l'autre est identique à lui-même pour le respecter est tout sauf un humaniste. Les négationnistes raciaux doivent cesser de se cacher derrière l'humanisme qu'ils utilisent comme caution morale de leur projet racial d'indifférenciation générale. Il n'y a rien d'humaniste à ignorer et vouloir supprimer les différences entre les races par l'assimilation et le métissage à marche forcée.

Le négationnisme racial n'est pas seulement une idéologie suspecte, c'est aussi un credo religieux obscurantiste qui surveille et entrave la science pour qu'elle ne blasphème pas contre l'indifférencialisme sacré. La science louvoie comme elle peut et utilise des termes comme « populations » pour ne pas évoquer la race, mais jusqu'à quand ? Les campagnes de dons de moelle osseuse ciblant les minorités dans lesquelles il y a pénurie se font régulièrement attaquer par des antiracistes agressifs qui ne veulent rien entendre au sujet de l'incompatibilité des dons de moelle osseuse entre personnes de races différentes. Les antiracistes furieux ne veulent pas comprendre que pour une greffe de moelle osseuse, plus la proximité génétique entre le donneur et le receveur est élevée, plus les chances de succès sont grandes : ils sont capables de comprendre que le don fonctionne mieux entre membres d'une même famille, mais l'idée que le don marche mieux entre personnes partageant beaucoup de gènes communs du fait de leur race les fait entrer dans une transe de rage. On en arrive ainsi à une situation où des organisations médicales craignent de s'attirer les foudres des antiracistes quand elles publient des annonces permettant que des enfants noirs malades puissent être mieux soignés grâce à des dons de personnes noires.

Les entraves à la science qu'engendre le négationnisme racial compliquent les recherches sur les immunités et les vulnérabilités naturelles chez les différentes races face aux pandémies, et compliquent donc la lutte contre les cancers et les pandémies. On sait par exemple que la drépanocytose, qui touche en grande partie les populations d'Afrique noire, est une maladie génétique dont les formes bénignes augmentent la résistance au paludisme. En cas d'épidémie mondiale d'une maladie s'attaquant aux globules rouges comme le fait le paludisme, pourquoi la science devrait-elle au

XXIe siècle brouiller les pistes et faire ses recherches en cachette comme du temps de l'Inquisition ? À quoi rime l'impunité des pressions antiracistes contre la science qui brouille les statistiques en invisibilisant souvent le facteur ethnique, qui complique la recherche contre le cancer ou les maladies génétiques orphelines et héréditaires ?

À une époque où on découvre que les différents peuples ont une partie de leur génome qui provient d'espèces différentes, s'obstiner dans l'obscurantisme antiraciste est un combat réactionnaire d'arrière-garde qui n'aura pour conséquence que de retarder la recherche sur les origines de l'humanité.

On ne peut pas être humaniste et fonder sa conception de l'humanité sur un mensonge, un interdit religieux. Si le choc d'une personne face à l'acceptation des différences raciales est plus grand que l'amour de son espèce, alors cette personne est tout sauf humaniste. Il n'y a pas d'humanisme là où il y a négation de l'existence des races.

Tous les humanistes ont été racistes jusqu'au XXe siècle. Le racisme n'est pas plus incompatible avec l'humanisme que l'humanisme n'est incompatible avec le féminisme. Le racisme n'est pas plus une haine des autres humains que le féminisme n'est une haine des hommes.

On doit tout aux racistes. L'humanisme a été fondé par les racistes. Les droits de l'homme sont une invention raciste. Ce sont les racistes qui ont proclamé que tous les hommes naissaient libres et égaux en droit. Les apports des racistes à l'humanité sont énormes. Les racistes ont apporté énormément à l'humanisme, mais on cherche toujours ce que les antiracistes lui apportent.

Sans le racisme, l'humanisme n'existerait pas. Sans l'humanisme, la cause animale n'existerait pas. Le racisme n'est pas une opinion : c'est un humanisme et un devoir.

11.6 Le progressisme social, racial et technique

Pour la droite occidentale, le progressisme social, racial et technique sont tous trois indissociables. Tout groupe politique s'opposant à au moins une de ces formes de progrès est par définition anti-occidental et opposé à la droite. Tout conservatisme est par définition anti-occidental.

Le progrès social, c'est la conquête et la consolidation des libertés individuelles, qui passe notamment par le fait de garantir à chacun des droits fondamentaux indépendamment de sa condition, de son statut social, de sa richesse, de son sexe, de son orientation sexuelle, de son origine, de ses croyances, ou de toute autre caractéristique.

Le progrès technique, c'est l'ensemble des avancées techno-scientifiques allant du savoir scientifique pur à ses plus concrètes applications.

Le progrès racial, c'est le fait de vouloir faire progresser à la fois sa propre race et l'humanité en toute décomplexion raciale. C'est partir de ce que l'on est pour s'améliorer, sans fantasmes de l'homme nouveau ni complaisance envers les défauts du groupe auquel on appartient au prétexte que « *c'est notre identité* » ou que « *les humains sont comme* ça ».

Le progrès technologique est criminellement diabolisé par les gauchistes écologistes et décroissantistes qui veulent convaincre les occidentaux de régresser tandis que les pays non-occidentaux se développent en polluant joyeusement. Cette guerre au progrès technique est d'autant plus inepte qu'elle apparaît au moment où les occidentaux sont proches de mettre au point les solutions technologiques aux problèmes environnementaux que le développement économique a générés ces deux derniers siècles. Outre ce lobbying de saboteurs, il y a également une forme de mépris diffus pour le progrès technologique perçu comme une futilité, qui pousse à ne pas comprendre combien il est important pour notre futur d'investir massivement dans la science et la technologie. Les révolutions technologiques et sociales s'accumulent à une telle vitesse que les occidentaux n'ont plus le temps de s'en émerveiller et ont une fausse impression de stagnation. En réalité, le progrès techno-scientifique n'a jamais été aussi rapide. Mais il est inférieur à ce qu'il pourrait être si on faisait confiance à nos scientifiques au lieu de sous-financer la recherche.

Le progrès social est combattu fermement par le camp conservateur dont la raison d'être est de préserver l'ordre moral antérieur. Il est pris en otage par la gauche qui se sert de la connotation positive du progrès social pour y insérer n'importe quoi, y compris le devoir de démanteler la race blanche et l'obligation de se soumettre aux idéologies rétrogrades importées. La mission de la droite c'est de mettre fin au sabotage du progrès social par la gauche et les conservateurs.

Quant au progrès racial, il est la clé essentielle pour débloquer le débat ridicule de l'opposition entre nature et culture, dans lequel les gauchistes déclarent que tout est culturel tandis que les conservateurs déclarent que tout est naturel et immuable. Dans le progressisme racial, il y a l'idée de nature et de construction : on reconnaît l'existence des races et des cultures, on ne nie pas la race au profit de la culture, ni la culture au profit de la race, et on reconnaît l'ancrage charnel de la culture. Le progressisme racial est également fondé sur l'eugénisme libéral et sur l'intransigeance envers les éléments qui composent sa race.

Toute droite se doit de développer un progressisme social, racial et technique sans prétendre pouvoir isoler une des composantes du progrès au mépris des deux autres.

11.7 La culture du consentement

Les libertés individuelles sont intimement liées à la liberté de choisir, c'est-à-dire de consentir ou de refuser.

Plus la démocratie libérale se développe, plus le consentement devient la notion centrale structurant les lois et les règlements formels et informels dans la société. Un exemple permet de mesurer le chemin parcouru : jadis, le viol et les agressions sexuelles étaient punis à titre de crime contre la société, contre la morale publique, contre la vertu et contre l'innocence ; le consentement n'importait pas, de sorte qu'un homme pouvait être acquitté du viol d'une femme malgré quantité de preuves qu'il l'avait forcée, si on arrivait à prouver que cette femme était « de mauvaise vie ». À l'inverse, il arrivait que des hommes soient lourdement condamnés, jusqu'à la mort, pour un rapport sexuel avec une femme pleinement consentante, car on estimait que l'homme avait « ravi » la femme à sa famille honorable, ce qui représentait un crime moral contre la famille et la société. De nos jours, ce genre de décisions nous semble incompréhensible car nous basculons dans une société du consentement. Le consentement n'est pas seulement une notion centrale dans le domaine sexuel. Il est le point cardinal de tous les aspects de la vie en société.

Il est important que la culture du consentement soit instaurée dès la naissance. Le rôle des parents et de la société est d'éduquer l'enfant pour en faire un adulte libre, capable de choisir et de consentir. La contrainte éducative est une nécessité pour faire progresser l'enfant en le libérant de poids de l'ignorance et de l'inadaptation sociale. L'apprentissage de l'autonomie et de la responsabilité est un long processus graduel. En revanche, toutes les contraintes qui ne présentent aucun intérêt pédagogique, sécuritaire ou médical sont des abus d'autorité.

La circoncision des enfants participe à la culture du viol en bafouant le consentement : l'acte de mutiler rituellement le sexe d'un enfant, peu importe la gravité de l'opération, nie la qualité d'individu apte à consentir ou refuser. Cette négation poussera l'individu bafoué à adhérer plus facilement aux théories d'écrasement de l'individu par la masse, comme les lois religieuses et charias yahviques.

La culture du consentement implique la liberté de regroupement, c'est-à-dire le droit élémentaire de choisir sa communauté et ses fréquentations, pour peu que cette communauté nous accepte. Être libre de choisir son groupe, c'est la différence entre l'individu libre et l'esclave d'une communauté. Dans un État libéral, toute obstruction au libre choix de son groupe devrait être anticonstitutionnelle.

Toute personne doit consentir à la présence des gens qui l'entourent, et avoir le droit de partir dans le cas où il n'est pas maître des lieux. Le consentement est toujours légitime par lui-même. La culture du consentement, c'est aussi ne pas avoir à donner les raisons de son refus, ne subir de pression pour aucun oui ni aucun non.

Nier le caractère transactionnel et marchand des relations humaines, ou diaboliser la recherche réciproque d'intérêts au nom du désintérêt et du mythe de l'amitié sans services, c'est entraver l'avènement de la culture du consentement. L'injonction à la gratuité, la diabolisation de l'intérêt et la psychose autour de la « marchandisation » ne sont que de la propagande conservatrice destinée à ralentir le parachèvement de la société du consentement.

11.8 Le féminisme, pierre angulaire de la droite

L'antiracisme et le communisme ont été bâtis sur la certitude trop profondément ancrée pour être formulée que les femmes accepteraient toujours le statut de monnaie d'échange, de variable d'ajustement et de trophée.

La liberté des femmes ne détruit pas seulement le régime social liberticide voulu par les conservateurs. Elle met aussi hors d'état de fonctionnement toute la machinerie communiste, ce qui a valu aux femmes en général, et aux féministes en particulier, la réputation de traîtresses complices du capitalisme.

L'inégalité face au choix des femmes est la plus grande des inégalités, et la plus indestructible, car la plus naturelle. Les apôtres de l'égalitarisme ne supportent les femmes que dans la mesure où ils attendent d'elles qu'elles ne pratiquent plus la discrimination sexuelle.

Il y a une chose qui fait que le féminisme est profondément de droite, et que la droite ne peut exister sans le féminisme : le choix libre des partenaires sexuels par les femmes. La droite est préoccupée par la liberté avant tout et la gauche par l'égalité. Par conséquent, sur la question de la sélection sexuelle, la droite respecte le choix des femmes sans l'interroger ni exiger de justification, là où la gauche fait peser une lourde pression pour que les femmes prolongent l'égalité sociale en donnant un accès égal à leur corps à tous les hommes, indépendamment de leur communauté, race, religion, classe sociale, apparence, richesse, etc.

Les antiracistes cherchent par tous les moyens à faire comprendre aux femmes qu'elles n'ont pas le droit de discriminer sexuellement les hommes sur un critère racial, sans pour autant avouer explicitement qu'ils ont un profond problème avec le libre choix et le droit au consentement des femmes. La notion de consentement sexuel comporte toujours une dimension raciale, même entre personnes de même race, car lorsqu'une femme dit non à la proposition sexuelle d'un homme, elle lui signifie son refus catégorique de mêler ses gènes aux siens, dans l'éventualité d'une grossesse, qui reste toujours présente dans nos inconscients malgré la généralisation de la contraception. La contraception et l'avortement sont des outils d'émancipation raciale de la femme : par ces moyens, la femme sort de la condition de réceptacle génétique passif que les totalitarismes misogynes veulent lui assigner, et devient un individu, libre de décider seule quand et avec qui elle veut mêler ses gènes et procréer.

Les femmes, y compris les plus égalitaristes, créent par leurs choix une hiérarchie parmi les hommes. C'est pourquoi les femmes seront toujours perçues par les esprits gauchistes comme des dispensatrices de cruauté objective, comme l'éternelle anomalie qui empêchera toujours la machine égalitariste de tourner.

Tant que les droits civiques des femmes étaient explicitement inférieurs à ceux des hommes en Occident, il était logique que ce soit la gauche qui accompagne la montée du féminisme, car il ne pouvait y avoir de libération des femmes sans mener au préalable un combat pour l'égalité des droits. Aujourd'hui, le féminisme arrive à maturité et il n'est pas seulement une lutte pour l'égalité : il est un combat pour instaurer une culture du consentement, condition indispensable de la libération des femmes, et pour conquérir du pouvoir. Le cycle égalitariste du féminisme arrive à son terme. Dans le même temps, le gauchisme ayant perdu la bataille de l'abolition des classes, il se réinvestit dans une myriade de luttes égalitaristes incompatibles avec le féminisme : l'égalité entre les tenants de la charia et les citoyens respectueux de la démocratie, les droits des violeurs étrangers à ne pas être expulsés du pays où il commettent un viol et même à obtenir le droit de vote dans ce pays, l'égalité entre l'égo racial et religieux des hommes issus des pays les plus patriarcaux du monde et le droit à la parole des féministes qui dénoncent les violences patriarcales. En somme, on s'aperçoit avec la maturation du gauchisme et du féminisme, que les deux sont incompatibles dans leurs versions développées et radicales. Le féminisme de gauche ne peut exister que dans la mesure où l'on est modérément féministe ou modérément de gauche.

Les grands défis du féminisme du XXIe siècle relèvent davantage de la problématique libertaire que de la problématique égalitaire. La libération de la parole des femmes opérée avec le mouvement Me Too est avant tout un combat pour la liberté d'expression et pour affirmer la liberté des femmes de consentir ou non. Il en va de même pour la lutte contre les violences médicales et obstétricales subies par les femmes, notamment autour de la grossesse et de l'accouchement. Les luttes féministes contre le harcèlement sexiste, contre les violences sexuelles et les violences conjugales consistent avant tout à exiger de l'État et de la société qu'ils garantissent la liberté des femmes de disposer de leur vie, de leur corps et de leur intégrité psychique face à des délinquants et criminels violents.

On assimile constamment le féminisme à la gauche car l'autonomisation des femmes et la défense de leurs libertés requiert une intervention étatique, et parce que ce qui a fait jusqu'ici office de « droite » en Occident n'était qu'un club de bourgeois conservateurs misogynes pseudo-libéraux voulant payer moins d'impôts et détruire les services publics. Sauf que cette vision du libéralisme est biaisée en ce qu'elle repose sur la croyance selon laquelle l'État serait forcément ennemi des libertés naturelles qui découlent d'un état de nature sans État. Or il s'agit là d'un mythe. L'état premier de l'homme n'est pas l'état de nature où chaque individu est totalement libre, mais l'état de culture où divers chefs, groupes, mafias exercent un pouvoir, un contrôle sur autrui, captent leurs ressources, rançonnent, exigent de percevoir des taxes, etc. Les libertés individuelles ne peuvent exister que si elles sont garanties par un État fort. Le féminisme est à la fois une émanation du libéralisme et une condition sans laquelle le libéralisme ne peut se réaliser pleinement dans la société.

En réaction à la conquête par les femmes de leurs libertés, il se produit un phénomène d'alliance misogyne, et même de fusion idéologique, entre les classiques conservateurs et les gauchistes misogynes, qui s'unissent dans la dénonciation du « libéralisme sexuel » des femmes discriminatoires envers certains hommes, dans le mépris pour celles qu'ils accusent d'être des esclaves de la société de consommation, et dans la haine des féministes, qu'ils qualifient de « fémi-nazies ». Les conservateurs haïssent les libertés des femmes car elles menacent l'ordre moral chrétien et les anciennes figures d'autorité patriarcale. Les gauchistes s'opposent à ces libertés parce qu'une société qui donne aux femmes l'entière liberté de choisir et de consentir ne peut en même temps assurer l'égalitarisme racial et l'absence totale de discrimination souhaités par la gauche. Discriminer, c'est choisir, donc toute liberté de choix sexuel implique une possible discrimination.

Un défi crucial du XXIe siècle est de faire en sorte que femmes et hommes d'Occident soient égaux dans la liberté et non dans la servitude.

Le libéralisme sans le féminisme n'est rien qu'une androcratie pseudo-libérale. Le libéralisme intégral est féministe. Le féminisme est d'essence libérale, et le libéralisme n'est complet qu'avec le féminisme. Le fémi-nisme est la pierre angulaire de la droite.

11.9 L'eugénisme libéral

Le concept d'eugénisme a été inventé par le cousin de Charles Darwin. Eugénisme est composé des termes grecs : *eu* (« bien ») et *gennaô* (« engendrer »), ce qui signifie littéralement « bien naître ». Le pseudo-eugé-nisme autoritaire est une abomination comme tout ce qui viole les libertés fondamentales des individus. Là où le pseudo-eugénisme autoritaire consiste à violer le consentement des personnes pour leur imposer des mesures liberticides voire criminelles, l'eugénisme libé-ral consiste à donner le choix aux individus de faire naître ou non des êtres humains plus intelligents, plus forts et en meilleure santé, avec un impact positif sur le reste de la société. Toute droite digne de ce nom doit revendiquer un eugénisme libéral.

L'eugénisme libéral se fonde sur trois axiomes :

- Rien n'est plus eugénique que la liberté ;

- Toutes les sélections ne sont pas eugéniques ;

- C'est la sélection sexuelle et non la mort qui assure le plus gros de la sélection naturelle.

Les piliers de l'eugénisme libéral sont :

- La sélection sexuelle par les femmes : la fin de l'ordre moral chrétien et des mariages monogames forcés permet d'entrer dans une nouvelle ère où les femmes peuvent se remettre à sélectionner leur géniteur. Autoriser aux femmes recourant à la PMA un choix sur catalogue du géniteur de leur enfant leur permettra de savoir de plus en plus précisément quelles qualités génétiques elles veulent favoriser chez leur enfant ;

- La solidarité institutionnelle : détruire sa santé à l'usine parce qu'on est né pauvre et avec un parent malade est une sélection dysgénique. Avec l'instruction gratuite jusqu'à l'enseignement supérieur et les systèmes d'égalité des chances, on a pu s'apercevoir qu'un grand nombre de prolétaires surpassaient intellectuellement les bourgeois qui les dominaient dans l'ancien système de caste. Assurer un minimum à tous permet une sélection sur l'intelligence et le mérite, et non sur la classe sociale de laquelle on vient ;

- La liberté de ne pas se reproduire, pour ne surtout pas forcer à procréer des gens qui n'aiment pas assez la vie ni leurs gènes pour vouloir les transmettre. Garantir une vie heureuse aux gens qui ne se reproduiront pas. Ne pas leur faire subir d'injonction à la procréation, afin de ne sélectionner que les humains qui souhaitent transmettre, qui aiment vraiment faire des enfants et rêvent d'avoir une belle famille. Permettre aux homosexuels de s'assumer après des siècles de persécution chrétienne les contraignant à se reproduire avec des femmes ;

- Le contrôle absolu des moyens reproducteurs par les femmes : la contraception et l'avortement ont réussi à faire chuter la criminalité là où toutes les politiques autoritaires avaient échoué. La maternité choisie résout naturellement des problèmes qu'on considérait jusque là comme impossibles à résoudre. Un accès garanti pour toutes à la contraception et à l'avortement empêche la sur-reproduction des personnes marginales et en détresse sociale. Elle limite drastiquement le nombre d'enfants présentant des problèmes génétiques consécutifs à des grossesses de femmes consommatrices de stupéfiants ou d'alcool. Moins d'enfants non-désirés, ça veut dire des enfants plus heureux par des mères aimantes et prêtes ;

- La sélection des embryons dans les PMA, en connaissant leurs caractéristiques et les maladies génétiques qu'ils auraient. Donner la possibilité aux parents de choisir les gamètes qu'ils veulent.

L'eugénisme libéral, qui est déjà en partie institué mais doit être prolongé, permet de mettre fin au dysgénisme autoritariste imposé par le christianisme pendant plus de 1500 ans : interdiction de tous les moyens de contrôle des naissances sous peine d'être brûlée vive, criminalisation du libéralisme sexuel, omerta et complaisance envers les viols, mariages forcés, stérilisation par le monastère et le couvent des hommes les plus intelligents des fratries et des femmes sans dot ou trop libres sexuellement, persécution des sage-femmes conduites en masse au bûcher, provoquant une explosion de la mortalité en couche. Le christianisme a provoqué tellement de dysgénie en Europe que le simple fait que les chrétiens n'aient plus le contrôle total et direct des utérus a suffi à amorcer l'ère de l'eugénisme libéral. En faisant tomber les derniers bastions du contrôle sociétal chrétien de la reproduction, les occidentaux pourront rapidement embrasser la liberté génétique, et l'ère du dysgénisme chrétien forcé ne sera alors plus qu'un lointain souvenir.

12- Les chantiers occidentalistes

12.1 Remigration et reconnaissance des violences migratoires

Tous les clans qui composent la bourgeoisie occidentale ont leur responsabilité dans le remplacement racial et en tirent un bénéfice direct. Qu'il s'agisse de la bourgeoisie patronale, de la bourgeoisie de gauche ou de la bourgeoisie conservatrice, tous sont responsables du remplacement racial et en tirent profit, y compris ceux qui prétendent s'y opposer. C'est pourquoi tous les partis bourgeois, y compris ceux qui se prétendent anti-immigration, refusent de clairement nommer le remplacement racial et de proposer un plan sérieux et complet de remigration. Les partis bourgeois refusent de reconnaître le remplacement racial car ce serait reconnaître qu'ils ont commis une faute criminelle historique à l'encontre de leur peuple.

Les organisateurs du remplacement ethnique ont toujours su que la cohabitation forcée ne pourrait entraîner que des violences, et à chaque flambée de violences migratoires, leur réflexe est de faire taire ceux qui dénoncent ces violences, et de plaider pour toujours plus de remplacement ethnique.

Les victimes des violences migratoires sont nombreuses. La majorité des victimes des violences migratoires se trouvent dans le peuple autochtone :

- Victimes du terrorisme musulman et leurs proches ;

- Victimes de criminels et délinquants étrangers récidivistes qui auraient dû être expulsés ;

- Victimes de viols raciaux et victimes de violences
sexuelles silenciées au nom du vivre-ensemble : affaire
d'Évry, grooming gangs de Telford, Rotherham, Roch-
dale, et plusieurs dizaines d'autres villes britanniques ;

- Victimes d'agressions raciales ;

- Victimes du harcèlement de rue, conséquence directe
de l'islamisation et de l'africanisation de l'espace public
urbain européen.

On compte également des victimes des violences
migratoires parmi les non-occidentaux :

- Immigrés et touristes victimes du terrorisme musulman et leurs proches ;

- Réfugiés et apostats de l'islam persécutés par des
musulmans sur le sol européen ;

- Victimes d'attentats xénophobes ;

- Victimes d'agressions raciales ;

- Victimes de viols raciaux (exemple : les victimes
sikhes des grooming gangs) ;

- Victimes des mutilations génitales religieuses tolé-
rées au nom du vivre-ensemble ;

- Victimes des règlements de comptes interethniques
et de guerres de gangs ;

- Victimes de la traite humaine, notamment du trafic
sexuel ;

Le Parti occidentaliste exige que le gouvernement de chaque pays ayant organisé le remplacement de son peuple :

- reconnaisse publiquement l'erreur historique du remplacement ethnique ;

- crée une commission de justice et de réparation pour les victimes de violences migratoires, qui procédera à l'identification des victimes des violences migratoires et à la mise en place des réparations financières pour indemniser toutes les victimes des violences migratoires en lien avec le remplacement ethnique, en proportion du préjudice subi ;

- présente des excuses officielles à toutes les victimes du remplacement ethnique ;

- s'engage à mettre fin au processus de remplacement ethnique ;

- lutte contre le trafic d'êtres humains et mette en place des peines de réclusion à perpétuité pour les trafiquants d'êtres humains ;

- coupe toute subvention publique aux ONG organisatrices ou complices du remplacement ethnique ;

- crée une agence nationale d'aide à la remigration ainsi qu'une agence européenne d'aide à la remigration afin de coordonner les efforts.

Le Parti occidentaliste travaille à la création d'un comité de justice et de réparation pour les victimes des violences migratoires, qui procèdera à l'identification et au recensement des responsables et des victimes des violences migratoires. Ce comité transpartisan visera à obtenir la reconnaissance institutionnelle des violences migratoires, à préparer le travail des futures commissions de justice et de réparation et à militer pour la création de ces commissions dans chaque pays d'Europe concerné par le remplacement ethnique et le trafic humain.

Tous les gouvernements occidentaux qui ont organisé le remplacement doivent présenter des excuses publiquement, au nom des gouvernements passés et présents, auprès du peuple qu'ils ont tenté de remplacer et des peuples étrangers à qui ils ont fait croire qu'ils étaient les bienvenus alors qu'ils ne l'étaient pas.

Les États occidentaux vont organiser la remigration pour mettre fin au remplacement et les responsables bourgeois vont devoir demander pardon au peuple autochtone qu'ils ont tenté de détruire.

12.2 La science sans entrave

Le savoir est la seule vraie richesse dans le monde. Pourtant, aucun parti ne place la recherche scientifique au centre de son programme. Tous prétendent redresser l'économie sans se préoccuper en premier lieu de l'unique vraie poule aux œufs d'or : la science.

Toute entrave volontaire à la science est un crime contre le peuple occidental. Une découverte retardée peut laisser mourir prématurément toute une partie de la population, qui n'aurait par exemple pas accès à temps à une technologie médicale qui aurait pu la sauver.

Nous devons mettre un terme à l'hypocrisie des obscurantistes religieux qui s'organisent en lobbies pour nous dicter, à travers des « comités d'éthique » remplis d'évêques et de théologiens déguisés en philosophes, ce que nous avons le droit de développer ou non pour être en conformité avec leurs croyances ridicules et arriérées.

La société doit sortir de sa neutralité œcuménique de renoncement, qui présente la science comme une croyance ni plus ni moins respectable que les autres. La vérité scientifique en perpétuel progrès est au-dessus de toutes les croyances. Les passe-droits qui sont donnés aux religions sont d'autant plus injustifiés que les États occidentaux admettent par leurs actions la suprématie du scientifique sur le religieux dans tous les domaines. Les États doivent finir le travail en assumant pleinement d'être rationnels et scientistes. On ne prie aucun dieu lors d'une pandémie mondiale, on attend de la science un traitement ou un vaccin. Les offices religieux s'interrompent, le Vatican suspend ses messes publiques et La Mecque fait cesser les pèlerinages. Tout le monde sait que seule la médecine moderne soigne et que la foi n'épargne à personne de tomber malade et de mourir. Mettons un terme à l'hypocrisie œcuménique et reconnaissons qu'aucune croyance n'arrive à la cheville de la science dans la compréhension du monde et la gestion des crises.

Il est parfaitement illégitime de prendre en compte une quelconque parole religieuse ou néo-religieuse pour expliquer à l'Occident à quel progrès scientifique ou technique il devrait renoncer. Le progrès technique doit être intégralement libéré de toute contrainte religieuse : les comités d'éthique remplis de lobbyistes religieux doivent tous être abolis afin de ne plus entraver les progrès scientifiques. La morale judéo-chrétienne est un corps étranger qui n'a pas sa place dans notre civilisation ; elle est un obscurantisme en totale déconnexion avec son peuple ; elle n'est ni « les racines » de l'Europe, ni son avenir.

La science doit également s'émanciper de l'obscurantisme décroissantiste, qui n'est rien de plus qu'un catéchisme sécularisé, se légitimant par la nature là où ses prédécesseurs se légitimaient par un papa imaginaire nommé « Dieu ».

Le décroissantisme est une idéologie de désinformation massive se concentrant sur les problèmes à court terme rencontrés dans le développement technique de l'humanité, et faisant croire que nous tournons à vide sur une planète dont les ressources seraient limitées, déjà toutes identifiées, et incapables de se régénérer. Pourtant notre richesse ne cesse de croître : la richesse matérielle réelle, ce sont les moyens de production disponibles, les machines, les matières premières d'un côté, le savoir et la technologie de l'autre. La monnaie n'est qu'une convention et les seules vraies mines d'or se trouvent dans les laboratoires scientifiques.

La technologie et le savoir scientifique sont un gisement inépuisable dont l'exploitation doit être notre priorité économique absolue. Nous devons consacrer le plus possible de ressources à la recherche, seule vraie richesse contemporaine, qui permet grâce aux brevets et aux applications industrielles de garantir à nos sociétés des revenus titanesques et de nous affranchir des limitations naturelles de ressources.

Toute pensée politique pro-science doit être une déclaration de guerre aux réactionnaires et aux décroissantistes, ces parasites de l'Occident qui se servent du progrès technologique pour le saboter, qui utilisent chaque nouveau moyen de communication moderne pour empêcher la création du suivant. Les saboteurs décroissants veulent éterniser la période la plus sale écologiquement de l'histoire de l'humanité en nous empêchant d'accomplir le grand saut vers la technologie propre et illimitée.

La fission nucléaire destructrice nous a libéré des guerres mondiales, la fusion nucléaire contrôlée va nous libérer des ressources énergétiques limitées et de la pollution du carbone.

Face au travail de sape de la science par les apôtres de la décroissance, les occidentaux doivent mettre en place une stratégie de contre-sape. Les pays occidentaux doivent créer un délit d'entrave à la médecine ainsi qu'à la recherche académique, scientifique et technologique. Il faut réprimer le harcèlement anti-chercheurs et les attaques contre tout lieu de recherche. Les commandos d'attaque contre des cliniques pratiquant l'avortement et les opérations de destruction de champs expérimentaux d'OGM ne sont pas seulement des dégradations de biens matériels, ce sont avant tout des actes obscurantistes violents d'entrave à la science et à la médecine. Il faut également lutter contre la propagande anti-science en poursuivant les gourous anti-médecine pour mise en danger de la vie d'autrui, et en instaurant des programmes ambitieux de vulgarisation scientifique, tant à l'école que dans les médias publics. Les scientifiques ne peuvent pas en même temps se consacrer à leurs recherches, faire de la vulgarisation et lutter contre les puissants lobbies anti-science. C'est à la société et à l'État de les protéger et de garantir leur liberté de recherche.

Un autre puissant lobby anti-science est le monde de l'édition scientifique. Les cinq plus gros éditeurs scientifiques forment un oligopole tyrannique qui empêche les scientifiques de travailler, car les tarifs pratiqués sont tellement élevés, que même les grandes universités comme Harvard peinent à payer leur abonnement. Les scientifiques ne peuvent même pas disposer librement des articles qu'ils ont eux-mêmes rédigés. Face à cette prise en otage de la connaissance, les États occidentaux doivent se concerter pour briser l'oligopole des éditeurs. Les États occidentaux doivent réformer la propriété intellectuelle scientifique afin que les auteurs ne soient plus dépossédés de leur propriété par les éditeurs, et la puissance publique doit être mobilisée pour créer des maisons d'éditions étatiques capables de représenter une concurrence sérieuse aux éditeurs privés.

Il convient aussi d'inscrire le négationnisme racial dans la liste des croyances dangereuses susceptibles de mettre en danger la vie humaine dans le monde médical. Ce négationnisme entrave les progrès de la recherche contre le cancer, les pandémies et les maladies orphelines ou héréditaires. C'est un obscurantisme à combattre, au même titre que le créationnisme.

Il n'est pas question d'interdire aux anti-science, aux anti-médecine, aux créationnistes et aux négationnistes raciaux de penser ou d'exprimer des idioties, mais de réprimer par la loi leur mise en danger des personnes, leurs actes de harcèlement et de pressions illégitimes sur le monde médical ou de la recherche. Harceler des scientifiques et saccager des laboratoires doit être sévèrement puni. Enfin, le négationnisme racial, pas plus que le créationnisme et les pseudo-sciences comme l'homéopathie, ne doivent pas être financés par nos impôts ni bénéficier de relais dans les médias du service public.

La science doit être protégée de ceux qui veulent l'étouffer.

12.3 La grande réforme de l'enseignement public

Le savoir doit être une priorité civilisationnelle. La meilleure façon de le développer, c'est d'assurer un enseignement de qualité aux générations futures, au rythme de chacun, pour que personne ne soit submergé ni au contraire ralenti par un niveau qui ne lui correspond pas.

L'école doit assurer l'apprentissage de la lecture, de l'écriture et du calcul, mais aussi des connaissances élémentaires en biologie, santé, sexualité, reproduction, prévention routière, code de la route, premiers secours, ainsi qu'une initiation à toutes les disciplines des sciences et des humanités, avec une culture générale validée par des examens.

Pour le reste, l'école doit être à la carte et offrir la possibilité de choisir ses modules et son niveau, mais aussi son nombre d'heures en présentiel et à distance. Des stages intensifs doivent être disponibles pour valider des certificats de niveau en accéléré. Une telle réforme permettra une mutualisation des moyens et l'amélioration de la fluidité sociale, de sorte qu'un élève en zone rurale pourra par exemple suivre les cours de latin des élèves de centre-ville tout en se rendant aux cours de tronc commun dans son établissement local.

Les élèves pourront passer des certificats enregistrant officiellement leur niveau dans chaque matière, pour choisir les disciplines à approfondir à leur guise, développant leur autodiscipline et leur capacité à travailler en autonomie.

Les citoyens doivent pouvoir bénéficier tout au long de leur vie d'une solide instruction à la carte et à distance, dans un large éventail de disciplines, et avoir accès à une offre de vulgarisation scientifique, culturelle et technique sans cesse réactualisée par le biais des médias d'État.

L'enseignement public ne peut pas continuer à mélanger des élèves doués, des élèves en difficulté et des élèves hyperactifs et toxiques dans les mêmes classes sous prétexte qu'ils aient le même âge. De plus, de nombreux élèves sont très doués dans certaines matières, et beaucoup moins dans d'autres. Il est regrettable qu'ils ne puissent pas développer leurs capacités et leur talent à cause d'un enseignement standardisé qui les retarde là où ils sont bons et qui les dépasse là où ils sont mauvais. Les bancs de l'école doivent être occupés par des volontaires, lesquels ne devraient plus être importunés par la présence d'individus pénibles qui ne sont présents que parce qu'on les y force.

Les langues européennes anciennes comme le vieux norrois, le latin ou le grec seront enseignées comme des langues vivantes aux élèves qui le souhaitent.

Dans ce système d'enseignement libre, il doit être créé un délit d'entrave à la scolarisation pour sanctionner les parents qui s'opposeraient à ce que leur enfant suive les enseignements qu'il désire.

Cette grande réforme remplacera l'école du dressage et de la perte de temps par une école du savoir libre pour tous et de l'excellence.

12.4 La transition de l'État parasite à l'État libéral créateur de richesse

Il est des doctrines dont les injustices fondamentales sont rendues incontestables par la force de l'habitude. Le dogme de l'impôt parasite en est une.

L'esclavage aurait pu durer éternellement si l'on s'était persuadé indéfiniment que la société ne pouvait tourner sans esclaves. Heureusement, cette atrocité n'est plus, et il est désormais invraisemblable d'en souhaiter le rétablissement.

Bien moins grave, mais non moins injuste, l'imposition obligatoire fera un jour partie des curiosités des anciennes sociétés liberticides. L'impôt parasite n'est toléré que parce que les contribuables restent convaincus que la société s'effondrerait comme un château de cartes sans ces prélèvements obligatoires. Il est troublant d'écouter des citoyens affirmer que leur seul impôt sur le revenu entretient la police et l'armée, les pompiers et les hôpitaux, les routes et les villes. Il est embarrassant de les entendre se sentir en même temps reconnaissants de récupérer en aides diverses un billet sur dix que l'État leur arrache.

Pendant ce temps, la dette se creuse, et les prélèvements obligatoires ne cessent d'augmenter pour tenter d'essorer la grande gabegie des dépenses publiques. Après d'alléchantes promesses de retraites et d'assistance, on réforme et on demande aux citoyens de serrer leur ceinture autant que les dents pour accepter les inéluctables changements.

Tout peut être interrogé, recalculé, diminué ou rétrogradé, plutôt que de remettre en question l'intouchable système d'imposition parasite.

L'État doit sortir du parasitisme économique pour embrasser un rôle d'entrepreneur et de créateur de richesse, en s'appuyant par ailleurs sur les bénéfices issus des technologies qu'il développe et sur le système de l'imposition volontaire.

L'impôt libre, c'est le droit de tout citoyen de refuser la participation à l'imposition. Les citoyens et entreprises choisissant de payer des impôts volontaires seront cités publiquement et disposeront d'avantages spéciaux et d'un label pour leur entreprise. Une médaille civile de rang proportionnel à l'impôt fourni sera attribuée aux bons payeurs qui sacrifieront une partie de leurs ressources à l'intérêt collectif et au développement civilisationnel.

L'occidentalisme, c'est un État fort qui inspire le respect en créant lui-même sa richesse et en ne reposant pas sur l'extorsion mafieuse de ses citoyens. Les entreprises d'État s'intégreront dans le libre marché comme n'importe quelle autre entreprise, sans bénéficier de monopole. De cette façon, on évitera à chaque crise mineure de voir des États dépenser des milliards pour perfuser des entreprises bancales qui auraient dû s'effondrer depuis longtemps. Les domaines sont nombreux : assurance, énergie, transports, laboratoires de recherche, industrie ou n'importe quel autre secteur susceptible de rapporter de l'argent et où l'État peut se positionner. Ces entreprises d'État fonctionneront avec des salariés normaux et certainement pas des fonctionnaires à vie. Le social doit être définitivement séparé de la fonction publique et du salariat d'État.

De cette imposition librement consentie, un tiers pourra être attribué par le donateur au domaine de son choix ou au projet étatique qu'il désire financer. C'est la condition nécessaire pour que les individus dépassent leur situation de contribuable pour devenir des citoyens actifs.

Ce changement profond du rôle de l'État face aux citoyens est un tournant de l'histoire à franchir. Tôt ou tard, l'évolution civilisationnelle et libérale de nos sociétés le mènera à cette qualité de créateur respecté. L'État cessera d'être un parasite pour devenir un État libéral et entrepreneur, gardien des libertés individuelles.

12.5 Le féminisme blanc

Alors que les femmes occidentales sont plus que jamais mobilisées pour défendre leurs libertés face aux agresseurs, harceleurs et violeurs, et qu'une part croissante de l'opinion publique des deux sexes bascule en faveur du féminisme, il se produit une violente contre-offensive misogyne, d'un genre totalement nouveau. Outre l'habituelle haine des conservateurs envers les féministes, on assiste à la montée en puissance de la misogynie de gauche, principalement au nom de la lutte égalitariste antiraciste et de l'anticapitalisme. Ces deux blocs misogynes convergent sur de nombreux sujets relatifs aux femmes et se renforcent mutuellement, créant une véritable synergie antiféministe. Cette convergence des luttes entre conservateurs et gauchistes contre les libertés des femmes porte un nom : le communisme sexuel. Le communisme sexuel est une idéologie transpartisane qui consiste à voir la liberté des femmes à choisir leur partenaire sexuel comme une menace pour la justice sociale, que cette justice sociale soit la société patriarcale hiérarchisée voulue par les conservateurs ou la société parfaitement égalitariste et dénuée de toute discrimination rêvée par les gauchistes.

Dans le paradigme communiste sexuel, la principale source d'injustice en Occident est le libéralisme sexuel, c'est-à-dire le droit des femmes à décider d'avoir des rapports sexuels et de faire des enfants avec qui elles veulent, quand elles veulent, si elles le veulent. Les communistes sexuels, qu'ils soient d'obédience conservatrice ou gauchiste, traitent les féministes de « féminazies », parce que la simple existence des féministes les fait se sentir menacés de génocide : ils savent que si on laisse les femmes choisir leurs partenaires sexuels, ils ne seront pas sélectionnés, et leurs gènes s'éteindront. Le seul fait que les femmes soient libres de leurs choix sexuels et reproductifs est vécu par les communistes sexuels comme une menace pour la société toute entière.

Par l'injure « féminazies » les misogynes accusent les femmes libres d'introduire dans la société une hiérarchie entre diverses catégories d'hommes, ce qui est factuellement vrai, puisque certains hommes plaisent à beaucoup de femmes, tandis que d'autres les dégoûtent. Il existe une inégalité objective entre les hommes en matière d'attractivité sexuelle et matrimoniale, et lorsqu'on ne force pas les femmes à se marier et à ne connaître qu'un seul homme dans leur vie, effectivement, les écarts entre les hommes se creusent. Il existe également des inégalités parmi les femmes en matière d'attractivité sexuelle et matrimoniale, mais nulle femme ne songe à bâtir une idéologie toute entière autour de ce constat, encore moins à justifier des actes de violence par leur « misère sexuelle » ou affective, pourtant bien réelles.

C'est le cocktail détonnant de la misogynie et de l'égalitarisme qui provoque la montée du communisme sexuel. Quand on présente la lutte contre toutes les inégalités et toutes les discriminations comme une priorité civilisationnelle, comment s'étonner ensuite que des hommes objectivement rejetés par toutes les femmes — pour des raisons fort légitimes au demeurant — se plaignent de discriminations ?

Régulièrement, le communisme sexuel donne lieu à des attentats sanglants. Des femmes sont tuées dans des attaques planifiées au fusil, à la voiture-bélier ou au couteau, par des hommes qui revendiquent explicitement la dimension politique de leur acte et leur volonté de punir les femmes de leur liberté sexuelle. Les États ne reconnaissent toujours pas les attentats misogynes comme des actes de terrorisme, alors même que toutes les éléments de définition du terrorisme sont réunis : une revendication politique est formulée, une idéologie est clairement identifiable, les attaques sont préméditées, et le but de ces attaques est d'envoyer un message de terreur à toute la population. À ces attentats, il faut ajouter les milliers de féminicides commis par des hommes chaque année, qui ne sont pas aussi clairement revendiqués en des termes politiques, mais qui découlent de la même haine du consentement féminin, de la même rage à voir une femme se refuser à eux, soit parce qu'elle les quitte, soit parce qu'elle refuse leurs avances.

Les terroristes misogynes ne sont que la face visible de l'iceberg du communisme sexuel. La pensée communiste sexuelle infuse toute la société et tous les débats publics sur la place des femmes dans la société. Lorsqu'on excuse un criminel, un violeur ou un terroriste en pointant sa « misère sexuelle », on fait preuve de communisme sexuel, car on déclare que c'est un refus sexuel féminin qui est la cause d'un désordre social : la liberté de consentement des femmes est pointée comme une source de discrimination contre laquelle l'homme se révolte en commettant un crime.

Les leaders d'opinion conservateurs se font les porte-voix du communisme sexuel lorsqu'ils prétendent que l'insécurité et l'immigration de masse ont été provoquées par les femmes, parce qu'en donnant aux femmes les mêmes libertés qu'aux hommes, elles cesseraient de « *rester à leur place* », la société se « féminiserait » et l'autorité phallique ne pourrait plus assurer l'ordre dans la société. Même si ce sont des hommes bourgeois qui ont organisé le laxisme judiciaire et le remplacement ethnique, les conservateurs arrivent à accuser les femmes, grâce à la magie du communisme sexuel, grâce à la croyance selon laquelle les désordres sociaux viennent des femmes qui refusent la place de fours à bébés soumises à leur père puis mari que la société chrétienne « traditionnelle » leur assignait auparavant.

Le féminisme occidentaliste est le seul qui offre aux féministes des armes contre le communisme sexuel et contre le musèlement de la parole féministe au nom du vivre-ensemble. Le féminisme de gauche, malgré tout ce qu'il a pu apporter aux femmes au cours de l'histoire, est trop inféodé à l'agenda égalitariste antiraciste pour pouvoir riposter à la guerre sale que les communistes sexuels leur mènent sur tous les fronts. Les féministes de gauche sont, comme toute la gauche, persuadées que les violences dans notre société proviennent des inégalités, et qu'il faut par conséquent, pour mettre fin aux violences misogynes, militer pour toujours plus d'égalitarisme dans tous les aspects de la société (classe, richesse, sexe, races...). Parce qu'il existe des inégalités dans notre société occidentale blanche libérale et capitaliste, les féministes de gauche croient qu'il faut « déconstruire » la « suprématie blanche » en

Occident et détruire capitalisme et libéralisme, afin de faire cesser les violences misogynes. C'est du moins ce que leurs camarades gauchistes leur ont promis.

Sauf que dans les faits, la cause antiraciste, anti-occidentale et anticapitaliste a provoqué l'explosion du communisme sexuel, c'est-à-dire la perception du refus sexuel féminin comme une inégalité et une discrimination insupportable ouvrant le droit à une vengeance physique. De plus, le projet de « *déconstruire la suprématie blanche* » a mené les féministes de gauche à se soumettre intégralement à l'agenda antiraciste. Or la cause antiraciste est avant tout un outil servant à organiser le laxisme face aux violences masculines et l'omerta autour des violences machistes commises au nom de cultures patriarcales importées, dont notamment la culture islamique.

Toutes les féministes qui tentent de dénoncer ces violences et leur dimension systémique sont accusées de racisme, écartées de la sphère politique, éjectées des associations, privées de financements, blacklistées par les médias, quand elles ne sont pas carrément traînées devant le tribunal. Toute parole honnête et objective sur la misogynie islamique constitue en soi une « incitation à la haine », même quand on l'exprime de la manière la plus polie et la plus pacifique qui soit, car, en effet, toute connaissance précise des immondices proférées à l'endroit des femmes dans les textes islamiques ne peut que pousser une personne sensée à haïr l'islam.

Quand on se fixe pour objectif de « *déconstruire la suprématie blanche* » comme le fait la gauche, on doit renoncer à hiérarchiser les cultures. Dénoncer la responsabilité de l'islam et de cultures extra-européennes dans un certain nombre de violences misogynes revient donc dans ce paradigme à porter des jugements négatifs sur des cultures non-blanches en se prévalant de normes culturelles occidentales. L'universalisme et le refus du relativisme culturel sont une forme de suprémacisme blanc. La soumission à l'agenda de la gauche empêche donc les féministes de porter librement un jugement sur un certain nombre de violences et idéologies misogynes. Les féministes de gauche qui tentent de sauver l'universalisme sont de plus en plus marginalisées en politique et dans les médias, et consacrent l'essentiel de leur énergie à se contorsionner pour prouver qu'elles ne sont pas racistes. Elles sont péjorativement qualifiées de « féministes blanches » par la gauche.

Seul le féminisme occidentaliste assume d'être un féminisme blanc et refuse de se justifier face à des gauchistes défenseurs de la burqa et complices des excisions. Seul le féminisme occidentaliste permet de s'affranchir de cette tyrannie antiraciste et défend ouvertement le suprémacisme que constituent le féminisme et l'humanisme.

L'antiracisme est toujours un virilisme et le féminisme menace toujours le projet final des antiracistes. Sous sa forme gauchiste, l'antiracisme est le rêve d'une fraternité interraciale entre tous les hommes devenus parfaitement égaux ; mais si les femmes sont libres, alors il subsistera toujours une inégalité entre les hommes en termes d'accès aux corps des femmes : les hommes laids, violents, stupides et malodorants seront toujours discriminés. Sous sa forme conservatrice, l'antiracisme est un fantasme de communion virile interraciale : les hommes conservateurs fantasment la virilité des hommes issus de cultures ultra-violentes envers les femmes, notamment la culture islamique, et ils se réjouissent que ces hommes viennent en masse « punir » les femmes occidentales de s'être rebellées contre le vieux patriarcat chrétien.

La société antiraciste mélangiste fonctionne selon un pacte que les femmes n'ont jamais signé et que la bourgeoisie exige qu'elles respectent. Ce pacte est le suivant : « *Hommes des pays les plus patriarcaux du monde, venez dans notre pays nous fournir une main d'œuvre bon marché et nous enrichir culturellement, et installez-vous dans les quartiers des prolétaires blancs ; femmes et hommes du prolétariat blanc, accueillez-les dans vos quartiers, cohabitez avec eux dans vos immeubles, faites en sorte qu'ils se sentent comme chez eux, acceptez-les comme ils sont, et ne dites rien qui puisse froisser leur égo racial et religieux.* »

Hommes et femmes naissent mélangés dans une même famille et c'est la misogynie qui les sépare. Les races naissent séparées de par le monde et c'est le dogme mélangiste qui les force à s'entasser. Les femmes occidentales n'ont pas à accepter un remplacement ethnique qui leur a été imposé par les hommes de la bourgeoisie blanche ; elles n'ont pas à se taire devant le harcèlement et les agressions insupportables qu'elles subissent par la diversité machiste dans toutes les grandes villes européennes ; elles n'ont pas à subir en silence l'islamisation de leur quotidien. Les féministes occidentales n'ont pas à adapter leurs discours féministe pour éviter de froisser l'égo racial et religieux des millions d'hommes violemment misogynes avec lesquels on les force à cohabiter.

Le féminisme occidentaliste, ou féminisme blanc, milite pour se débarrasser des carcans mentaux antiracistes afin de bâtir un féminisme adapté aux enjeux du XXIe siècle, intransigeant face au fléau du relativisme culturel, et un féminisme solide, car non enchaîné au destin de la gauche agonisante. C'est par cette intransigeance que le féminisme occidental pourra continuer à vivre, à se développer et à rayonner dans le monde entier, rendant ainsi service à des centaines de millions de femmes extra-occidentales désireuses elles aussi de s'organiser collectivement contre les oppressions machistes dans leurs pays, en s'appropriant ce que bon leur semble du féminisme occidental et en apportant leur propre vision, adaptée aux besoins locaux.

Le féminisme occidentaliste libère la parole des femmes sur les violences et les oppressions qu'elles subissent, en rejetant toute forme d'injonction à protéger l'égo racial, religieux, sexuel de leur agresseur, ou toute autre forme d'injonction à « *ne pas généraliser* », à ne pas « *faire d'amalgames* ». Le féminisme occidentaliste milite pour la culture du consentement et assume de faire passer les libertés des femmes occidentales avant tout.

La liberté d'expression intégrale revendiquée par le féminisme occidentaliste est essentielle pour garantir le droit des femmes à critiquer toutes les idéologies qui menacent les libertés des femmes. L'autocensure au sujet de l'islam couplée au souci d'égalité entre les religions a entraîné une autocensure des féministes de gauche sur le christianisme. Il est temps que le féminisme occidental renoue avec ses racines blasphématrices.

12.6 L'androgynat contre la société schizosexuelle

Actuellement, on trouve normal de mélanger partout les races, et de diviser partout les sexes. Des personnes de l'autre sexe, qui nous sont intimes et dont nous sommes plus proches que n'importe qui de notre sexe, sont discrètement séparées de nous par toute une société culturellement ségrégationniste. Cette ségrégation des sexes, c'est la schizosexualité. L'Occident sort progressivement de l'organisation schizosexuelle de la société. L'occidentalisme souhaite l'accélération de ce processus et l'avènement d'une société androgynarchique, dans laquelle hommes et femmes vivent ensemble et exercent ensemble le pouvoir.

En criminalisant les violences sexuelles et en pénalisant le harcèlement, l'Occident a affirmé le droit des femmes à fréquenter concrètement les mêmes lieux que les hommes, sans être inquiétées du fait de leur sexe.

En mettant fin aux emplois réservés aux hommes (dans la médecine, la police, l'armée, etc.), l'Occident a porté un coup à l'apartheid sexuel dans le monde du travail.

En ne séparant plus les enfants à l'école selon leur sexe, l'Occident a cultivé la mixité sexuelle dès le plus jeune âge, entraînant de profonds changements dans les mentalités.

Après des décennies d'emballages, de publicités et de design ridiculement genrés, les marques de jouets pour enfants et de biens de consommation courante ont commencé à abandonner le diktat de la division rose-bleue, montrant que la caricature des sexes n'était pas vitale pour le commerce.

Du côté de la culture, le cinéma, les films et les séries ont été les premiers divertissements massivement androgynes. Les jeux vidéo suivent cette tendance en devenant un divertissement comme un autre pour la plupart des jeunes occidentales. Le développement de cette culture commune a multiplié les expériences cathartiques, les références et les centres d'intérêts communs entre les sexes, poussant les femmes à s'intéresser aux guerres et aux hommes à s'intéresser aux complots et aux histoires familiales et relationnelles. Plus personne ne se souvient des époques où l'homme et la femme n'avaient pratiquement rien à se dire tant la société les séparait et les tirait de part et d'autre pour accomplir le projet schizosexuel yahvique.

L'androgynat est une façon de régénérer les rapports humains entre hommes et femmes et de mettre fin à la culture de la ségrégation sexuelle.

Nous devons ouvrir une réflexion culturelle et sexuelle portant sur de nouvelles façons de nous sortir de la schizosexualité sous toutes ses formes, et forger un univers mental androgynique.

En sport, développer des compétitions olympiques mixtes pour les sports d'équipe, avec la moitié d'hommes et la moitié de femmes. La ségrégation sexuelle dans le sport est ridicule et infériorise les femmes, alors qu'il y a de nombreux sports où des femmes de certaines races sont bien meilleures que les hommes d'une autre race.

Si on justifie la ségrégation sexuelle dans le sport à partir du niveau d'un sexe, alors pourquoi ne pas faire des championnats raciaux en natation, en cyclisme ou en course à pied, étant donné que les races sont particulièrement inégales en capacités dans ces sports ?

Il faut banaliser la mixité sexuelle dans le sport, comme c'est déjà le cas dans le tennis. Il ne s'agit pas d'interdire les compétitions et les équipes non-mixtes, mais de donner au public l'habitude de voir des compétitions mixtes et de cultiver la mixité dans les entraînements. Le sport n'est pas uniquement une histoire de performance, c'est aussi un spectacle à portée symbolique rassemblant un large public lié par une passion commune et le plaisir d'être ensemble.

Enfin, hommes et femmes doivent apprendre à fonctionner dans un système de camaraderie et de commandement, une expérience que seul un service militaire mixte pourra leur offrir.

12.7 La culture du corps

Une des traditions européennes que le christianisme s'est le plus acharné à détruire, c'est celle du culte du corps.

Avant l'occupation spirituelle de l'Europe par le christianisme, prendre soin de son corps était considéré comme le comportement normal de tout être civilisé. Le totalitarisme chrétien en a fait un péché. Dans l'Europe pré-chrétienne, le corps n'était pas caché, la nudité était un code de représentation artistique renvoyant à l'héroïsme ou à la divinité, les bains publics étaient des lieux de sociabilité incontournables, le sport était valorisé, la médecine et toutes les disciplines permettant l'amélioration de la santé étaient regardées favorablement, la beauté physique était considérée comme une bénédiction, et ni le plaisir sexuel, ni la gourmandise ne constituaient en soi des choses blâmables.

La christianisation de l'Europe a été une grande entreprise de destruction du rapport sain que les Européens entretenaient avec leur corps. Les chrétiens saccagèrent les statues à forme humaine, défigurèrent les beaux visages humains en leur brisant le nez. Le mépris chrétien du corps fit régresser de manière spectaculaire la qualité de la représentation du corps, et celle-ci ne retrouva son niveau de l'Antiquité qu'à la Renaissance, lorsqu'on ressuscita le paganisme gréco-romain et que des clercs rusés arrangèrent des tours de passe-passe théologiques pour contourner les accusations d'hérésie et d'idôlatrie, fournissant ainsi aux artistes des sauf-conduits dans l'enfer inquisitorial. La connaissance scientifique du corps par l'observation et l'expérimentation fut strictement interdite par l'Église, qui prohiba les dissections, qui fit brûler en masse des sages-femmes et guérisseuses en les accusant de sorcellerie, et qui força les médecins à n'être que des singes savants récitant une bouillie médico-théologique. Les chrétiens firent interdire les bains publics et les jeux olympiques. Ils réquisitionnèrent les thermes romains et les palestres (salles de sport antiques) pour les transformer en églises, déclarant que désormais seul Dieu-Yahvé devait être glorifié, et que glorifier le corps humain par le sport ou l'hygiène constituait une attaque contre Dieu lui-même. Il fallait avoir le cul mal-propre et la cuisse flasque pour être vu comme un bon chrétien.

Après des siècles de déculturation chrétienne, de dépréciation, de honte et de tabou autour du corps, nous devons resacraliser le soin du corps et la nudité européenne. L'esprit d'un être humain ne peut s'élever s'il a honte de son corps. Le mépris du corps et la mor-tification, le refoulement des désirs et les entraves, qu'elles soient physiques ou psychologiques, doivent être effacées, sous peine de nous bloquer au stade matériel de ce qui n'est considéré que comme une enve-loppe alors que nous sommes ce corps. Notre cerveau est une partie de notre corps, et tout soin du corps bénéficie à l'esprit.

Notre corps doit être revalorisé à tous les niveaux, par un individualisme sain et une culture du consentement. Ainsi, on ne doit plus considérer le corps d'autrui comme le champ de bataille de nos névroses. Les remarques corporelles négatives et non sollicitées doivent être reconnues comme des injures, et ne plus être excusées sous prétexte de conseils bienveillants. Le corps n'a plus à être l'objet disputé par la masse collec-tiviste, et doit retrouver la seule personne qui a des droits dessus : son propriétaire.

Dès l'école, les cours de sport doivent réconcilier les enfants et les adolescents avec leur corps, prévenir et résoudre les complexes, et les professeurs doivent être formés dans cet esprit. Les cours doivent se faire avec des groupes de niveau pour que chacun progresse à son rythme, quitte à remélanger des classes. Le sport doit être intégralement à la carte, extra-scolaire avec un contrôle scolaire. Les professeurs de sport de l'Éducation nationale seront affectés à des structures sportives extra-scolaires, ce qui leur permettrait entre autres de mener des projets sportifs plus ambitieux et d'avoir des carrières plus enthousiasmantes.

Les mutilations génitales forcées sous toutes leurs formes doivent être strictement interdites et réprimées comme ce qu'elles sont : des actes de barbarie. Nul mineur n'a pleinement la capacité de consentir à ce genre d'actes. L'excision des petites filles, la circoncision des petits garçons et les opérations de réassignation sexuelle forcée des enfants intersexes sont des crimes. Le bougirage des enfants intersexes est un viol et doit être sanctionné comme tel. La stérilisation forcée des enfants intersexes du fait de leur opération de réassignation doit également être reconnue comme acte de barbarie. Les victimes de ces actes criminels doivent être indemnisées par leurs bourreaux et des actions en justice collectives doivent être menées. Même les atteintes à l'intégrité sexuelle des enfants qui paraissent anodines comme la circoncision sont en fait un moyen pour la masse de nier l'individu et de lui faire sentir à vie dans son for intérieur que son corps ne lui appartient pas, donc qu'il ne s'appartient pas à lui-même.

Tout être humain doit pouvoir arriver à l'âge adulte avec des organes génitaux intacts, et avoir le droit de pratiquer une sexualité libre et sans honte. La masturbation doit cesser d'être méprisée et déconseillée par des désinformateurs conservateurs qui la prétendent nocive, car elle représente le meilleur moyen de contrôle de ses pulsions sexuelles. Les discours de diabolisation de la masturbation reposent toujours sur de la désinformation médicale et des considérations morales qui découlent plus ou moins de la culture du viol.

Nous devons achever la déchristianisation de la sexualité et déconstruire par curiosité intellectuelle des fantasmes induits par le christianisme. Une réflexion sur le corps doit forcément passer par une réflexion sur notre sexualité.

Développer une culture du corps est aussi un moyen de s'opposer à la tyrannie de l'image standardisée du corps, au délire de perfection instagramique, cette espèce de charia où pour ne pas avoir à se cacher, on devrait atteindre une perfection physique irréaliste. La culture du corps, c'est valoriser toutes les formes de soin et de développement du corps humain, quels que soient l'âge, le sexe, la beauté, la condition des personnes.

Il faut en finir avec la persécution de la nudité. Par principe, la nudité devrait être autorisée, et seuls les actes d'exhibition sexuelle active devraient être prohibés. Il est dément que sur les réseaux sociaux, qui sont la principale plateforme d'expression publique, les tétons soient automatiquement censurés. Si nous vivions dans une société qui entretenait un rapport sain au corps, les tétons seraient autorisés et les réseaux sociaux proposeraient un filtre anti-tétons pour ceux que cette vision dérange, au lieu d'imposer la charia virtuelle à tout le monde.

Les femmes doivent se voir garantir le respect et leur droit à allaiter comme elles le souhaitent en public sans qu'aucune remarque déplaisante ne soit vue autrement que comme du harcèlement.

Le sport doit aussi être la canalisation de la violence naturelle des hommes et des femmes, et mener à une diffusion de la culture de l'autodéfense, des arts martiaux modernes mais aussi des arts martiaux historiques européens. La conscience du corps, l'initiation à la Méthode naturelle et à des exercices de renforcement musculaire et de rusticité permettront aux élèves volontaires de développer leur culture du corps, dans une vision hébertiste, fonctionnelle, de santé et de bien-être. Le service militaire permettra de compléter cette formation au corps, aussi importante que la formation de l'esprit des futurs citoyens.

12.8 La religion ancestraliste : vers une spiritualité rationnelle européenne

Les pays occidentaux se sont libérés du christianisme totalitaire, en jetant au sol la domination cléricale directe et les monarchies absolues de droit divin. Partout en Occident, les églises se vident et le christianisme est en passe de n'être plus qu'un mauvais souvenir. Pourtant, les Européens massivement athées restent encore attachés à certaines fêtes et à certaines traditions, tandis qu'ils en abandonnèrent d'autres dès lors qu'ils ne furent plus forcés d'y participer.

Halloween, Noël et le carnaval sont trois fêtes parmi les plus vivaces en Occident. Leur point commun ? Une origine païenne d'Europe.

Le carême, l'ascension, et l'assomption sont trois fêtes dont tout le monde se fout désormais. Leur point commun ? Une origine orientale judéo-chrétienne.

Noël, la galette des rois et le carnaval viennent directement des Saturnales, fêtes romaines qui se déroulaient une semaine avant le solstice d'hiver et qui célébraient le dieu Saturne par de grandes réjouissances populaires. L'esprit de Noël vient de cette tradition : les tribunaux et les écoles étaient en vacances et les exécutions, interdites. Le travail cessait. Des marchés spéciaux avaient lieu, comme les marchés de Noël, et tous les Romains se souhaitaient « *Bonnes Saturnales !* ». Les barrières sociales disparaissaient ; on organisait des repas, on échangeait des cadeaux, on offrait des figurines aux enfants et on plaçait des guirlandes végétales dans les maisons, faites de houx, de gui et de lierre.

C'était aussi un grand carnaval où l'ordre hiérarchique des hommes et la logique des choses étaient inversés de façon parodique et provisoire : l'autorité des maîtres sur les esclaves était suspendue. Ces derniers avaient alors le droit de parler et d'agir sans contrainte, libres de critiquer les défauts de leur maître, de jouer contre eux, de se faire servir par eux. Un repas était partagé entre les maîtres et les esclaves et une fève était glissée dans un gâteau ou une galette dont l'aspect rond et doré rappelait le soleil. Celui qui tombait dessus était ainsi désigné *roi du festin*.

Quant à Halloween, fête très appréciée des Européens anglophones et qui revient même en force dans les pays non-anglophones d'où le christianisme était parvenu à la chasser, son origine est la fête celte de Samain marquant le début de la saison sombre et le passage d'une année celtique à l'autre.

On pourrait passer une vie entière à énumérer toutes les fêtes et les pratiques des religions anciennes qui se sont transmises jusqu'à nous malgré leur défiguration chrétienne. Ce qui est important, c'est de noter que toutes les pratiques purement chrétiennes s'effondrent là où les pratiques européennes anciennes survivent ou revivent. La déculturation chrétienne est telle que de nombreux européens se croient attachés au christianisme en lequel ils ne croient pas, simplement parce qu'ils ont de l'affection pour ces pratiques dont ils ignorent la véritable origine païenne.

Le vitalisme naturel des fêtes ancestrales est taxé de « consumérisme » par les mêmes chrétiens qui ne supportent pas de voir leurs rites de mortification désertés. Les Européens aspirent à la vie, au vin, à la bière et aux vraies traditions qui leur remplissent le cœur de joie en famille, là où les conservateurs aimeraient les voir pratiquer la « Sainte Quarantaine » du carême, véritable proto-ramadan. Un certain nombre de chrétiens qui s'assument ou qui s'ignorent tentent de culpabiliser les Européens qui consacrent leur argent à des célébrations familiales et qui préfèrent offrir des jouets à leurs enfants plutôt que de les mettre au pain sec et à l'eau.

Avide de domination totale, le christianisme s'était substitué aux religions européennes en interdisant et en plagiant les rites ancestraux pour les vider de leur substance. Ce fut une entreprise à double tranchant : pour faire avaler le christianisme à un peuple attaché à ses traditions, les chrétiens ont dû intégrer des éléments païens parmi les rares qui avaient survécu à leur interdiction.

Au fil des siècles, les Européens se sont détachés des choses chrétiennes et sont naturellement retournés aux traditions les plus païennes sans même le savoir.

Si la culture européenne ne fut pas intégralement remplacée, c'est parce que le christianisme fut petit à petit digéré par notre âme païenne dans l'univers mental européen, mélangé aux fêtes ancestrales, pondéré par la sensibilité européenne. De la secte juive intégriste proto-marxiste, iconoclaste, ultra-puritaine et ultra-violente qu'était le christianisme des débuts, il n'est resté qu'un système de régence ecclésiastique parasitaire qui finit en quelques siècles par tolérer les représentations humaines puis la nudité des statues, tout en s'ouvrant à toutes sortes de cultes « idolâtres » locaux par le biais du culte des saints. Ayant besoin de pallier la pauvreté de leur univers mental, les chrétiens entreprirent de s'approprier l'héritage gréco-romain pour en revendiquer les racines européennes qui leur faisaient défaut. Par la *translatio imperii et studii*, le clergé profita de la supériorité civilisationnelle de Rome, de ses institutions, de son art, de son architecture et de sa mythologie pour fasciner et pour s'exporter dans toute l'Europe. Pendant la Renaissance européenne, scientifiques, artistes et mécènes louvoyèrent pour reprendre le travail suspendu, en évitant d'offenser l'Église. Il s'enclencha par la suite un divorce progressif entre l'Église et l'État.

Le christianisme est une greffe qui n'a jamais pris. Nous assistons à la fin de l'ère chrétienne, qui se traduira tôt ou tard dans les calendriers. Un Occident digne de ce nom ne peut plus continuer à compter les années à partir de la date de circoncision du Christ au huitième jour. Il y a une urgence spirituelle à changer d'ère. Le calendrier prépucial doit laisser place au calendrier occidental.

Libérés des fausses racines chrétiennes imposées, les Européens se questionnent de plus en plus sur leurs origines, ayant toujours davantage recours à des tests génétiques pour mieux connaître leurs ancêtres après cette longue parenthèse de déconnexion patrimoniale.

Bien que plus personne en Europe ne croie au Dieu-Yahvé depuis longtemps — si tant est qu'on y ait cru un jour — les Européens ont une réticence à se définir comme des athées. Plus le christianisme s'évanouit et revient au néant spirituel dont il est né, plus les Européens se reconnectent avec leurs racines et leurs traditions ancestrales. Des générations entières d'hommes et de femmes sont imperturbablement fascinés par les mythologies anciennes, par leur histoire, par les documentaires, par les musées et par les séries sur leurs ancêtres. La bonne réputation du bouddhisme montre bien leur respect spontané envers la spiritualité détachée de l'injonction à la foi, cette croyance aveugle obligatoire au profit d'un dieu tout-puissant. Les Européens sont des athées spirituels, passionnés par leurs ancêtres, par la science, par la justice, par la liberté et par leur avenir. Seule une partie d'entre eux se déclare athée, en général à reculons, la plupart réticents à déclarer n'être habités par rien, tant ils sentent leur âme imprégnée de visions épiques, de rêves grandioses, de connexion avec la nature et de principes moraux supérieurs.

Les mouvements hippies, new age, païens, néo-bouddhistes et wicca sont les manifestations visibles d'une viscérale aspiration des peuples européens à retrouver la religion ancestrale dont ils ont été privés durant des siècles par le totalitarisme chrétien. La curiosité occidentale pour les religions étrangères non-yahviques n'exprime pas tant un goût de l'exotisme qu'une volonté de se faire une idée de ce à quoi ressemble une religion qui ne criminalise pas le corps, qui cultive le lien avec la nature, la communauté et les ancêtres, et qui n'exige nulle soumission à un dogme et à un dieu unique. Tous ces mouvements religieux, majoritairement féminins, sont des tentatives de réparation des liens de transmission spirituelle brisés par le christianisme.

Les Européens sont des ancestralistes qui s'ignorent. La mort du christianisme, c'est l'Europe qui renoue avec son destin. Nous reprenons la science et nos rêves blancs là où nous les avions étouffés avec le massacre d'Hypatie par les moines chrétiens et la longue répression terroriste de notre culture, de nos artistes, de nos intellectuels, de nos scientifiques et de nos philosophes européens.

Plus que jamais, nous avons besoin de retrouver une communication intérieure avec nos ancêtres et de redonner un sens supérieur à nos vies en sachant d'où nous venons et à quoi nous nous destinons.

L'Européen a besoin de retrouver la saine religion du culte de ses ancêtres, une religion héréditaire, privée, rationnelle, réparatrice de culture, permettant de retrouver un lien spirituel avec ses ancêtres en rétablissant la continuité des rites et réjouissances de l'Europe ancienne tout en s'intégrant dans la modernité et ses contraintes, assurant la pérennité du culte à travers une approche pragmatique et directement pratiquable.

L'Européen a besoin d'une philosophie de vie et de références communes, de chartes de valeurs et d'un calendrier de festivités privées intégralement compatibles avec la laïcité et la liberté, où rien n'est imposé à personne et où nul clergé ni pouvoir central n'est reconnu, une pratique intime, évolutive et personnelle.

Cet ancestralisme serait une religion de vie, une religion immanente et ethnique diamétralement opposée aux mouvements théopolitiques totalitaires des religions yahviques mortifères, et permettant de nous purger l'âme de notre yahvisme intériorisé.

Nous voulons du vrai futurisme et du vrai ancestralisme. Une vraie vision du futur, et un vrai lien avec nos ancêtres. Pas de ce christianisme sécularisé en gauchisme qui nous ronge de l'intérieur. Les chrétiens ont détruit les religions de culte des ancêtres, les nommant polythéismes pour brouiller les pistes de leur crime. Les néochrétiens veulent nous faire croire qu'il est haineux d'aimer ses ancêtres.

Avec l'ancestralisme, tous les Européens sont les bienvenus, chacun peut avoir sa pratique intime et la transmettre à ses enfants, il n'y a pas de notion de foi, seulement l'amour du sang qui coule dans nos veines et nous éloigne chaque jour du broyeur chrétien.

Les mouvements théocratiques indifférencialistes que sont les religions du livre sont profondément incompatibles avec l'Occident. L'ancestralisme sera une belle façon de leur dire adieu.

Là où ces monothéismes criminels n'ont été que des religions de mort importées d'Orient, l'ancestralisme sera notre religion européenne, rationnelle, conviviale, une religion ethnique et féministe d'amour et de paix.

12.9 La restauration d'un univers mental européen

Nous devons accompagner l'éveil spirituel des occidentaux par la restauration d'un univers mental blanc fait de récits historiques, de contes, de mythes et de rites tirés plus ou moins directement des légendes et des religions anciennes, mais aussi de rêves de conquête, d'aventures pirates, d'exploration des confins de la Terre et de l'Univers, d'évasion et d'exotisme, qui font partie intégrante de notre culture.

Cette régénération de notre univers mental doit refermer les blessures infligées à notre âme par la déculturation chrétienne et par la déconstruction gauchiste.

Notre imaginaire collectif peut être rétabli par un travail culturel synesthésique. En d'autres termes, nous

devons le développer par un soin de chaque perception :
la vue, l'odorat, le goût, l'ouïe et le toucher.

En premier lieu, nous devons flatter nos yeux en les
exposant à toute la beauté dont nos artistes sont
capables : sculpture, peinture, architecture... Ce qui a
été enlaidi peut être restauré, ce qui a été détruit peut
être reconstruit. L'argent public alloué à la culture doit
se focaliser sur les arts classiques, ceux qui sont universels, appréciables et accessibles à chacun. Les arts
alternatifs et *underground* seront les bienvenus mais ne
devraient par définition jamais souffrir de la rigidité
stérilisatrice d'un financement public au risque d'y suc-
comber. La subversion cesse d'être subversive à l'instant où elle est institutionnalisée. Toutefois, un développement général des formations artistiques et une
déprécarisation de masse du métier d'artiste permettra
une liberté sans précédent, loin du dirigisme ministériel étouffant. Ceux qui caressent nos âmes doivent être
délestés de la préoccupation alimentaire du quotidien.

Une attention particulière doit être accordée au sens
subtil de l'odorat. Il faut s'assurer que les lieux fréquen-
tés tous les jours par le peuple ne dégagent pas les
odeurs nauséabondes de certains métros, de certains
quais de gare. Nous pouvons combattre la pollution
olfactive d'une part par une hygiène générale des sur-
faces fréquentées, mais aussi par la multiplication de
compositions florales, en intérieur comme en extérieur.
À l'aube du IIIe millénaire, nous ne pouvons pas nous
contenter de prétendre qu'il est impossible de respirer
des parfums de plantes, d'avoir des environnements
aérés et parfumés par la nature. Les bosquets fleuris
sont autant d'œuvres d'art végétales qui feront vivre

des pépinières, des fleuristes et des jardiniers au précieux service de nos narines.

Quelle saveur aurait la vie sans la gastronomie ? Nous devons entreprendre un travail de mise en valeur de nos spécialités régionales et de redécouverte de l'esprit de la cuisine européenne. Nous devons déchristianiser notre alimentation, en finir avec la psychose diététiste et viser une alimentation variée, saine et satisfaisante. De grands progrès ont déjà été accomplis en matière d'agriculture, de respect de la nature, de multiplication des variétés, de récolte et de conservation. Nous devons poursuivre la libération de nos papilles en retrouvant la cuisine épicée de nos ancêtres, au lieu d'associer avec ignorance les épices à l'étranger. Le safran, originaire de Crète, est une épice indigène européenne qui jadis était cultivée partout en Europe, de l'Hellespont à l'Outre-Manche. Nous devons également garder l'esprit ouvert et apprécier les plats du monde pour ce qu'ils ont de vraiment exotique, et non pour retrouver inconsciemment les habitudes alimentaires desquelles le christianisme et la bourgeoisie nous ont tout simplement coupés. Les cantines gérées par l'État doivent mettre à l'honneur les richesses culinaires régionales de nos territoires. Les États occidentaux doivent développer la recherche culinaire des saveurs d'antan, et reconstituer les spécialités oubliées, ce qui développerait le tourisme gustatif et les échanges culturels au sein de l'Occident et du monde.

Notre ouïe doit redécouvrir les mélodies et les rythmes anciens de la musique européenne en sortant de la rigidité d'une musique classique muséifiée. La musique classique tout comme les sons et chansons folkloriques doivent être enrichis par le talent de nos compositeurs et interprètes. Un vaste chantier de reconstitution musicale est déjà en cours avec la participation spontanée d'un nombre croissant de groupes musicaux. Les États occidentaux pourraient financer directement la recherche musicale des ambiances sonores de diverses époques, les offrir au domaine public pour les rendre diffusables à souhait dans les documentaires, les films, les séries et les podcasts culturels.

D'aucune façon nous ne devrions oublier le toucher, ce sens qui nous renvoie au matériel, à la texture, à la consistance et au sentiment du concret. Chacun peut favoriser les tissus naturels, les innombrables variantes de rigidité et de douceur, le maintien comme le tombé des vêtements. On peut imaginer des vêtements confortables, des tenues pratiques, adaptées aux exigences de la vie moderne mais rappelant la dolce vita antique ou l'authenticité médiévale, mais aussi des vêtements intemporels et futuristes. Les éphémères et futiles modes bourgeoises ont cédé le pas à la liberté de suivre le style vestimentaire que l'on souhaite. L'importance des matériaux, que ce soit la pierre, l'argile, les métaux ou le bois dans la construction et dans les objets qui nous entourent, sont aussi particulièrement importants pour l'éveil sensoriel de nos enfants, tout comme le sont les jouets de qualités et de textures diverses. Les bâtiments publics ne devraient jamais avoir l'air d'être fabriqués en matériaux jetables bas de gamme ; ils doivent au contraire inspirer le respect et exprimer la grandeur du peuple pour et par lequel ils ont été édifiés, en privilégiant les matériaux nobles, naturels et durables qui ont fait leurs preuves au cours de l'histoire de notre continent. L'architecture publique occidentale du XXIe siècle ne doit pas être une fuite en avant mais une quête d'éternité.

D'une façon générale, et par tous les sens mis en valeur, l'Européen doit retrouver son ancrage culturel dans un rapport complètement décomplexé à l'altérité et à l'exotisme, aux emprunts et aux échanges culturels. L'exotisme aide à mieux nous connaître, à mieux appréhender notre propre sensibilité et nos goûts charnels pour les charmes de l'Europe éternelle.

12.10 La déchristianisation : une libération de 1500 ans d'occupation

Ne laissez aucun propagandiste chrétien, ni aucun idiot utile du christianisme, ni personne, vous dire que vous n'avez pas d'identité en dehors du christianisme. Ne les laissez pas non plus vous attendrir en prétendant que vouloir poursuivre la déchristianisation serait de l'acharnement contre une religion qui n'aurait plus de pouvoir dans un monde occidental sécularisé. Tel le loup du Petit Chaperon Rouge, le christianisme est un violeur qui se déguise en vieille femme affaiblie et joue sur les bons sentiments des naïfs pour endormir la vigilance de sa proie. L'auto-déchristianisation massive des prolétaires blancs et la fin des théocraties officielles en Occident ne signifient nullement que le christianisme aurait cessé de nous empoisonner. Le christianisme des bourgeois conservateurs et le néo-christianisme de la bourgeoisie gauchiste continuent à saboter l'Occident, à dicter les valeurs et préoccupations de la politique officielle et à façonner nos lois. De plus, les esprits des prolétaires sont loin d'avoir guéri du virus chrétien. Selon les pays, cela fait à peine deux ou trois générations que la majorité des blancs ne sont plus forcés de se soumettre à l'Église à chaque instant de leur existence. On ne cicatrise pas en quelques décennies d'une oppression profonde et totale qui a duré plus de 1500 ans.

L'esprit de nos lois doit être déchristianisé. Nous devons décriminaliser les sentiments pour nous libérer de l'obsession chrétienne de juger le fond des âmes. Il faut cesser de traquer les pensées pécheresses et ne réprimer que les actes qui attentent objectivement aux libertés d'autrui : violence physique, harcèlement, menaces, vol, etc. La criminalisation de la haine dans la plupart des législations occidentales n'est que la consécration par la loi du paradigme chrétien dans lequel on juge l'intériorité profonde des gens. Ce qu'on ressent dans son for intérieur ne regarde que soi-même et ne saurait faire l'objet d'une inquisition. Haïr quelque chose ou quelqu'un ne devrait jamais valoir de procès à quiconque. Criminaliser la haine, c'est inscrire dans la loi l'injonction chrétienne à l'amour universel, qui va jusqu'à vouloir forcer les individus à aimer l'assassin de leur propre enfant. La plupart des lois prohibant « les discours de haine » n'ont jamais démontré la moindre efficacité en matière de réduction des actes violents commis contre des personnes. Ce qui est certain en revanche, c'est que ces lois servent avant tout à criminaliser le blasphème en Occident, à museler la parole de ceux qui dénoncent l'emprise des religions totalitaires sur la société et les violences abominables commises au nom de l'islam et du christianisme.

Pour aller au bout de notre déchristianisation, il nous faut aussi couper tous les financements publics du christianisme. Nous ne devons plus tolérer aucune subvention ni aide de l'État à destination des ONG, associations, entreprises et médias liés aux trois sectes yahviques que sont le christianisme, le judaïsme et l'islam, et ce, quels que soient les enrobages caritatifs utilisés par ces organisations.

Nous devons également mettre fin à la prise en otage du patrimoine architectural européen par l'Église et au financement de l'entretien des lieux de culte chrétiens par la masse du peuple occidental déchristianisé. Toutes les belles églises et cathédrales anciennes ont été bâties grâce au travail, au génie et aux ressources du peuple blanc. Ces bâtiments sont désertés par la population autochtone depuis qu'elle n'est plus forcée d'y aller, mais continuent d'être financés par elle au titre de la conservation du patrimoine. Pendant ce temps, les chrétiens conservateurs utilisent ces chefs d'œuvre du génie blanc pour leur propagande consistant à prétendre que c'est le génie du christianisme qui fait la grandeur de l'Europe, et les chrétiens dans leur ensemble ouvrent les portes de l'Europe aux migrants.

Il faut d'urgence récupérer les églises pour les protéger des chrétiens et les restituer au peuple qui les a construites. Les chrétiens ont détruit les temples ancestraux, et tout ce qui nous reste, ce sont des églises et des cathédrales bâties par le génie blanc. C'est notre héritage européen, notre patrimoine, et les occupants chrétiens n'ont pas à décider du sort de ces bâtiments. Quand elles ne les vendent pas à des promoteurs immobiliers pour les détruire ou en faire des parkings, les autorités chrétiennes cèdent des terrains et des bâtiments à des musulmans. En outre, de nombreuses églises sont vandalisées, incendiées et cambriolées parce que, faute de population chrétienne, le clergé les laisse fermées et sans surveillance la plupart du temps. La plupart des églises tiennent debout grâce aux rénovations de l'État, mais comme on laisse le clergé décider de leur utilisation, elles sont de plus en plus fermées au public et dégradées. Protégeons le patrimoine blanc du clergé et autres prédicateurs chrétiens qui laissent les églises brûler et se dégrader. Le peuple blanc doit se réapproprier les belles églises anciennes pour en faire des sanctuaires du silence et de la beauté, où chacun puisse se recueillir et méditer, qu'il soit religieux ou non. Quant aux églises vides présentant un intérêt architectural moindre, on pourra en faire des salles de sport, afin de réparer les dégâts de 1500 ans de haine du corps propagée par l'Église qui, dans les premiers temps de la christianisation forcée de l'Europe, réquisitionna les palestres romaines pour en faire des églises.

Enfin, certaines églises à la signification politique particulière feront l'objet d'un traitement spécifique. La basilique du Sacré-Cœur de Montmartre à Paris, dite « basilique du Vœu national », a été bâtie avec l'argent des prolétaires français pour leur faire expier le péché d'avoir voulu conquérir leur liberté lors de la Commune de Paris de 1871. Ce monument de pure haine christo-bourgeoise à l'endroit des prolétaires français doit être transformé en musée vivant de la pâtisserie française : il deviendra le Sucré-Cœur de Montmartre. Cette nouvelle affectation est cohérente avec l'aspect du bâtiment, une sorte de gâteau de Savoie empilant divers styles hétéroclites, construit en travertin, roche calcaire présentant la particularité d'exsuder en permanence du calcin blanc, ce qui lui donne un aspect de meringue. Par respect pour nos ancêtres ouvriers qui ont travaillé sur le chantier du Sacré-Cœur, une destruction est à exclure, et la réaffectation pâtissière du Sacré-Cœur est le seul moyen de donner enfin un sens au mauvais goût du programme architectural du monument. Le Sucré-Cœur abritera une école de pâtisserie qui permettra à des jeunes issus de familles pauvres de recevoir une formation d'élite en pâtisserie et confiserie. Ce programme ambitieux sera largement financé par des démonstrations publiques du savoir-faire pâtissier français, et par la vente de gâteaux, viennoiseries et confiseries, que les onze millions de touristes visitant chaque année le monument se feront un plaisir d'acheter à prix d'or. En transformant le Sacré-Cœur en Sucré-Cœur, on brisera enfin le « vœu national » que les christo-bourgeois avaient scélératement prononcé à la place des prolétaires, et on inversera la symbolique du monument : de monument chrétien réactionnaire destiné à humilier les prolétaires, il deviendra monument hédoniste à la gloire des prolétaires et lieu de formation des meilleurs ouvriers du pays.

La libération des Européens passe par la remigration physique, mais ne pourra se faire sans une remigration spirituelle. Le christianisme n'aurait jamais dû quitter son tiers-monde natal. La place de l'Église catholique et des autres mouvements chrétiens est en Afrique, seul continent où elle recrute encore suffisamment de prêtres pour fonctionner. L'avenir du christianisme, c'est l'Afrique. Si on ne remigre pas vite le christianisme vers l'Afrique, c'est l'Europe que le clergé chrétien va transformer en Afrique. Il faut aider l'Église à trouver le chemin de l'Afrique. Le Vatican doit être transféré à Ouagadougou. Quoi de plus chrétien que de déménager la cité du Vatican en plein continent africain, pour qu'ils aillent tous ne faire qu'un en Christ loin de « l'Occident décadent et consumériste » qu'ils abhorrent tant ?

Tous les courants dérivés du christianisme font leur possible pour que nous mourrions en même temps que meurt le christianisme. Les chrétiens nous enchaînent à eux pour que nous coulions avec eux. Se déchristianiser, c'est briser les chaînes qui lient notre destin à celui d'une religion mourante. Nous devons rejeter le christianisme intériorisé qui est en chacun de nous : dolorisme, repentance, religion de l'Autre, mépris du corps, culpabilisation du plaisir et dogme indifférencialiste sont autant de vestiges psychiques chrétiens que nous devons liquider pour nous libérer.

Nous ne devons pas nous laisser abuser par la propagande des chrétiens conservateurs qui prétendent que tourner le dos au christianisme serait renier nos racines. Bien au contraire, la déchristianisation est ce qui nous permet de nous reconnecter avec nos ancêtres et avec notre identité européenne, après des siècles de destruction des cultures ancestrales d'Europe par le totalitarisme chrétien. L'évolution des prénoms en est un bon exemple. Face à la montée des prénoms non-chrétiens en Occident chez les prolétaires blancs, les chrétiens conservateurs explosent de rage et exigent que l'État force les citoyens à donner des prénoms du calendrier chrétien à leurs enfants. Les bourgeois conservateurs ont même le culot de prétendre que c'est à cause de la libéralisation des prénoms que les occidentaux subiraient les méfaits de l'immigration extra-européenne massive, et que la solution à « notre décadence » ne serait pas que la bourgeoisie cesse d'organiser le remplacement de son peuple, mais plutôt que l'État contraigne les peuples importés tout comme le peuple autochtone à prénommer ses enfants Jean ou Marie. Comme toujours, face à un geste d'émancipation raciale du prolétariat blanc vis-à-vis de la bourgeoisie chrétienne, les chrétiens paniquent et nous maudissent. Et comme toujours, ils nous culpabilisent en prétendant que c'est parce que nous tournons le dos à l'Église que nous subissons le remplacement ethnique, alors que ce sont eux-mêmes qui l'organisent pour nous punir de notre désobéissance au Christ. Imaginez combien il est vexant pour un chrétien conservateur de voir que par le choix du prénom qu'il donne à son enfant, un prolétaire blanc se montre davantage touché par un personnage de film américain ou par une chanson entendue à la radio, que par les sermons du curé du coin qui se croyait en terre conquise.

En vérité, par le choix d'un prénom non-chrétien pour leurs enfants, les occidentaux affirment à la fois leur rejet de la tutelle christo-bourgeoise, leur individualité et leur identité occidentale. La vague de prénoms libres au sein du prolétariat a débuté au début du XXe siècle, dans les zones d'intense effervescence politique ouvrière, c'est-à-dire là où pour la première fois, les prolétaires se sont organisés pour s'émanciper de la domination bourgeoise des patrons et des curés. Ainsi, dans les années 1920 à Terni, ville d'Italie centrale, haut lieu du syndicalisme révolutionnaire, les ouvriers des aciéries se mirent à donner à leurs enfants des prénoms tels que Ribelle, Vera Spiritanova, Liberoavanti, Pensiero, Ideale, Vero, ou encore Comunardo. Ces prénoms sont l'affirmation concrète d'une émancipation prolétaire. Le sens originel de « prolétaire », c'est celui qui a pour seule richesse ses enfants, et en donnant à leurs enfants ces prénoms nouveaux, les ouvriers montraient leur souhait de fonder une lignée de prolétaires unis par un idéal de liberté et par un désir de s'élever, plutôt que de n'être que de la chair à usine ne vivant que pour servir les maîtres, génération après génération. Peu à peu, les ouvriers les plus politisés et les plus anticléricaux donnèrent partout en Europe des prénoms libres à leurs enfants. Ces prénoms pouvaient renvoyer à des symboles, à des figures historiques ou politiques, à des chansons, à des personnages de livres ou de films. Avec l'effondrement de la mortalité infantile, la hausse du niveau de vie, la massification de l'enseignement public et le développement des loisirs et divertissements populaires, les prolétaires donnèrent des prénoms de plus en plus individualisés à leurs enfants. Les prénoms régionaux, historiques et légendaires renvoyant à nos ancêtres de l'ère pré-chrétienne ont ainsi connu un essor spectaculaire. Il faut vraiment mépriser les peuples d'Europe et leurs cultures ancestrales pour voir le moindre mal dans cette évolution.

Enfin, pour nous déchristianiser réellement, nous devons apprendre à grandir sans le christianisme et non pas stagner dans la phase de révolte adolescente contre la tutelle de l'Église. Celui qui s'en tient à faire le contraire de ce que commande l'Église, ne fait au fond que se définir par rapport au christianisme. Le folklore sataniste n'est qu'une confirmation rôlistique du christianisme : en se comportant exactement comme tout ce que détestent les chrétiens, on devient la caricature que les chrétiens veulent que nous soyons. Même si cette outrance adolescente est compréhensible, il faut se garder de s'y complaire trop longtemps. Dans cette perspective de déchristianisation intégrale de nos valeurs, de nos croyances, de notre univers et de notre horizon, il convient de réintroduire la notion de sacré sans référence à une quelconque religion. Nos libertés doivent être sacrées. Nos droits fondamentaux doivent être sacrés. La parole donnée est elle aussi sacrée. Le consentement est sacré. La vie humaine est sacrée. Certains lieux et symboles sont sacrés. Le sacré, c'est un domaine inviolable que l'on sépare du reste parce qu'on le déclare digne d'un respect absolu.

12.11 La citoyenneté ethnique des natifs européens

L'Europe est la terre des Européens. Les Européens ont fondé l'Occident en bâtissant d'autres pays en dehors de l'Europe, créant leurs institutions, leur fortune et leur grandeur. Les Européens de toute la diaspora occidentale sont unis par une origine et une histoire commune, que les différentes nationalités divisent et brouillent. Cette division est d'autant plus aberrante que les États-nations naturalisent en masse des extra-européens plus ou moins allergiques à l'Occident, mettant en péril la cohésion et la fraternité au sein du peuple. Il est inadmissible et dangereux qu'après tant de guerres fratricides dévastatrices au service d'idéaux réactionnaires, les nationalismes civiques ne reconnaissent toujours pas l'existence d'une parenté proche à tous les Européens, que l'Europe renie ses enfants en leur opposant des frontières et des difficultés administratives pour les éventuels eurodescendants qui voudraient revenir vivre sur la terre de leurs ancêtres.

L'occidentalisme rejette le nationalisme. L'occidentalisme est un nativisme. Le nativisme européen, c'est revendiquer le droit des natifs européens à s'autodéterminer et c'est œuvrer à la construction politique de l'unité de tous les natifs européens par-delà les frontières nationales. Le nativisme respecte et chérit les particularités régionales là où le nationalisme impose un moule culturel unique, artificiel et ethnocide. Le nationalisme, c'est la nation qui forme le peuple alors que le nativisme, c'est le peuple qui forme la nation.

L'Union Européenne, en tant que premier pas vers la construction d'une nation européenne, reconnaît *de facto* l'existence d'un peuple européen. Il est donc temps de réclamer la création par l'Union Européenne de passeports ethniques spécifiques marquant l'appartenance aux natifs européens. Ainsi, les eurodescendants du monde entier pourront obtenir la citoyenneté européenne. Pour appuyer cette demande, nous devons manifester dès aujourd'hui notre volonté de reconnaître cette citoyenneté européenne ethnique. Pour cela nous proposerons aux volontaires qui nous enverront leurs analyses ADN d'ancestralité la production artisanale d'une carte symbolique d'appartenance ethnique au peuple européen pour tout natif ayant plus de 75 % de ses ancêtres d'origine européenne.

12.12 L'Europe, un pas vers les États-Unis d'Occident

L'Union Européenne est un premier pas vers la construction d'une nation européenne, donc la reconnaissance *de facto* d'un peuple européen.

Le destin de l'Union Européenne est de se constituer en une fédération. Que les gens célèbrent ou maudissent l'Union Européenne, ils s'accordent tous pour voir dans cette organisation internationale une étape transitoire vers des États-Unis d'Europe. L'Europe ne peut pas durer au long terme en tant que simple union commerciale. L'Europe des nations n'est qu'une construction rhétorique forgée par ceux qui veulent des nations sans Europe. Les rétrogrades sécessionnistes se cachent derrière le nom de souverainistes alors qu'il n'y a pas de souveraineté sans puissance, et que les petits pays d'Europe, aussi brillants soient-ils, ne peuvent pas rivaliser avec les grands blocs mondiaux.

Au nom du droit des peuples à disposer d'eux-mêmes, les Européens doivent pouvoir jouir d'un État fédéral garantissant leurs droits ethniques inaliénables. Les Européens sont un seul et même peuple, avec des variations locales, manifestant un désir grandissant de vivre ensemble et de vivre entre eux. Les réticences des Européens envers l'Union Européenne ne viennent que de l'inaptitude de cette confédération actuelle bornée à l'économie à répondre à leurs besoins. Les écœurés de l'Union Européenne sont ceux qui se sentent, à juste titre, abandonnés ou trahis, lorsque l'UE leur impose toutes sortes de réglementations mais n'est pas là pour les aider dans une crise qui touche toute l'Europe, ou lorsque l'UE promet une démocratie à l'échelle européenne mais ne respecte pas le résultat des référendums européens. La réponse à cette colère légitime n'est pas la dissolution de l'UE, mais une Europe plus forte et plus démocratique. Au total, même les prolétaires les plus anti-européens blâment finalement la faiblesse de la souveraineté européenne, agitée par les bourgeoisies nationales jalouses et aigries d'avoir perdu leur planche à billet et leurs privilèges locaux.

L'Union Européenne devenue fédérale pourra mieux tenir tête aux géants démographiques comme la Chine et entretenir des rapports d'égal à égal avec les États-Unis d'Amérique, base de tous les contrats équitables et d'une diplomatie saine. Nous ne pouvons plus nous contenter d'être une myriade de petits pots de terre face à de gros pots de fer.

Cette fédération transitoire servira elle-même de tremplin à la formation à très long terme des États-Unis d'Occident. L'Occident doit être unifié en tant que patrie des Européens du monde entier. Les ressources mises en commun permettront de développer conjointement les technologies, de se coordonner dans une osmose scientifique totale, et de financer des projets de conquête spatiale. La langue globale officielle sera l'anglais, et l'unique système de mesure de distance adopté sera le système métrique français.

Bien sûr, les États garderont leurs identités locales, leurs langues propres et leurs drapeaux sub-continentaux et régionaux. Avec la disparition progressive du travail salarié forcé, les occidentaux auront tout loisir d'apprendre quatre langues différentes et de maîtriser le latin et le grec ancien. Les identités régionales authentiques pourraient même prendre le pas sur les identités nationales construites artificiellement par la bourgeoisie à la fin du XIXe siècle et pendant le XXe siècle.

12.13 Accompagner la fin du travail

La machine est une amie. Nous vivons dans un monde d'abondance où nombre d'idéologues essayent de nous convaincre que la mécanisation serait une perte de notre humanité. Mais depuis l'aube de notre civilisation jusqu'à aujourd'hui, c'est la mécanisation qui a permis à l'humanité d'éclore et de se réaliser. En mettant au point des outils, des techniques, des machines, l'homme parvient à déléguer à des objets le plus de tâches possible, afin d'en réaliser d'autres plus complexes et de se dégager du temps libre, condition nécessaire de toute créativité, de tout accomplissement humain.

L'Occident, c'est l'histoire de la mécanisation. Parce que la machine était là, parce qu'elle nous a servi d'instrument, nous avons pu créer un monde où toutes nos qualités humaines ont pu se développer. En libérant l'homme de l'esclavage du labeur harassant pour la survie immédiate, la mécanisation restitue à l'homme sa pleine humanité. C'est le confort, la sécurité et la prospérité qu'elle nous apporte qui font de nous des humains qui ont le temps de réfléchir, d'inventer, de créer, d'aimer, de donner de la valeur aux gens autour d'eux, de se soucier de la beauté des choses et de l'harmonie entre les êtres.

Plus nous allons nous mécaniser et robotiser, plus le plein emploi nous apparaîtra comme une idée ridicule et réactionnaire. Vouloir le plein emploi, c'est vouloir s'opposer aux progrès industriels et techniques ainsi qu'aux adaptations sociales.

Sous le double effet du christianisme intériorisé et de 200 ans de dressage stakhanoviste pendant l'ère industrielle, les blancs ont fait du travail leur valeur centrale, au lieu de s'estimer entre eux selon leurs créations, leurs accomplissements, leurs contributions. Le stakhanovisme, c'est ce que les prolétaires écrasés ont développé pour survivre mentalement à l'exploitation bourgeoise en transformant leur oppression en échelle de valeurs. À l'heure du chômage de masse, la bourgeoisie encourage ce stakhanovisme car elle pousse les prolétaires chômeurs à culpabiliser individuellement au lieu d'exiger une réponse collective à ce phénomène général.

Il est temps de se détacher de l'obligation biblique que Yahvé a imposée aux hommes, condamnant Adam et tous ses descendants au travail pénible pour subsister. On ne gagne plus son pain à la sueur de son front, à moins de renvoyer tous les employés du tertiaire dans les mines et dans les champs.

Car le blanc, par sa créativité technologique, est en train de détruire cette malédiction. Il n'y a que les religieux et les crétins sécularisés qui ont peur d'être libérés du travail, qui ont peur que la machine et le robot réhumanisent l'homme qui n'était devenu qu'une unité de production de l'ère industrielle. Si l'homme ne veut pas que la machine travaille pour lui, alors c'est l'homme qui travaillera pour la machine.

Un monde sans machine est un monde beaucoup plus rude, où les individus perdent jusqu'à leur valeur d'être vivant. Dans la Grèce antique, l'homme libre, le citoyen, c'était celui qui n'était pas aliéné par le travail, grâce à l'esclavage. La robotisation permet de réhumaniser l'homme sans avoir recours à l'esclavage.

D'unité de production, l'homme va pouvoir se définir comme un être libre et entier.

Autant la productivité et la richesse peuvent augmenter indéfiniment, autant le nombre d'emplois nécessaires n'est pas indexé sur la taille d'une population. Le nombre d'emplois disponibles ne peut pas croître aussi vite que les destructions d'emplois par les gains de productivité obtenus grâce à la mécanisation et à la robotisation.

La fin du travail obligatoire permettra au peuple de consommer sans être l'esclave mental du consumérisme. Le consumérisme n'est pas dû à l'abondance matérielle, il est une souffrance psychique qui naît du couplage de la société de consommation et du manque de temps induit par le salariat. Le consumérisme, c'est la tentative vaine de combler par la consommation un vide existentiel né du manque de temps. Le consumériste tente d'acheter du temps, ou plutôt d'acheter à travers l'objet une expérience qu'il n'a pas le temps de vivre. Il achète des morceaux d'existence rêvée. Le projet occidentaliste vise justement à dépasser ce problème en redonnant du temps aux gens par l'organisation de la fin progressive du travail.

Il est illusoire de s'imaginer que l'on pourra éternellement maintenir une société de plein emploi dans laquelle tout le monde serait salarié à temps plein, à moins de saboter le progrès technique et de nous tiers-mondiser. La mécanisation du travail a mis fin au labeur et supprimé la majeure partie des emplois dans le secteur agricole et industriel. Certaines machines ont remplacé des centaines voire des milliers de travailleurs dans les champs, les mines et les usines.

Cette mécanisation a déclenché la tertiarisation : une multiplication des métiers facultatifs, des ventes de biens et de services de confort. La tertiarisation est déjà un symptôme de la disparition progressive du travail. Le travail est passé d'emplois de nécessité alimentaire immédiate à des emplois de plus en plus virtuels et superflus, destinés à augmenter l'offre commerciale et la consommation. Le travail est de moins en moins lié à la subsistance et à la sécurité du peuple face aux invasions. Ces emplois sont facultatifs et s'inscrivent dans un mouvement de virtualisation du travail. La robotisation va achever de faire disparaître le travail.

Nous avons le devoir d'accepter ce changement en organisant les réformes nécessaires à l'arrivée dans l'ère du chômage technologique de masse. La plus importante de ces réformes est l'instauration d'un revenu de base pour chaque citoyen. Toute tentative de restaurer le plein emploi est un sabotage réactionnaire du progrès technique et donc de notre avenir. Le travail obligatoire est amené à disparaître. Nous devons redéfinir l'humanité autrement que par le salariat de masse.

Le progrès technologique permet de réaliser des gains de productivité exponentiels, ce qui signifie des suppressions d'emplois, et c'est une ineptie de vouloir créer autant d'emplois que la technologie n'en détruit.

Au XXe siècle, le capitalisme a surmonté le problème des crises de surproduction en instaurant la société de consommation ouverte à tous et l'État-Providence. Au XXIe siècle, le capitalisme surmontera le chômage de masse lié à la hausse de la productivité en organisant la fin du travail obligatoire par le revenu universel et la robotisation.

12.14 Transhumanisme, humanité préservée et immortalisme

Notre avenir soulève énormément de questions qui doivent être anticipées. Pour aider le progrès il faut anticiper les avancées avant que les conservateurs ne s'y opposent et n'instrumentalisent la peur atavique de l'inconnu. Nous devons par exemple préparer l'opinion publique à l'utérus artificiel avant même qu'ils n'aient l'occasion de manifester contre et de déverser leur affolement moral. Les conservateurs auraient l'air encore moins crédibles s'ils anticipaient leur lutte technophobe et s'agitaient au sujet de lointaines questions. En revanche, promouvoir des avancées futures fidélise les gens, développe leur réflexion, les habitue, les sensibilise, et dissipe leur naturelle peur de l'inconnu avant même que les conservateurs ne tentent de les recruter pour freiner le progrès.

De plus, si nous laissons le progrès à la gauche, nous aurons un futur minable, fait de décroissance, de limitations, d'interdits moraux et d'entraves à la science au lieu de bénéficier d'un futur expansionniste, repoussant sans cesse les limites et ne connaissant aucune autre préoccupation que la sécurité, le bonheur et la liberté de tous. Tout projet qui ne mettrait aucune de ces choses en danger n'aurait pas la moindre raison d'être ralenti par aucun comité moral ni aucune réticence de réflexe instrumentalisée à des fins technophobes.

La médecine doit s'émanciper de l'obligation chrétienne de n'être qu'une médecine réparatrice, pour être en mesure de devenir une médecine amélioratrice, repoussant les limites de la santé et des capacités humaines. En un mot : une médecine transhumaniste.

Le progrès technologique occidental ne cesse d'améliorer le confort et la qualité de vie des hommes, et tôt ou tard le travail sera aboli par la poursuite de la mécanisation et de la robotisation. Ce chômage technologique définitif est le début d'une grande aventure humaine, dans laquelle nous devrons choisir entre notre extinction en tant qu'humanité, ou notre préservation dans un paradis technologique où les robots et l'intelligence artificielle veilleront sur nous tout en continuant de progresser en parfaite autonomie. Ces robots seront nos anges-gardiens contre tout ce qui pourrait nous mettre en danger, en répondant par exemple aux trois lois de la robotique d'Isaac Asimov et John W. Campbell.

Si les humains ne savent définir leur existence que par le travail, alors l'humanité va droit dans le mur. Nous devons accepter dès aujourd'hui que dans un futur relativement proche, nous n'aurons pour autre utilité que de nous préoccuper de notre bonheur, de créer de belles choses, de nous investir en politique, de développer nos connaissances et de nous accomplir en tant qu'êtres humains, et non plus en tant qu'unité de production salariée. Dans ce projet d'une retraite douce de l'humanité où nous n'aurions plus rien à apporter aux machines, le robot ayant surpassé l'homme, nous disposerons d'un temps libre illimité pour nous consacrer à des activités plaisantes et enrichissantes : relations humaines, jeux et simulateurs d'un réalisme irréprochable, sports divers et variés, étude et développement de la philosophie, de la littérature, des arts, et autres gymnastiques intellectuelles pour être et durer, pour se grandir et prospérer. Ce projet paisible et merveilleux s'appelle l'Humanité Préservée.

Les progrès génétiques éloigneront la maladie et les malformations, tandis que notre humanité sera assurée pour l'éternité. Il ne s'agit pas de créer un nouvel homme, ni une humanité parfaite. Il s'agit au contraire de considérer cette humanité qui aura créé ce paradis technologique comme une perfection. Repousser certaines limites, écarter le pathologique mais garder ce qui fait de nous des hommes.

Tout ceci est une réflexion anthropologique qu'il faut dès aujourd'hui amorcer : que serait l'homme sans sa peur de l'obscurité, sans son attirance et sa répulsion pour des choses inquiétantes, sans son désir flamboyant et parfois irrationnel, sans ses insécurités, ses aspirations, ses craintes ou ses regrets ? Tous ces sentiments ne sont pas des défauts mais la définition même de notre humanité, celle qui nous relie à nos ancêtres.

Libre à ceux qui veulent se connecter à des machines, s'augmenter jusqu'à perdre la raison, essayer de rivaliser avec des robots bien plus performants, devenir des cyborgs et des chimères rétrofuturistes, de le faire. Il ne s'agit pas de les en empêcher. Mais qu'ils n'imposent pas leur course aux augmentations et à la déshumanisation aux humains qui souhaitent rester liés à leurs ancêtres. Tout être humain doit se voir garantir le droit inaliénable de rester naturel.

Le progrès technique doit apporter l'immortalité à l'humanité. Il n'y a d'immortalité que si cette humanité est fixée, et ne devient pas quelque chose d'autre. Le transhumanisme doit être autorisé sous toutes ses formes, mais ne doit entraver en aucune manière la préservation des qualités propres à l'humanité ancestrale. Un monde d'humanité préservée de la course aux augmentations doit être rendu possible car l'Univers est assez grand pour que nous n'ayons pas à subir un nouveau « vivre-ensemble » imposé avec des cyborgs désagréables. Au nom de la liberté de regroupement, toutes les visions du futur sont envisageables, sauf celle d'un projet unique et imposé à toute l'humanité.

12.15 L'hédonisme au secours de l'homme

L'hédonisme, parce qu'il donne tout son sens et toute sa saveur à la vie humaine, est la condition essentielle de la survie de l'homme à très long terme. Si une société a pour valeurs centrales l'efficacité et le travail, alors la vie humaine perd toute valeur dès lors qu'on n'est plus obligé de travailler. Si l'on ne place pas l'hédonisme et la liberté au centre de notre société et qu'on s'entête à ne valoriser que le travail et l'efficacité, alors, tôt ou tard l'homme devra s'autodétruire pour laisser la place à des robots qui feront mieux le travail que lui.

L'hédonisme, c'est élever le bonheur en idéal civilisationnel et c'est affirmer notre droit à la vie face à des remplaçants, y compris supérieurs à nous en efficacité, comme le sont les robots. L'hédonisme, c'est autoriser l'homme à être autre chose qu'une unité de production ou de conquête. C'est répondre à la question : pourquoi tout ce progrès et toutes ces conquêtes, pourquoi cette volonté de maîtriser et de dominer son environnement terrestre puis spatial ? Le refus de l'hédonisme est le plus court chemin vers le nihilisme, car si le but de toute cette folle épopée n'est pas le bonheur, elle n'a aucun sens.

L'hédonisme occidentaliste n'est qu'une recherche du bonheur dans cette vie plutôt que dans un monde imaginaire appelé « paradis ». Il récompense directement les efforts dans cette vie et profite à nos descendants, là où les religions de mort veulent le sacrifice de nos existences terrestres dans l'espoir d'un bonheur après la mort.

La promesse du bonheur auprès de Dieu dans l'au-delà n'a jamais été un moteur civilisationnel : seule la terreur a permis aux religions totalitaires de régner, et celles-ci s'effondrent dès qu'elles ne parviennent plus à tuer ceux qui leur désobéissent. L'hédonisme est le plus puissant moteur civilisationnel.

Les mortificateurs, qu'ils soient gauchistes ou conservateurs, opposent toujours le bonheur individuel au bonheur collectif. Ils nourrissent la croyance liberticide que le plaisir individuel ne s'obtient qu'au détriment de la communauté, et que l'intérêt commun ne se réalise qu'au mépris de l'individu.

L'hédonisme occidentaliste tranche ce nœud gordien tressé dans les mensonges liberticides : il n'y a pas de bien commun sans bonheur individuel, et les deux vont de pair. Le bonheur individuel et collectif doit être le but ultime de notre civilisation qui ne doit renoncer à aucun savoir ni à aucune puissance pour servir ce but sacré au service de l'humanité.

12.16 La conquête spatiale

Le destin de l'homme est dans l'espace. L'homme blanc perd son équilibre à trop faire le point sur son développement technologique et à trop regarder en bas vers les risques, les dérives et les catastrophes. La planète Terre est le berceau de l'humanité, les gauchistes et les conservateurs veulent en faire son cercueil. Toute politique vitaliste doit prendre en compte, au moins à long terme, l'impératif de la conquête spatiale.

Notre système solaire possède une ceinture d'astéroïdes représentant des richesses incroyables. Certains astéroïdes possèdent plus de valeur que toutes les richesses de la Terre réunies. Le forage de la ceinture d'astéroïdes représente une source de tant de richesses qu'il est incroyable qu'elle soit absente des programmes politiques occidentaux. Les politiciens qui ne se saisissent pas de la question de la conquête spatiale entretiennent l'idée qu'elle serait un rêve de geek, une fantaisie coûteuse et inutile, alors qu'il est question de richesses titanesques à portée de la main de l'homme, des richesses qui pourraient rembourser toutes les dettes des États et offrir un revenu à chaque Européen. Seule la technophobie de politiques fainéants et corrompus peut expliquer son absence des programmes politiques.

Le moteur ionique existe depuis les années 50 et permet à des sondes ou des navettes de voyager dans l'espace à plusieurs dizaines de kilomètres par seconde sans consommation de carburant, ce moteur ayant une accélération trop faible pour être utile sur terre. À l'aube du troisième millénaire, la conquête spatiale ne doit plus se résumer à mettre en orbite des satellites et à planter un drapeau sur la Lune.

Cette conquête sera tôt ou tard une colonisation, parce que nous ne devons pas mettre tous nos œufs dans le même panier. Mais pour l'instant, la priorité est à la conquête mécanisée. Les drones, robots et sondes autonomes n'ont pas besoin de nourriture ni de respirer du dioxygène, ils sont les pionniers parfaits pour forer, explorer, analyser et commencer à construire et terraformer en vue d'une éventuelle implantation humaine, un jour. Mais les voyages de pionniers humains sur d'autres planètes sont pour le moment un fantasme : le corps humain porte tellement de micro-organismes et de parasites qu'il contaminerait ces planètes avant même d'avoir fait tous les tests, sans oublier la possibilité de contracter une maladie via une bactérie extraterrestre. Pour ne pas contaminer les planètes analysées, seuls les robots doivent y être envoyés pour sonder, mesurer et prélever des échantillons. En attendant, la construction d'un chantier naval sur la Lune permettrait de ne pas avoir besoin de lancer des fusées coûteuses à chaque envoi de sonde dans l'espace. Les sondes et les robots mineurs pourraient être construits directement dans l'espace ou sur la Lune, permettant de s'affranchir de ce surcoût inutile.

La colonisation dépassera un jour le système solaire, quand nous aurons des systèmes de communication et des moyens de transport plus rapides. Mais il n'y a aucune excuse pour ne pas lancer dès aujourd'hui la conquête mécanisée de notre système solaire et l'exploitation de ses richesses.

Les richesses que l'on pourra retirer de l'exploitation des ressources du système solaire rendent dérisoires les ergotages sur le budget de la recherche spatiale. Bien sûr, on peut prétendre qu'il s'agit de science-fiction. On oublierait ce faisant que chaque génération occidentale vit dans la science-fiction des précédentes.

Mais à long terme, le refus de la conquête spatiale condamne l'humanité à disparaître comme les dinosaures. Tôt ou tard, un astéroïde géant heurtera la Terre. Tôt ou tard, le Soleil mourant détruira la Terre en se transformant en géante rouge. Développer la connaissance de l'espace et coloniser le système solaire est le seul moyen d'assurer la survie de l'espèce humaine à très long terme.

13- Notre combat

13.1 La création du Parti Occidentaliste

Le présent manifeste sert de base à la création du Parti occidentaliste. Ce parti international sera dirigé par les deux auteurs de ce manifeste et décliné sous forme de partis nationaux dans chaque pays d'Occident, avec des candidats propres à chaque pays. Il est primordial que le travail de production idéologique reste bien séparé du travail de représentation politique, c'est pourquoi nous présenterons des candidats et des porte-parole dans chaque pays pour incarner et diffuser les idées occidentalistes, parallèlement au travail de pédagogie et de construction idéologique.

Notre priorité durant les prochaines années sera la diffusion de la ligne occidentaliste au plus grand nombre par tous les moyens, notamment la traduction du manifeste dans toutes les langues européennes. C'est dans une optique de propagation de nos idées que nous avons besoin de chaque volontaire et de chaque soutien financier. Nous partons de zéro, et il ne tient qu'à nous de porter haut la bannière de l'occidentalisme.

Jusqu'à présent, la droite n'avait aucune colonne vertébrale comparable à celle du parti communiste à gauche. La production idéologique de droite a été si pauvre que tout le monde associait droite et conservatisme alors que ces axes politiques sont aussi opposés entre eux que ne le sont le libéralisme et le communisme. La philosophie dextriste pouvait se deviner dans des essais pointus n'expliquant que des bribes de compréhension de la société et ne donnant aucune vision d'ensemble d'un univers politique cohérent, ce qui fait que les partis qui ont proliféré sous le nom de « droite » ont tous été des repaires de conservateurs. Seules les tentatives libertariennes se rapprochent maladroitement de ce qu'on devrait attendre de la droite. Seuls quelques penseurs libéraux ont formalisé une partie des concepts philosophiques dextristes, mais rien à ce jour n'avait été produit qui puisse constituer la base de la *praxis* politique de la droite. Les conservateurs ont donc sabordé la droite tout en tirant leur légitimité de sa bannière usurpée. Ils ont imposé leur radicalité propre, l'ultra-conservatisme, à ce qu'on appelle à tort l'extrême droite. Le massacre cesse aujourd'hui avec ce manifeste.

13.2 Les grands axes de notre programme

1. Instauration d'une liberté d'expression inconditionnelle et renforcement de la lutte contre le harcèlement sous toutes ses formes. Droit au blasphème. Les restrictions de la liberté d'expression sont votées en prétendant lutter contre le harcèlement. En vérité, dans le système néocorporatiste, ces lois ne s'appliquent que lorsqu'elles servent les intérêts de telle corporation capable de fournir une assistance juridique aux victimes de son groupe. Les appels directs à commettre des crimes, les injures, le harcèlement ou les diffamations caractérisées ne relèvent pas de la liberté d'expression. Les mensonges médicaux et anti-science pouvant mettre en danger la vie d'autrui non plus.

2. Sacralisation de la propriété privée individuelle et collective. L'Europe est la propriété privée des prolétaires européens et cet héritage appartient aux descendants. Il ne peut être cédé à personne et par personne car il appartient à des descendants qui ne sont pas encore nés. Tout partage de la propriété européenne avec des extra-européens est une spoliation de l'héritage territorial des prolétaires européens. Les atteintes aux services publics et aux biens étatiques, ainsi que les détournements et négligences causant une perte d'argent public sont des attaques contre la propriété collective et contre le peuple. Abolition de toutes les formes de loyers déguisés payés à l'État pour la propriété foncière. La propriété privée terrestre doit être rétablie et ne doit occasionner aucun loyer à payer à l'État, aucune charge, aucune taxe. Le financement des services collectifs doit être facturé directement comme tout recours à un service.

3. Rétablissement du port d'arme citoyen, liberté tellement évidente lors des révolutions libérales que peu de législateurs l'ont inscrite dans les constitutions. Chaque citoyen respectueux des lois doit pouvoir détenir et porter des armes, distinction fondamentale entre le citoyen et l'esclave, sous réserve d'être un citoyen majeur responsable sans antécédents judiciaires et d'obtenir un permis de port d'arme validant une formation théorique et pratique égale à celle des forces de l'ordre.

4. Garantie d'une isonomie augmentée : les citoyens doivent bénéficier d'un accès à la justice extrêmement simplifié. Les aides juridiques doivent être systématisées, les poursuites, automatisées, la transparence, totale. La justice doit faire l'objet d'une simplification générale des procédures pour que celles-ci ne soient plus réservées à ceux qui peuvent se payer des services de consultation ou déléguer ces tâches à des professionnels.

5. Les gouvernements de chaque pays occidental concerné doivent reconnaître publiquement l'erreur historique du remplacement racial, présenter des excuses officielles à leur peuple, et s'engager à mettre fin à cette trahison des peuples d'Occident par leurs dirigeants.

6. Remigration volontaire des populations extra-européennes naturalisées sur la base du volontariat et de l'incitation financière : l'immigration non-européenne coûte tellement cher à l'Occident que nous voulons offrir un pécule à tout non-européen qui abandonnerait sa nationalité pour rentrer dans son pays. Son montant

pourra s'élever à plus de 20 000 euros, le seul coût d'une expulsion étant de 14 000 euros en moyenne, sans compter les économies titanesques à long terme réalisables grâce à la remigration. Le versement de cette somme s'accompagnera de l'enregistrement des empreintes digitales et génétiques du demandeur de retour dans un fichier commun à toute l'Europe, permettant le jugement et l'expulsion des fraudeurs.

7. Création d'une agence d'aide à la remigration chargée d'organiser de vastes campagnes de publicité pour la remigration, de diffuser les informations relatives à la remigration, et d'aider les candidats dans leurs démarches. Cette agence travaillera en collaboration avec la Justice pour proposer la remigration volontaire à toute personne d'origine extra-européenne condamnée pour crime ou délit. Cette agence devra également organiser des campagnes d'information dans les principaux pays d'émigration afin de détruire la propagande des mafias qui mentent aux migrants en leur promettant l'eldorado en Europe.

8. Remigration automatique des clandestins et des auteurs extra-européens de crimes et délits.

9. Identification et indemnisation des victimes de violences migratoires, qu'elles soient autochtones ou étrangères.

10. Mise en place d'une citoyenneté européenne pour les natifs européens, basée sur l'appartenance ethnique charnelle à l'Europe. Les Européens sont chez eux en Europe et l'Europe appartient à tous les Européens et à eux seuls. Ces citoyens seront amenés à bénéficier

de droits uniques en tant que descendants héritiers des fondateurs de l'Occident.

11. Mise en place d'un revenu universel pour préparer la société à l'abolition progressive du travail par la technologie.

12. Augmentation drastique des crédits alloués à la recherche scientifique et technologique, sans négliger ni la recherche fondamentale, ni les humanités. L'État développera des technologies pour en tirer des revenus par l'exploitation des brevets de ses découvertes. Le savoir est la plus grande des richesses.

13. Établissement d'un plan occidental de conquête spatiale à court, moyen, long et très long terme. Viser un retour sur investissement dans l'exploitation de ressources spatiales.

14. Abolition progressive du système d'imposition obligatoire, en commençant par les taxes parasitaires sur les successions, qui arrachent aux descendants l'héritage du fruit d'un travail transgénérationnel, et l'impôt parasite sur le revenu, qui sanctionne l'efficacité et les efforts par une amende avilissante comme si tout salaire était honteux, tout en faisant fuir les plus riches vers des paradis fiscaux, appauvrissant les États désertés. Les dépenses occidentales en matière d'immigration sont telles que la remigration incitative des populations étrangères suffira largement à rendre possible la fin des prélèvements obligatoires, pour leur substituer l'imposition libre et la souscription volontaire à des services collectifs.

15. Criminalisation des entraves à la science qui sont une mise en danger de la santé d'autrui ainsi qu'une entrave au progrès. Les groupes de morale religieuse renommés « comités d'éthique » doivent tous être supprimés. Toute entrave à la recherche académique, scientifique et technologique doit être réprimée. Les chercheurs doivent bénéficier d'une protection inconditionnelle face à la *cancel culture* et au harcèlement. La propagande anti-science et la désinformation doivent être combattues.

16. Création de grandes maisons d'édition scientifiques étatiques et réforme de la propriété intellectuelle scientifique afin de mettre un terme à la rétention institutionnalisée des connaissances scientifiques par l'oligopole des éditeurs scientifiques privés.

17. Lutte contre les violences médicales et obstétricales.

18. Reconnaissance du terrorisme misogyne.

19. Développement de routes commerciales intra-occidentales et protectionnisme technologique et commercial strict face à la Chine et au reste du monde. Les secrets industriels développés par l'Occident ne doivent pas être livrés à des puissances hostiles comme la Chine, et le commerce intra-occidental doit être favorisé par tous les moyens. L'Occident est auto-suffisant et le marché libre ne fonctionne qu'entre des concurrents loyaux.

20. Répression du pillage de l'Occident par la Chine. Les États doivent assurer une protection interna-

tionale de la propriété intellectuelle de chaque personne physique ou morale en Occident.

21. Éradication des mouvements théocratiques présentement ou anciennement terroristes, comme l'islam et le christianisme. Devoir de mémoire envers les massacres commis sur les peuples européens, les conversions de force en Europe et la destruction systématique des temples européens par le christianisme, ainsi que les crimes de l'islam contre les populations subjuguées. Reconnaissance de l'islam et du christianisme comme des pandémies psychiatriques et des crimes contre l'humanité qui ne se soigneront que par la culture libérale, l'hédonisme et le respect inébranlable de la rationalité. Si la liberté de leur pratique personnelle et privée doit être garantie, en revanche l'exercice public de ces religions terroristes doit être aboli, tout comme leur dictature anti-scientifique dans les comités d'éthique.

22. Mise en place d'un État fédéral européen, à l'image des États-Unis. Cette fédération transitoire servira de tremplin à la formation des États-Unis d'Occident. L'Occident doit être unifié en tant que patrie des Européens du monde entier. Les ressources mises en commun permettront de développer conjointement les technologies, de se coordonner dans une osmose scientifique totale, et de financer des projets de conquête spatiale. Les États garderont leurs identités locales et leurs drapeaux sub-continentaux et régionaux. Occidentaux de tous les pays, unissez-vous : contre les menaces extra-occidentales, contre les petites cuisines bourgeoises souverainistes et contre le chauvinisme des esprits attardés.

23. Grande réforme de l'instruction pour une éducation publique libre et à la carte, en présentiel comme à distance, pour une vulgarisation des savoirs par des médias d'État et un accès garanti aux citoyens tout au long de leur vie à l'enseignement. Interdiction des stages autres que de simples stages d'observation, pour en finir avec le larbinat institutionnalisé.

24. Fin du pillage de l'État par les connivences bourgeoises. Plus aucune subvention de startup. Interdire les « reconnaissances d'utilité publique » qui ne sont que l'approbation d'un lobby bourgeois pour donner des avantages à l'associatif. Cesser les subventions aux associations. Ce qui est suffisamment d'utilité publique pour être financé par l'État doit devenir un service public.

25. Établissement d'un service militaire mixte se composant d'une formation de base obligatoire pour découvrir l'organisation et la vie militaire, suivie d'un prolongement en service militaire ou en service civique selon le choix de l'appelé.

26. Dépénalisation du cannabis et libéralisation de la culture de chanvre indigène européen.

27. Droit inconditionnel à disposer de son corps. Criminalisation de toutes les mutilations sexuelles infantiles. Liberté totale pour les adultes d'utiliser leur corps, leurs gamètes et leur génome comme bon leur semble, tant qu'ils n'entravent pas la liberté d'autrui.

28. Accompagnement de la fin progressive du travail et de l'avènement du travail volontaire : par la mécanisation, la robotisation et le droit de posséder un

jour machines et robots pour faire du prolétaire un citoyen affranchi de la servitude et de la préoccupation de survie immédiate, le tout en complément du revenu universel.

29. Anticipation des problématiques d'avenir proche comme le transhumanisme et le projet d'humanité préservée pour mieux conduire les changements de société.

30. Édification d'un monument au prolétaire blanc inconnu pour rendre hommage à tous les prolétaires blancs anonymes qu'on ne pourra jamais remercier, et qui, par leur travail et leurs sacrifices, ont bâti l'Occident merveilleux dans lequel nous vivons.

13.3 La conquête occidentaliste de la société

L'occidentalisme est une déclaration de guerre idéologique à tous les partis de la fausse droite, qui sont en fait des conservateurs parasites, saboteurs et usurpateurs.

Pour cela, nous devons nécessairement établir une quarantaine idéologique illimitée autour des idées gauchistes et des idées conservatrices. À partir de la publication de ce manifeste, toute personne doit savoir que ce n'est pas parce qu'elle est anti-gauchiste qu'elle est conservatrice, et que ce n'est pas parce qu'elle est anti-conservateurs qu'elle est gauchiste. Cette mise en quarantaine des ennemis politiques consiste en un boycott par la droite de tous les groupes et influenceurs empreints d'idéologie gauchiste ou d'idéologie conservatrice.

Comme tout parti politique fonctionnel, nous devons rayonner, promouvoir et convaincre tout en conservant une base arrière intacte, afin de développer la réflexion dans un environnement sain et préservé du parasitage idéologique par l'extérieur. Ce sectarisme politique doit être total, et permet justement de se répandre sur le monde.

Les idées occidentalistes ne peuvent être qu'incarnées. Une idéologie qui n'est pas incarnée et assumée physiquement par des militants à visage découvert est une idéologie dont on a honte. Les anonymes ont toujours tort.

L'occidentalisme est le contraire de la dissidence. Nous revendiquons haut et fort notre appartenance à la civilisation, et n'avons rien à cacher ni de nos buts, ni de nos moyens, ni de nos aspirations.

L'occidentaliste n'a rien à perdre, et tout à gagner. Rien n'est à nous politiquement, tout est à construire. Nous ne sommes pas là pour faire l'unanimité, mais pour que personne ne puisse désormais nous ignorer.

Notre révolution idéologique et politique se fera loin du combat de coqs du militantisme de rue. Nous affecterons le plus gros de nos efforts et ressources aux nouveaux moyens de communication. Au XXIe siècle, un groupuscule qui claque des fumigènes dans la rue ne fait trembler personne ni ne recrute personne : il ne fait qu'étaler tristement sa marginalité dans des actions purement symboliques qui ne servent qu'à donner l'impression qu'il se passe quelque chose.

L'occidentalisme n'est pas une refonte, mais une création. Nous ne sommes pas un mouvement de rassemblement, mais une offensive contre l'ensemble de la fausse politique.

Le but de l'occidentalisme, ce n'est pas de rassembler les perdants et les vieilleries de la politique, mais d'écraser le gauchisme et le conservatisme, les deux plus grands avatars bourgeois, les deux plus grands ennemis de l'Occident.

Annexe - Pour approfondir

Sur le site occidentalisme.com, vous trouverez des liens pour suivre l'avancement des différents chantiers occidentalistes en cours.

Vous pourrez adhérer au Parti occidentaliste et soutenir la cause occidentaliste par vos dons en vous rendant sur parti-occidentaliste.com.

Non progredi est regredi

Table des matières